INGO VON MÜNCH

„Frau, komm!“

ARES VERLAG

Prolog: Bericht einer Augenzeugin

Friederike Scharwies, Perwissen

Verschiedene Leidensgenossen konnten einige Brocken Russisch, so wussten wir, daß unser Treck nach Scharkow (Rußland) bestimmt ist. Am 7. Februar 1945 marschierten wir los ... Sehr viele stürzten sich auf die am Wegesrand umgekippten Wagen, um etwas Essbares zu ergattern. ...

Auf dieser Strecke sah ich viele Frauen und Mädchen mit entblößtem Unterkörper tot liegen, einige über der Wagendeichsel. Einen jeden von uns beschlich ein unheimliches Grauen, dieser entmenschten Wahnsinnstat ... Auf großem Umwege erreichten wir Perwissen.

Auch hier dasselbe Bild! Nachts wurde nur nach Mädchen und jungen Frauen Jagd gemacht ... Ein Haus weiter von uns wurden Bekannte ... erschossen.

Russische Soldaten stürzten immer wieder ins Zimmer und rissen die Töchter raus, welche sie versteckt hielten. Die jüngste elfjährige Tochter klammerte sich an ihre Eltern, als wieder neue Horden einbrachen. Das Kind schrie: „Würg mich tot, Mutti, schnell, sie schleppen mich wieder raus.“ Die Eltern nahmen es in die Mitte, die Mutter legte schnell ein großes Umschlagtuch um ihr Kind, so daß es etwas gedeckt ist, schon waren die Unholde im Zimmer, rissen die beiden älteren Mädels, 16 und 18 Jahre, unter dem Sofa an den Beinen hervor, als der eine auch schon das Kind entdeckte und es von den Eltern loszureißen suchte. „Es ist doch noch ein Kind“, bettelte der Vater. Im übrigen war dieser ein Offiz., anscheinend dauerte es ihm zu lange, er zog seine Pistole und schoß den Dambrowski wie einen tollen Hund nieder, ein Herzschuß hatte ihm ein schnelles Ende bereitet, dann schoß er auf die Mutter, es war ein Armstreifschuß, der zweite Schuß ging im Hals! Nun schleppten zwei Männer das Kind raus. Nach einer halben Stunde kam das Kind wieder zurück, blutüberlaufen am ganzen Unterkörper. Die Unterwäsche zerrissen. Sie stürzte sich auf ihre sterbende Mutter, mir klingen noch heute die Schreie jenes Kindes in den Ohren. Nach zwei Stunden tat ihre Mutter ihre Augen für immer zu. Schon kamen wieder neue Soldaten und schleppten dieselben Mädels mit, ich habe sie dann nicht mehr wieder gesehen. Es ist möglich, daß sie das gleiche Schicksal vieler jener Tage ereilt hat, Abschied für immer von dieser Erde. Oder in einem Treck nach Rußland …

Walter Kempowski: *Das Echolot. Fuga furiosa. Ein kollektives Tagebuch. Winter 1945. 6. Februar–14. Februar 1945*, München 2004, S. 162–164

Vorwort

„Warum schreiben Sie an diesem Buch?" Diese Frage ist mir mehr als einmal gestellt worden. Es gab hierfür zwei Beweggründe: einen sachlichen und einen persönlichen.

Der sachliche Beweggrund ergibt sich unmittelbar aus dem Thema. Die Massenvergewaltigungen deutscher Frauen und Mädchen 1944/45 gehören zu den schlimmsten Verbrechen, die im Zweiten Weltkrieg begangen worden sind. Dennoch haben sie bisher – jedenfalls in einer breiten Öffentlichkeit – noch nicht die Aufmerksamkeit gefunden, die ihnen gebührt. Viele der Opfer fühlen sich allein gelassen. Sie können mit niemandem über ihre schrecklichen Erlebnisse sprechen, oder ihr individuelles Schicksal wird als Teil eines angeblichen „Kollektiverlebnisses" oder „Kollektivschicksals" entpersönlicht. Bei meinen Recherchen habe ich überdies festgestellt, dass in nicht wenigen Flüchtlings- oder Vertriebenenfamilien die Frage nach einer etwaigen Vergewaltigung einer Familienangehörigen unausgesprochen vorhanden ist, aber gerade nicht beantwortet wird: Hoffen, dass dies nicht geschehen ist, Schweigen darüber, Nicht-Nachfragen oder Verdrängen bestimmen die Gefühle der Angehörigen; meist sind es Kinder von Müttern, die nach damaligen örtlichen und zeitlichen Umständen möglicherweise oder wahrscheinlich oder sogar gewiss eine solche seelische und körperliche Misshandlung erlitten haben.

Der persönliche Beweggrund meiner Beschäftigung mit dem Thema der Massenvergewaltigungen entstand zunächst fast zufällig: Während des Krieges war ich für einige Wochen Schüler einer einklassigen Dorfschule in der Mark Brandenburg. Viele Jahre später erfuhr ich, dass eine meiner damaligen Schulkameradinnen beim Einmarsch der sowjetischen Truppen in das kleine Dorf von russischen Soldaten vergewaltigt worden war. Die selber davon verschonte jüngere Schwester des zur Tatzeit 17-jährigen Opfers erzählte mir, dass ihre Mutter sich ihr Gesicht mit Marmelade und Streuseln darauf beschmiert hatte, um abstoßend zu wirken, dabei nicht ahnend, dass die Soldaten sich statt ihrer der Tochter bemächtigen würden, dass diese in einen Raum im Oberschoss gezerrt wurde, während die Eltern und Geschwister in einem Raum im Erdgeschoss eingesperrt wurden, wo sie Schüsse aus dem Obergeschoss hörten – die Soldaten hatten sich den „Spaß" gemacht, in die Decke zu schießen, um das Opfer und dessen Familie zu erschrecken. Das Opfer, inzwischen eine ältere Frau, reagierte auf vorsichtige Fragen ihres ehemaligen Mitschülers zurückhaltend, ja abweisend.

Ein zweiter Zufall wollte es, dass ich zur gleichen Zeit die Bekanntschaft mit Gabi Köpp machte, die ebenfalls, als damals 15-jähriges Mädchen, 1945 von russischen Soldaten in einem Dorf in der Nähe von Schneidemühl vergewaltigt worden war. Gabi Köpp reagierte auf das ihr widerfahrene Leid völlig anders; sie schwieg nicht, sondern sie hat jene Geschehnisse zunächst in einem persönlichen Tagebuch niedergeschrieben und später in ihrem (leider vergriffenen) Buch „Meine Geschichte. Bericht über eine 1945 erlebte Flucht aus der Grenzmark Posen-Westpreußen“ erwähnt.

Das vorliegende Buch stammt nicht aus der Feder eines Psychoanalytikers oder eines Historikers, obgleich diese zu dem Thema viel zu sagen hätten, sondern von einem Juristen. Da es sich bei den Massenvergewaltigungen 1944/45 unzweifelhaft um Kriegsverbrechen handelte, sollte der Völkerrechtler sich dieses Themas annehmen. Für den männlichen Autor stellt sich schließlich die Frage, ob und wie er sich einfühlsam genug und in adäquater Sprache einem Thema nähern kann, das den intimsten Bereich der weiblichen Opfer berührt. Die Lösung dieser heiklen Aufgabe habe ich darin gesehen, möglichst viele authentische Berichte von Opfern oder Augenzeugen in ihrem Wortlaut zu zitieren. Einzelne Teile dieses Buches sind deshalb eine Art Collage.

Im Verlauf der Arbeiten an diesem Buch habe ich viele Gespräche über dessen Gegenstand geführt. Allen Gesprächsteilnehmern danke ich für vielfältige Anregungen und Informationen. Mein besonderer Dank gebührt Nina Radtke und Friederike Ramcke, die – einer jüngeren Generation angehörend – mich immer wieder mit Zuspruch und Interesse motivierten und mir wichtige Hinweise gegeben haben.

Hamburg, Herbst 2009 — Ingo von Münch

Einführung

„Frau, komm!" lautete Ende 1944/Anfang 1945 der unmissverständliche und keinen Widerspruch duldende Befehl russischer Soldaten an diejenigen von ihnen gewollten deutschen Frauen und Mädchen, denen damit Vergewaltigung bevorstand. Die Formulierung „denen damit Vergewaltigung bevorstand", nicht: „*eine* Vergewaltigung bevorstand", ist hier bewusst gewählt; denn in ungezählten Fällen wurden die Frauen und Mädchen beim Einmarsch der sowjetischen Truppen nicht von einem russischen Soldaten einmal, sondern mehrmals vergewaltigt und in ungezählten Fällen nicht nur von einem Soldaten, sondern von mehreren. Eine Flüchtlingsfrau aus Danzig schildert in ihrem Erlebnisbericht über die Einnahme Danzigs durch die Rote Armee den Exodus von Flüchtlingen nach Langfuhr so:

> Wenn wir aber dachten, etwas Ruhe zu finden, so irrten wir uns. In Gruppen von fünf bis sechs Russen kamen die Soldaten und nahmen uns unser bißchen Essen und was ihnen sonst noch gefiel, und dann hieß es wieder: „Frau komm!" Wer nicht gleich mitging, wurde grausam geschlagen und letzten Endes doch gezwungen mitzugehen, meistens im Treppenflur oder auf der Treppe oder auch in den oberen zerstörten Stockwerken wurden die Frauen mißbraucht, tierisch die Brüste zerbissen und furchtbar gequält, gleich immer von vielen hintereinander.[1]

„Am Sonntagmorgen Fortsetzung von Plünderung und Vergewaltigung. ‚Frau, komm!' – wer nicht Folge leistete, wurde erschossen" – so beschreibt ein Pfarrer aus Lauenburg in Pommern die Besetzung dieser Stadt.[2] Uhren und Frauen waren Objekte unaufhörlichen Verlangens. Einem neunjährigen Mädchen prägten sich beim Einmarsch der sowjetischen Truppen in einen Vorort von Berlin die Rufe „Uri, Uri! Frau, komm!" als die häufigsten aus russischem Mund gehörten Worte ein.[3]

---

1 Zitiert in: Dokumentation der Vertreibung der Deutschen aus Ost-Mitteleuropa. In Verbindung mit Adolf Diestelkamp, Rudolf Laun, Peter Rassow und Hans Rothfels bearbeitet von Theodor Schieder. Herausgegeben vom Bundesministerium für Vertriebene. Band I/1: Die Vertreibung der deutschen Bevölkerung aus den Gebieten östlich der Oder-Neiße, München 1984 (unveränderter Nachdruck der Ausgabe von 1954), S. 299 (im Folgenden zitiert: Dokumentation).

2 Dokumentation [Anm. 1], S. 266.

3 Siehe Ingeborg Jacobs: Freiwild. Das Schicksal deutscher Frauen 1945, Berlin 2008, S. 154.

Das Aufstöbern einer sich in einem Dorf bei Neustrelitz in Pommern versteckt haltenden Gruppe von Flüchtlingen und die daraufhin erfolgte Vergewaltigung einer jungen Frau nahm ein damals zehnjähriges Mädchen so wahr:

> In der Türöffnung stand der erste Russe. Alle schwiegen und harrten der Dinge, die jetzt passieren würden. Es begann damit, dass er erstmal seine Soldatenmütze abnahm und die oberen Knöpfe seiner Uniform öffnete. Dann schrie er laut in den Raum: „Frau, komm' her", und als sich niemand in der Runde erhob, schrie er fast kreischend: „Sofort Frau, komm, dawei!" Die anwesenden Frauen versuchten, sich ängstlich weiter in die Ecke zu drücken, um sich hinter irgendwelchen Gegenständen in Sicherheit zu bringen. Damit war der Soldat keineswegs einverstanden und schnappte sich die ihm am nächsten sitzende Frau und schleppte sie in eine leere Bettstelle. Jetzt warf er sich über sie und es geschah das, wie alle um mich herum raunten, sie wurde vergewaltigt ...[4]

Über Vergewaltigungen in einer Kirche in Lichtenhagen bei Königsberg ist zu lesen:

> Überall waren huschende Gestalten zu sehen, Taschenlampen blitzten auf, „Frau, komm mit", ertönte es immer wieder. Frauen wurden gewaltsam aus den Bänken gezerrt und ins Dunkel verschleppt, auf den Chor oder auf den Glockenturm. Und alles spielte sich gespenstisch leise ab, niemand wagte laut zu schreien ... wir wagten kaum zu flüstern, um niemand auf uns aufmerksam zu machen ... Das Grauen schlich auf lautlosen Sohlen durch die Kirche ..., immer wieder hörte ich ein barsches „Komm mit!".[5]

Der russische Schriftsteller Anatoli Streljanyi zitiert aus einem Gespräch mit einem anderen russischen Schriftsteller, der im Krieg in Deutschland war:

> Ich erinnere mich jetzt auch oft daran. „Frau, komm!" bedeutete, sich am Feind zu rächen. Abends erzählten wir uns: Ich habe mich heute dreimal gerächt, und du?[6]

Der Befehl „Frau, komm!" führte bei den so angesprochenen Frauen und Mädchen zu Angst und Schrecken. Die Journalistin Margret Boveri (Tochter eines Deutschen und einer US-Amerikanerin) erinnert sich an 1945 in Berlin mit dem Satz: „‚Frau, komm mit' – ein Schlachtruf, der uns alle erbeben macht ..."[7] In Christian Krockows „Die Stunde der Frauen", einem Bericht aus Pommern, ist zu lesen:

---

4 Ingrid Hesse-Werner: Als Pommern brannte, Rahden 2006, S. 51 f.

5 Anneliese Kreutz: Das große Sterben in Königsberg 1945–47, Kiel 1988, S. 17 f.

6 Anatoli Streljanyi: Die Russen bereuen. Beobachtungen zum „Tag des Sieges", in: FAZ Nr. 107 v. 9. Mai 1990, S. 33.

7 Margret Boveri: Tage des Überlebens, Berlin 1945. Mit einem Vorwort von Egon Bahr, Berlin 2004, S. 232. Zu deren Biographie siehe Heike B. Görtemaker: Ein deutsches Leben. Die Geschichte der Margret Boveri 1900–1975, München 2005.

Deutsche Frauen und Mädchen als „Freiwild“ für Rotarmisten: „missbraucht“, „gequält“ und „zutiefst gedemütigt“ (Ingeborg Grabow)

> Die Männer, die nun ins Zimmer drängen, schauen kurz in die Runde. Dann weist einer auf Marie: „Frau, komm!“ Sie kreischt auf, schlägt die Hände vors Gesicht. Vergebens. Schon wird sie hochgerissen, schon hinausgezerrt. Und gewiß nicht nur Marie ist betroffen. Das Schreien von Frauen gellt vielstimmig durchs Haus. Wie lange wohl? Irgendwann wird dieses Schreien schwächer, dann stumm. Irgendwann taumelt Marie ins Zimmer zurück; die Kleider hängen ihr in Fetzen vom Leib.[8]

Eine Frau aus Potsdam, die mit ansehen musste, wie ein betrunkener russischer Soldat eine Wöchnerin packte, schreibt in ihrem Tagebuch noch einige Zeit nach dem Einmarsch der sowjetischen Truppen: „‚Frau, komm mit!‘ Dieses grauenhafte Wort, vor dem sich noch heute jeder entsetzt.“[9] Das „Frau, komm!“ hat sich tief in die Erinnerung der Betroffenen an die schlimmen Geschehnisse jener Zeit eingegraben. Die im Januar 1945 als 15-Jährige in einem Dorf in Westpreußen von russischen Soldaten mehrere Male vergewaltigte Gabi Köpp spricht deshalb das aus, was vermutlich alle ihre Leidensgenossinnen noch heute empfinden: „Und die herausgestoßenen gierigen Befehle ‚Frau, Frau – jung’ Frau, dawai‘ (was „komm“ heißt) werde ich nie vergessen.“[10]

Hinsichtlich der Zahl der 1944/45 von sowjetischen Soldaten vergewaltigten deutschen Frauen und Mädchen[11] sind zwar weder in Deutschland noch (man muss dazu sagen: erst recht nicht) in der damaligen Sowjetunion statistische Erhebungen durchgeführt worden. Es gibt jedoch aufgrund von Hochrechnungen verlässliche Schätzungen. Die niedrigste besagt, dass insgesamt ca. 1,4 Millionen deutsche Frauen und Mädchen von russischen Soldaten vergewaltigt wurden.[12] Eine andere Zahlenangabe nennt ebenfalls 1,4 Millionen, dies aber nur für die Gebiete jenseits von Oder und Neiße, und zusätzlich 500.000 im Gebiet der späteren sowjetischen Besatzungszone, zusammen also 1,9 Millio-

8 Christian Graf von Krockow: Die Stunde der Frauen. Bericht aus Pommern 1944 bis 1947. Nach einer Erzählung von Libussa Fritz-Krockow, Stuttgart 1988, S. 65.

9 Ellen Gräfin Poninski: Aufzeichnungen nach täglichen Notizen über die Jahre in Potsdam (1945–1949), in: Roland Thimme: Rote Fahnen über Potsdam 1933–1989. Lebenswege und Tagebücher, Berlin 2007, S. 381 ff. (388).

10 Gabi Köpp: Meine Geschichte. Bericht über eine 1945 erlebte Flucht aus der Grenzmark Posen-Westpreußen, Aachen 1992, S. 24.

11 Ergänzend dazu ist zu bemerken, dass auch nach 1945 noch Vergewaltigungen erfolgten; siehe dazu unten S. 48.

12 Thomas Darnstädt/Klaus Wiegrefe: „Vater, erschieß mich!“, in: Stefan Aust/Stephan Burgdorff (Hrsg.): Die Flucht. Über die Vertreibung der Deutschen aus dem Osten, Stuttgart–München, 2. Aufl. 2002, S. 21 ff. (S. 28).

nen.[13] Wieder eine andere Zahl geht von insgesamt 2 Millionen Vergewaltigten aus.[14]

Jedoch kann es letztlich dahingestellt bleiben, ob „nur" 1,4 oder 1,9 oder 2 Millionen Frauen und Mädchen 1944/45 von russischen Soldaten vergewaltigt worden sind. Schon jede Zahl über Hunderttausend oder gar über einer Million ist, da es sich ja hier stets um Einzelschicksale handelt, unvorstellbar hoch. Zwar sind auch in früheren Kriegen Frauen oft Opfer von sexueller Gewalt fremder Soldaten geworden. Aus neuerer Zeit sind z. B. die Vergewaltigungen chinesischer Frauen durch japanische Soldaten in Nanking 1937 zu erwähnen; die Vergewaltigung von Frauen in den besetzten Gebieten im Zweiten Weltkrieg durch deutsche Soldaten auf der einen Seite und durch französische und amerikanische Soldaten auf der anderen Seite[15]; die Vergewaltigung muslimischer Frauen durch serbische Soldaten im Bosnien-Krieg (hier mit der Besonderheit ethnischer „Säuberung") und Vergewaltigungen in verschiedenen Bürgerkriegen in Afrika. Alle diese genannten Beispiele (weitere könnten noch hinzugefügt werden) sind schlimme Fälle sexueller Gewalt gegen Frauen. Aber nie zuvor sind in einem einzigen Land und innerhalb eines so kurzen Zeitraumes so viele Frauen und Mädchen von fremden Soldaten missbraucht worden wie 1944/45 nach dem Einmarsch der Roten Armee in Deutschland. So gesehen waren die Massenvergewaltigungen[16] deutscher Frauen und Mädchen schon vom zahlenmäßigen Ausmaß her gesehen beispiellos. Erschreckend war auch die Brutalität, mit der die Frauen und Mädchen missbraucht worden

13 Hartmut Radebold: Die dunklen Schatten unserer Vergangenheit. Ältere Menschen in Beratung, Psychotherapie, Seelsorge und Pflege, 2. Aufl., Stuttgart 2005, S. 21.

14 Hubertus Knabe: Tag der Befreiung? Das Kriegsende in Ostdeutschland, Berlin 2005, S. 56; Norman M. Naimark: Die Russen in Deutschland. Die sowjetische Besatzungszone 1945 bis 1949, Berlin 1997, S. 10 f., 169 f.; Volksbund Deutsche Kriegsgräberfürsorge (Hrsg.): Treibgut des Krieges. Zeugnisse von Flucht und Vertreibung der Deutschen, Kassel 2008, S. 129.

15 Lakonische Feststellung dazu: „Beim Einmarsch der alliierten Truppen gehören Vergewaltigungen von Frauen und Mädchen nicht nur im Osten vielerorts zur ‚Normalität des soldatischen Kampfverhaltens'" (Ute Daniel: Zweierlei Heimatfronten. Weibliche Kriegserfahrungen 1914 bis 1918 und 1939 bis 1945 im Kontrast, in: Erster Weltkrieg. Zweiter Weltkrieg. Ein Vergleich. Krieg. Kriegserlebnis, Kriegserfahrung in Deutschland. Hrsg. von Bruno Thoß/Hans-Erich Volkmann, Paderborn–München–Wien–Zürich 2002, S. 391 ff. [396]).

16 Der Ausdruck „Massenvergewaltigungen" ist der heute dafür üblicherweise gebrauchte. Man könnte dafür auch sagen: Innumerabler Vergewaltigungsexzess; jedoch ist jede Vergewaltigung schon per se ein Exzess. – In sowjetischen Armeeberichten wurden gelegentlich „unmoralische Übergriffe" erwähnt, s. Antony Beevor: Berlin 1945. Das Ende. Aus dem Englischen übertragen von Frank Wolf, 2. Aufl., München 2002, S. 328.

sind. Viele der Opfer wurden, wie bereits erwähnt, nicht ein Mal, sondern mehrere Male und nicht von einem, sondern von mehreren Soldaten vergewaltigt. Kinder und Greisinnen wurden nicht geschont. Beten und Bitten, Flehen und Weinen halfen nicht. Widerstand war zwecklos: Ehemänner, die ihre Frauen schützen wollten, Väter und Mütter, die sich vor ihre Töchter stellten, wurden kurzerhand erschossen. Nicht selten erfolgten die Vergewaltigungen vor den Augen der Angehörigen.

Man hätte annehmen können, dass das Ausmaß der Leiden der Opfer und das Ausmaß der Verbrechen der Täter zu einer besonders intensiven Befassung mit den Massenvergewaltigungen deutscher Frauen und Mädchen geführt hätte. Dies ist jedoch bis heute nicht der Fall. Norman N. Naimark hat noch in seinem 1997 erschienenen Buch „Die Russen in Deutschland. Die sowjetische Besatzungszone 1945 bis 1949" festgestellt, dass die von russischen Soldaten begangenen Vergewaltigungen weder in der Memoirenliteratur noch in der Geschichtsschreibung eine angemessene Behandlung erfahren haben.[17] Zum Schweigen der Ortschroniken schreibt Günter de Bruyn:

> Über die Leiden der Landbevölkerung unter fremder Besatzung sind in Ortschroniken, die über den Siebenjährigen Krieg und die napoleonische Zeit berichten, viele Details festgehalten, doch über die ungleich schlimmeren Vorkommnisse des Jahres 1945 schweigt man sich, von Ausnahmen abgesehen, in den Darstellungen ostdeutscher Stadt- und Dorfgeschichten aus. Die Tabuisierung aus DDR-Zeiten wirkt hier anscheinend weiter, und das Wissen um die deutschen Verbrechen in Rußland läßt das Schweigen über russische Verbrechen an Deutschen moralisch erforderlich erscheinen, als rechtfertige die eine die andere Tat. Da nur wenige Lehrer oder Pastoren, die sich als Zeitchronisten verstanden, den Mut aufbrachten, die Eroberung und Besetzung ihres Ortes durch die Rote Armee im Detail zu beschreiben, weiß man zwar durch mündliche Berichte, daß so gut wie immer nach dem Abflauen der Kämpfe die Plünderungen, Vergewaltigungen, Verhaftungen und auch Morde begannen, aber Einzelheiten sind nur in seltenen Fällen bekannt und dokumentiert.[18]

Die von Günter de Bruyn hinsichtlich der schweigenden Stadt- und Ortschroniken in der ehemaligen DDR gemachte Bemerkung darf allerdings nicht missverstanden oder verallgemeinert werden; denn es wäre nicht richtig, wenn behauptet würde, das das Thema der Massenvergewaltigung völligem Schweigen anheimgefallen sei. Vielmehr gibt es nicht wenige Schilderungen von Opfern selbst und von Darstellungen anderer über jene Geschehnisse, allerdings zumeist nur als Teil von Be-

---

17 Norman M. Naimark [Anm. 14], S. 111; auch zit. bei Roland Thimme [Anm. 30], S. 205.

18 Günter de Bruyn: Die Finckensteins. Eine Familie im Dienste Preußens, München 2004, S. 230.

richten über Flucht und Vertreibung. Die noch immer ausführlichste Informationsquelle ist die von der im Jahre 1951 von der Bundesregierung eingesetzten unabhängigen Wissenschaftlichen Kommission veröffentlichte Dokumentation „Die Vertreibung der deutschen Bevölkerung aus den Gebieten östlich der Oder-Neiße“[19], die zahlreiche Erlebnisberichte von Opfern und Zeugen enthält. Zumeist kurze Auszüge aus Erlebnisberichten hat Walter Kempowski in seinem „Ein kollektives Tagebuch“ genannten Werk „Das Echolot“ in mehreren Bänden zusammengestellt.[20] Dieses große Werk ist nicht zuletzt auch deshalb wichtig, weil dem Autor zutreffend bescheinigt worden ist: „ihm liegt der erregte Gestus der auftrumpfenden Abrechnung fern“.[21] Eindringliche Schilderungen finden sich auch bei Günter Böddeker, „Die Flüchtlinge. Die Vertreibung der Deutschen im Osten“,[22] und bei Hubertus Knabe, „Tag der Befreiung? Das Kriegsende in Deutschland.“[23] Wichtig, weil aus unmittelbarem Erleben geschriebene Informationsquellen sind schließlich die verschiedenen Erlebnisberichte, Tagebücher und Sammelbände, in denen Vergewaltigungsopfer oder Augenzeugen ihre Erinnerungen festhalten. Zu nennen sind hier z. B. die Schilderungen von Anneliese Kreutz, „Das große Sterben in Königsberg 1945–47“[24], von Katharina Elliger, „Und tief in der Seele das Ferne. Die Geschichte einer Vertreibung aus Schlesien“[25], von Ingrid Hesse-Werner, „Als Pommern brannte“[26], von Renate Meinhof, „Das Tagebuch der Maria Meinhof. April 1945 bis März 1946 in Pommern. Eine Spurensuche“[27], von

19 Dokumentation [Anm. 1].

20 Walter Kempowski: Das Echolot. Fuga furiosa. Ein kollektives Tagebuch. Winter 1945. Bd. I: 12. bis 20. Januar 1945; Bd. II: 21. bis 28. Januar 1945; Bd. III: 29. Januar bis 5. Februar 1945; Bd. IV: 6. bis 12. Februar 1945 (im Folgenden jeweils zitiert: Kempowski I, II, III, IV); ders.: Das Echolot. Abgesang ’45. Ein kollektives Tagebuch, 2. Aufl., München 2005 (im Folgenden zitiert: Kempowski V).

21 Günter Franzen: „Sie gingen hin und weinten“. Das Tagebuch der Deutschen – Kempowskis „Echolot 2“, in: Die Welt Nr. 251 vom 27. Oktober 1999, S. 9. Hinsichtlich der Genauigkeit beim Collagieren der „Echolot“-Texte stellte Kempowski an sich den Anspruch: „Höchste Präzision beim Zusammenstellen und der sachgerechte Umgang mit Archivalien sind unverzichtbare Voraussetzungen“, zit. Bei Gerhard Henschel: Da mal nachhaken: Näheres über Walter Kempowski, München 2009, S. 22.

22 Günter Böddeker: Die Flüchtlinge. Die Vertreibung der Deutschen im Osten, 5. Aufl., München–Berlin 1995.

23 Hubertus Knabe [Anm. 14].

24 Anneliese Kreutz: Das große Sterben in Königsberg 1945–47, Kiel 1988.

25 Katharina Elliger, Und tief in der Seele das Ferne. Die Geschichte einer Vertreibung aus Schlesien, 2. Aufl., Reinbek 2005.

26 Ingrid Hesse-Werner: Als Pommern brannte, Rahden 2006.

27 Renate Meinhof: Das Tagebuch der Maria Meinhof. April 1945 bis März 1946 in Pommern. Eine Spurensuche, Reinbek 2006.

Ingeborg Jacobs, „Freiwild. Das Schicksal deutscher Frauen 1945“[28], der von Brigitte Neary herausgegebene Band über „Frauen und Vertreibung. Zeitzeuginnen berichten“[29] und die in dem von Roland Thimme herausgegebenen Band „Rote Fahnen über Potsdam 1933–1989. Lebenswege und Tagebücher“[30] veröffentlichten Aufzeichnungen von Frauen aus Potsdam, insbesondere aber auch das Buch von Anonyma, „Eine Frau in Berlin. Tagebuch-Aufzeichnungen vom 20. April bis 22. Juni 1945“.[31] Allen diesen Veröffentlichungen ist jedoch gemein, dass die Erwähnung von Vergewaltigungen nur einen Ausschnitt aus dem jeweils behandelten umfassenderen Thema – meist: Flucht, Besetzung, Vertreibung – darstellt. Eine Ausnahme bildet insoweit das von Helke Sander und Barbara Johr herausgegebene bahnbrechende Buch „BeFreier und Befreite. Krieg, Vergewaltigung, Kinder“[32], das auf der Grundlage eines gleichnamigen Dokumentarfilms von Helke Sander entstanden ist und sich fast ausschließlich mit dem Thema der Massenvergewaltigungen in Deutschland in den letzten Kriegs- und ersten Nachkriegswochen befasst, sowie neuestens die im Oktober 2008 vom ZDF gesendete Dokumentation über das Schicksal deutscher Frauen in Deutschland 1945 und das Sachbuch von Ingeborg Jacobs „Freiwild – Das Schicksal deutscher Frauen 1945“.

Interessant ist im vorliegenden Zusammenhang, dass Helke Sander sich bei dem aus dem Jahr 1992 stammenden Film und Buch gefragt hat, warum das Thema „nahezu fünfzig Jahre lang kein Thema war“.[33] Helke Sander spricht damit unübersehbare Darstellungsdefizite an. Gemessen an der Flut der bereits vorhandenen und immer noch weiter neu publizierten Literatur über deutsche Kriegsverbrechen kann jedenfalls die monographische Behandlung der beim Einmarsch der sowjetischen Truppen 1944/45 und danach von diesen begangenen Massenverge-

28 Siehe Ingeborg Jacobs: Freiwild. Das Schicksal deutscher Frauen 1945, Berlin 2008.

29 Brigitte Neary (Hrsg.): Frauen und Vertreibung. Zeitzeuginnen berichten, Graz 2008.

30 Roland Thimme (Hrsg.): Rote Fahne über Potsdam 1933–1989. Lebenswege und Tagebücher, Berlin 2007.

31 Anonyma: Eine Frau in Berlin. Tagebuch-Aufzeichnungen vom 20. April bis zum 22. Juni 1945, Frankfurt a. M. 2003. Das Buch ist inzwischen in 4. Auflage 2005 als Taschenbuch erschienen. Im Folgenden wird die Anonyma nach der Taschenbuchausgabe von 2005 zitiert.

32 Helke Sander/Barbara Johr (Hrsg.): BeFreier und Befreite. Krieg, Vergewaltigung, Kinder, Frankfurt a. M. 2005. In Buchform unveröffentlicht ist bisher leider die gründliche, materialreiche Magisterarbeit von Sarah Maria Stöber: Die Massenvergewaltigungen an deutschen Frauen durch Soldaten der Roten Armee am Ende des Zweiten Weltkriegs, vorgelegt an der Universität zu Köln. Philosophische Fakultät. Historisches Seminar. Abteilung für Neuere Geschichte, Köln 2007.

33 Helke Sander, in: Helke Sander/Barbara Johr [Anm. 32], S. 9.

waltigungen nur als spärlich bezeichnet werden. Was sind die Gründe für dieses Schweigen?

> Die nächste Nacht, als wir in einer Ortschaft, die voll von Russen war, verbringen mußten, war furchtbar für uns Frauen und Mädchen gleich jeden Alters. Was sich hier abgespielt hat, kann nur der erfassen, der Gleiches erlebt hat.

– mit dieser Aussage wird in der Dokumentation der Wissenschaftlichen Kommission eine Flüchtlingsfrau aus Königsberg zitiert.[34] In der Tat könnten die Opfer der Vergewaltigungen selber am genauesten über die Geschehnisse und ihre Empfindungen Auskunft geben. Aber die meisten Opfer schweigen. Über eine am eigenen Leib erlittene Vergewaltigung sprach man (= Frau) nicht oder nur höchst ungern oder, wenn überhaupt, dann nur in Andeutungen, dies, obgleich eine Vergewaltigung keine Schande für die missbrauchte Frau ist, sondern einzig und allein für den Vergewaltiger-Mann. Die eigenen Angehörigen der Opfer wollten davon meistens nichts wissen – der Ehemann schon gar nicht[35], und die Kinder waren dafür oft noch zu klein. In den Lebenserinnerungen von Hildegard Knef ist nachzulesen, wie ihr die Mutter ihres Freundes in Berlin-Dahlem über sich und eine andere bei dem Gespräch anwesende Frau berichtet: „Wir sind vergewaltigt worden“, worauf die andere Frau flüstert: „Sagen Sie doch das nicht vor dem Kind.“[36] Als die Kinder älter wurden, mochten sie etwas ahnen, wagten aber vielleicht nicht, danach zu fragen, sei es aus Feinfühligkeit, um ihre Mutter nicht zu verletzen, sei es, um eine auch für sie (die Kinder) eventuell bittere Wahrheit nicht zu erfahren und dann mit sich herumtragen zu müssen. Es konnte aber auch sein, dass ein Kind über die Erlebnisse seiner Mutter beim Einmarsch der Russen etwas wissen wollte, die Mutter aber dahingehende Fragen abblockte, vielleicht um sich nicht wieder an die schlimmen Erlebnisse erinnern zu müssen oder um das Kind nicht mit der mütterlichen Leidensgeschichte zu belasten oder aus welchen Gründen auch immer. Günter Grass hat in seinem autobiographischen Erlebnisbuch „Beim Häuten der Zwiebel“[37] das Herantasten-Wollen eines Kindes an das Schicksal seiner (vergewaltigten) Mutter und seiner (ebenfalls vergewaltigten) Schwester beim Einmarsch der sowjetischen Truppen in Danzig und danach eindrucksvoll und sensibel geschildert.

34 Dokumentation [Anm. 1], S. 131.

35 Aufschlussreich dazu die Schilderung der Anonyma [Anm. 31], S. 220: „Während wir das Thema beim Wickel hatten, verzog sich Ilses Mann … Ilse grinste hinter ihm her: ‚Tja, das kann er nicht gut hören.‘“

36 Hildegard Knef: Der geschenkte Gaul. Bericht aus meinem Leben, 6. Aufl., München 2003, S. 112.

37 Günter Grass: Beim Häuten der Zwiebel, Taschenbuchausgabe, München 2008.

Nach dem Tod der Mutter mögen Kinder sich zuweilen gefragt haben, warum sie bei diesem Thema still blieben. Alexandra Senfft schreibt dazu in ihrem Buch „Schweigen tut weh. Eine deutsche Familiengeschichte", allerdings in einem anderen Zusammenhang (ihr Großvater, Hans Ludin, war 1946 in der Tschechoslowakei hingerichtet worden), sie hätte

> ihre Mutter befragen können, das habe ich aber nicht. Ihr Kummer war so dominant, dass ich nicht in ihm wühlen wollte, weiß der Teufel, welche heftigen emotionalen Wellen das erzeugt hätte. Heute bin ich fassungslos, dass ich mit ihr nie über die damalige Zeit gesprochen habe, dass ich nie gefragt habe, wie sie vom Tod ihres Vaters erfahren und diesen Schock erlebt hat. Es tut mir weh, dass ich sie mit diesen Erfahrungen so alleingelassen habe.[38]

Es gab aber auch Fälle, in denen eine von russischen Soldaten missbrauchte Tochter mit ihrer Mutter darüber sprechen wollte, die Mutter aber kategorisch diesen Wunsch ablehnte – ein Schock, den z. B. Gabi Köpp nie verwunden hat. Für die Opfer von Vergewaltigungen blieben deshalb oft nur enge Freundinnen oder Leidensgefährtinnen als Gesprächspartnerinnen übrig.

War also von den Opfern kein besonders großer Publizitätsdrang zu erwarten, so gilt dies erst recht für die Täter. Zum Schweigen, das über die von sowjetischen Soldaten begangenen Massenvergewaltigungen im Land der Täter herrscht, hat der britische Historiker Antony Beevor festgestellt:

> In der Sowjetunion wurde das Thema so hartnäckig verdrängt, dass Kriegsveteranen sich noch heute weigern zuzugeben, was beim Sturm auf deutsches Gebiet wirklich geschah. In der Regel räumen sie ein, von einzelnen Exzessen gehört zu haben, tun das Problem aber als unvermeidliche Begleiterscheinung des Krieges ab. Nur wenige bekennen, dass sie solche Szenen selbst erlebt haben. Die kleine Hand voll, die offen dazu steht, verspürt meist keine Gewissensbisse.[39]

Beispiele und Beweise dafür sind die Sprüche, die von russischen Kriegsteilnehmern zur Vergewaltigung deutscher Frauen geklopft wurden, wie:

> Sie haben alle für uns die Röcke gehoben und sich hingelegt. (Komsomolchef einer Panzerkompanie)[40]

38 Alexandra Senfft: Schweigen tut weh. Eine deutsche Familiengeschichte, Berlin 2007, S. 120.

39 Antony Beevor [Anm. 16], S. 44.

40 Zitiert bei Antony Beevor [Anm. 16], S. 44.

> Unsere Jungens waren sexuell so ausgehungert, dass sie oft über alte Frauen von 60, 70 oder gar 80 Jahren herfielen – für viele dieser Großmütter eine nicht unangenehme Überraschung. (sowjetischer Major)[41]

> Man braucht sie nicht zu überreden, einfach den Nagant (= Revolver, d. Verf.) angesetzt, erledigst das Geschäft und gehst weiter. (Brief eines Frontsoldaten an seine Angehörigen)[42]

Wer sich zierte oder gar wehrte,

> habe doch nur besondere Lust auf einen Mann gehabt.[43]

> Wir befinden uns weit in Ostpreußen, wo wir die Preußen ausräuchern, so daß die Federn nur so fliegen. Unsere Jungens haben bereits alle deutschen Frauen ausprobiert. (Feldpostbrief)[44]

Von diesen flapsigen – oder sollte man besser sagen: unmenschlichen – Sprüchen im Kasino-Ton heben sich die nachdenklichen und selbstkritischen literarischen Werke von Lew Kopelew und Alexander Solschenizyn weit ab. Eindrucksvoller und ergreifender als in Solschenizyns „Ostpreußische Nächte"[45] kann die Stimmung nach der vielmaligen Vergewaltigung einer Frau kaum beschrieben werden, und dies nur in wenigen Zeilen. Ausführlich und detailliert schildert Andrzej Szczypiorski in seinem „Selbstportrait mit Frau"[46] die besonders brutale Vergewaltigung von zwei deutschen Frauen, bei der die eine von ehemaligen KZ-Häftlingen und Zwangsarbeitern so lange missbraucht wird, bis sie daran stirbt. Über die Grenzen der Darstellung von Gewalt kann man gewiss streiten; aber Solschenizyn und Szczypiorski haben gezeigt, dass das heikle Thema Vergewaltigung literarisch darstellbar ist, ohne indiskret oder pornographisch zu werden. Größere Schwierigkeiten bereitet dieses Thema dagegen der bildenden Kunst. Zwar sind in Kriegen begangene Grausamkeiten oft in Werken der bildenden Kunst themati-

41 Zitiert bei Antony Beevor [Anm. 16], S. 44.

42 Zitiert bei Catherine Merridale: Iwans Krieg. Die Rote Armee 1939–1945. Aus dem Englischen übersetzt von Hans Günter Holl, 2. Aufl., Frankfurt a. M. 2006, S. 338.

43 Zitiert bei Ingeborg Jacobs [Anm. 28], S. 187.

44 Zitiert bei Alfred-Maurice de Zayas: Anmerkungen zur Vertreibung der Deutschen aus dem Osten, Stuttgart–Berlin–Köln–Mainz, 1986, S. 77. Bemerkenswert ist dazu auch der in dem biographischen Roman von Viktor Jerofejew: Der gute Stalin (aus dem Russischen von Beate Rausch, Berlin 2006, S. 111) wiedergegebene Dialog zwischen Ehrenburg und Molotow: „EHRENBURG Ich will Vergeltung. Auge um Auge. MOLOTOW In Königsberg gibt es schon Vergeltung genug. Die Rote Armee fickt alle deutschen Frauen durch, egal, wie alt sie sind."

45 Alexander Solschenizyn: Ostpreußische Nächte. Eine Dichtung in Versen. Aus dem Russischen übertragen von Nikolaus Ehlert, Darmstadt–Neuwied 1976, S. 35; siehe unten S. 131 f.

46 Andrzej Szczypiorski: Selbstportrait mit Frau, Zürich 1994, S. 194/195; siehe unten, S. 66 ff.

siert worden (die Frage, ob man den Schrecken darstellen kann, hat z.B. Alfred Hrdlicka erst kürzlich mit Nachdruck bejaht: „Es war immer das Wesen der Kunst, sich den großen Tragödien der Menschheit oder aber auch den kleinen, individuellen Katastrophen zu widmen"[47]; aber auffallenderweise sind keine Gemälde oder Skulpturen von internationalem Rang bekannt, die die Massenvergewaltigungen von 1944/45 zum Gegenstand haben.

Gleiches galt bis Herbst 2008 für das Medium Spielfilm; die Verfilmung des Tagebuchs der Anonyma „Eine Frau in Berlin" ist der erste Spielfilm, der sich – mehr als sechzig Jahre nach jenen Ereignissen – mit diesem Thema befasst (Titel „Anonyma. Eine Frau in Berlin"). Bedauerlicherweise erreicht die Verfilmung in keiner Weise die Eindringlichkeit der Tagebuchvorlage, sondern gleitet mit der Verzuckerung des Stoffes durch eine aufgesetzte – im Tagebuch der Anonyma so nicht enthaltene – Liebesgeschichte zwischen dem Opfer einer Vergewaltigung und einem russischen Offizier auf das Niveau von melodramatischem Kitsch ab. Der diesem Film dominierende Wunsch nach einer Liebesgeschichte und das angestrengte Bemühen um Einklang mit den Geboten der Political Correctness haben offensichtlich den Stift beim Drehbuch und den Taktstock bei der Regie geführt. Die grausige Realität der Massenvergewaltigungen bleibt ausgeblendet. Ein Gespräch unter vergewaltigten Frauen über dieses Thema wird in der Filmschnulze zu einem Gekicher wie über Erlebnisse in einer Tanzstunde. Das gepflegte Gesicht der schönen Nina Hoss als Hauptdarstellerin in modisch blauem Mantel vermittelt den Eindruck, dass die „Anonyma" nicht in Luftschutzkellern unter Angst und Hunger gelitten hat, sondern dass sie direkt aus einem Wellness-Center kommt. Zu Recht ist der Spielfilm „Anonyma" von der Filmkritik überwiegend negativ aufgenommen worden.[48] Positiv ist allerdings anzumerken, dass durch die Verfilmung des Tagebuchs der Anonyma das Thema der Vergewaltigungen deutscher Frauen eine grö-

47 Zitiert in: Hans-Dieter Schütt: Alfred Hrdlicka. Stein Zeit Mensch, Berlin 2008, S. 85; s. dazu auch S. 83.

48 Siehe z. B. Andreas Kilb: Der Schrecken schmockt in Bonbonfarben. Kitsch und Vergewaltigung: Max Färberböcks Verfilmung der „Anonyma – eine Frau in Berlin", in: FAZ Nr. 247 v. 22. Oktober 2008, S. 35; Michael Klonovsky: Geschichte. „Flachshaarige Hexen". Die Massenvergewaltigungen durch Rotarmisten 1945, heißt es, waren Vergeltung für deutsche Kriegsverbrechen. Stimmt das?, in: Focus, H. 45/2008, S. 52; Peter Körte: Der deutsche Film im Jahre Nullacht. Warum verfilmt Max Färberböck ein Buch, für dessen Härte und Radikalität er sich nicht interessiert? „Anonyma", jetzt auch im Kino, in: FAS Nr. 42 v. 19. Oktober 2008, S. 27. Positiver Hanns-Georg Rodek: Frauen waren die Helden der Stunde Null. In Max Färberböcks Verfilmung von „Anonyma" ist die Geschändete eine selbstbewusste, pragmatisch agierende Person, in: Die Welt v. 22. Oktober 2008, S. 23.

ßere Aufmerksamkeit als vorher erfahren hat – dies auch im Ausland, wie ein ganzseitiger Artikel darüber in der französischen Zeitung „Le Monde“ vom 21./22. Dezember 2008 zeigt.[49]

In Dokumentarfilmen sind Vergewaltigungsopfer zu Wort gekommen[50], meist in Kurzinterviews, aber über das eigentliche Geschehen gibt es offenbar keine Filmaufnahmen; unter den damals gegebenen Umständen hätten solche Aufnahmen nur von russischen Armeefotografen gemacht werden können. Diesbezügliches Filmmaterial ist aber bisher nicht bekannt. Auch wenn Vergewaltigungen nicht selten vor vielen Augen stattfanden, etwa in einem Straßengraben, so ist doch davon auszugehen, dass in den allermeisten Fällen Fotografen und Filmberichterstatter der Sowjetarmee jedenfalls nicht zugegen waren. Vergewaltigungen selbst oder auch „nur“ die missbrauchten Opfer waren sicherlich auch kein gewünschtes Motiv: Die Vergewaltigungen passten nicht in das Bild des Siegers. Vergewaltigungen deutscher Frauen waren – so gesehen – für die Sowjets kein „bedeutender Augenblick“. Deshalb überrascht es nicht, dass in dem unter dem Titel „Der bedeutende Augenblick“ veröffentlichten Fotokatalog des wohl bekanntesten russischen Armeefotografen Jewgeni Chaldej[51] das Wort Vergewaltigung fehlt. Das von ihm aufgenommene und in dem Bildband veröffentlichte Foto „Tote Frau am Halleschen Ufer, Berlin 1945“ sagt über das Schicksal dieser Frau vor ihrem Tod nichts – man kann insoweit nur Vermutungen anstellen.

Keine Vermutungen muss man dagegen bei der Betrachtung der bekannten Fotos der Opfer von Nemmersdorf (Ostpreußen)[52] anstellen: Die darauf abgebildeten toten Frauen und Mädchen mit z.T. entblößtem Unterleib sind, wie von einer internationalen Ärztekommission bei der Untersuchung der Opfer festgestellt worden ist, vor ihrer Tötung

49 Lorraine Rossignol: Seules dans Berlin, in: Le Monde v. 21./22. Dezember 2008, S. 17.

50 Besonders aufschlussreich dazu ist der bereits erwähnte Dokumentarfilm „BeFreier und Befreite. Krieg. Vergewaltigungen. Kinder“ von Helke Sander. Textliste in dem gleichnamigen Buch [Anm. 32], S. 107 ff. – Zur Sendereihe des WDR „Mein Kriegsende“ s. den Bericht von Michael Jeismann: Sie nennt ihre Vergewaltiger nicht. Erinnerungen an den Tag, an dem längst nicht alles vorbei war: „Mein Kriegsende“ (WDR), in: FAZ Nr. 83 v. 11. April 2005, S. 38.

51 Jewgeni Chaldej: Der bedeutende Augenblick. Hrsg. von Ernst Volland und Heinz Krimmer, Leipzig 2008. Eine gleichnamige Ausstellung seiner Fotografien hat im Jahre 2008 im Martin-Gropius-Bau in Berlin stattgefunden. Das nachfolgend erwähnte Foto befindet sich dort auf S. 87.

52 Die Fotos sind abgebildet z. B. bei Stefan Aust/Stephan Burgdorf [Anm. 12], nach S. 120; Günter Böddeker [Anm. 22], nach S. 32; Heinz Nawratil: Schwarzbuch der Vertreibung 1945–1948. Das letzte Kapitel unbewältigter Vergangenheit, 4. Aufl. München 1999, nach S. 124.

durch russische Soldaten vergewaltigt worden. Nemmersdorf war der erste von sowjetischen Truppen auf deutschem Gebiet besetzte Ort und zugleich der Ort, an dem im Oktober 1944 die Orgie der Massenvergewaltigungen deutscher Frauen und Mädchen begann[53], eine Orgie, die sich später in zahlreichen anderen Städten, Ortschaften und Dörfern fortsetzte (besonders gründlich dokumentiert sind die Verbrechen in Metgethen, einem Vorort von Königsberg[54]), aber auch in einzeln gelegenen Häusern, Gehöften, Scheunen, Ställen, Wäldern, auf Feldern, in Straßengräben und auf Lastwagen. Die Massenvergewaltigungen deutscher Frauen und Mädchen 1944/45 lassen sich deshalb – anders als die Massenvergewaltigung chinesischer Frauen und Mädchen durch japanische Soldaten in Nanking 1937 – nicht an einem bestimmten Ort des Verbrechens, wie Auschwitz, Babi Jar, Buchenwald, Dresden, Hiroshima, Katyn, Lidice, Oradour oder Srebrenica (um nur einige wenige von vielen zu nennen[55]), festmachen.[56] Die Vergewaltigungen 1944/45 erfolgten vielmehr „flächendeckend“ (im buchstäblichen Sinne des Wortes), was die Darstellung dieser Gewalttaten offenbar erschwert oder sogar zur Nicht-Erwähnung führt.[57]

Die bisher genannten Gründe für die Defizite der Darstellung der Massenvergewaltigungen, nämlich das Schweigen der Opfer und der Täter, die Zurückhaltung bei der Darstellung von Vergewaltigungen überhaupt in Kunst und Literatur, das Fehlen von dokumentarischen Filmaufnahmen und die mangelnde Anbindung der Geschehnisse an einen bestimmten Ort, sind jedoch nicht die einzige Erklärung für diese Darstellungsdefizite. Vielmehr kommen einige in der Kriegs- und Nachkriegsgeschichte wurzelnde deutsche Besonderheiten hinzu.

---

53 Siehe dazu Thomas Darnstädt/Klaus Wiegrefe [Anm. 12]: „Es lässt sich nicht bestreiten. Am 21. Oktober 1944, im vierten Jahr des Vernichtungskrieges gegen die Sowjetunion, zeigte sich in Nemmersdorf, dass aus einem Volk der Täter ein Volk der Opfer wurde.“ (S. 22/23)

54 Siehe dazu Alfred-Maurice de Zayas [Anm. 44], S. 67 ff.

55 Zu weiteren Orten mit Darstellung der an ihnen begangenen Verbrechen siehe Gerd R. Ueberschär (Hrsg.): Orte des Grauens. Verbrechen im Zweiten Weltkrieg. Darmstadt 2003.

56 Die bei Manfred Zeidler: Die Tötungs- und Vergewaltigungsverbrechen der Roten Armee auf deutschem Boden 1944/45, in: Wolfram Wette/Gerd R. Ueberschär (Hrsg.): Kriegsverbrechen im 20. Jahrhundert, Darmstadt 2001, S. 419 ff. (S. 422) genannte, vom Bundesarchiv in Koblenz ermittelte Zahl von etwa 3300 Tatorten, an denen Gewaltaktionen gegen die deutsche Bevölkerung im Gebiet östlich von Oder und Neiße stattgefunden haben, bezieht sich nicht speziell auf Vergewaltigungen.

57 Ein Beispiel dafür: Avishai Margalit: Die Dauer der Vergangenheit. Geteilte Erinnerung, in: Neue Rundschau 111. Jg. (2000), H. 3, S. 91 ff. (104).

Nemmersdorf, Oktober 1944: Präludium für eine Welle von Gewaltexzessen der Roten Armee an deutschen Männern, Frauen und Kindern, die Opfer einer Rache wurden, „die nicht zu stillen war“ (Günter Böddeker)

Vorab ist hier die Bezeichnung des deutschen Volkes als „das Volk der Täter" zu nennen. Wer diese unzählig oft gebrauchte Formel – inzwischen schon ein Stereotyp – für angemessen und richtig hält, kann sich nicht mit dem Gedanken anfreunden, dass es neben den Tätern eben auch Opfer gab. Die Opfer der Massenvergewaltigungen von 1944/45 – Frauen und Mädchen, nicht wenige von ihnen im Kindesalter – waren jedenfalls keine Täter, da sie an NS-Verbrechen nicht mitgewirkt hatten. Weil diese Tatsache unbestreitbar ist, stört die Erwähnung oder gar eine Darstellung der Massenvergewaltigung deutscher Frauen und Mädchen das Bild vom (deutschen) „Volk der Täter". Die Verweigerung des Opfer-Seins der 1944/45 vergewaltigten deutschen Frauen und Mädchen wird überdeutlich, wenn deren Erlebnisberichte als „Propaganda" bezeichnet werden und das Wort Opfer sogar in Anführungszeichen gesetzt wird. So ist eine in den USA erschienene Veröffentlichung zur Vergewaltigung deutscher Frauen durch Besatzungssoldaten[58] gelobt worden als „faszinierende Untersuchung über den Gebrauch von Berichten deutscher Frauen, die von sowjetischen Truppen vergewaltigt wurden, als kulturelle Propaganda für die Selbstdarstellung der Deutschen als ‚Opfer' des Zweiten Weltkriegs".[59] Gegen Helke Sanders Dokumentarfilm wurde als Hauptvorwurf erhoben, dass er

> die Ereignisse der Massenvergewaltigungen aus dem historischen Kontext reißen würde und so neuerlich die Deutschen, hier besonders die deutschen Frauen, viktimisieren würde, statt die Ereignisse vor dem Hintergrund des Nationalsozialismus zu entfalten.[60]

„Viktimisieren" bedeutet, jemanden zum Verbrechensopfer zu erklären – aber waren denn die (häufig besonders brutal) vergewaltigten Frauen und Mädchen keine Opfer von Verbrechen? Der Vorwurf, diese Frauen und Mädchen würden unpassenderweise „viktimisiert", ist deshalb unverständlich. Was den von der Kritik an Helke Sander vermissten „historischen Kontext" betrifft, so steht jedes Geschehen selbstverständlich in einem historischen Zusammenhang von Ursache und Wirkung. Jede seriöse Befassung mit einem Thema wird daher, wenn dies zur Erhellung des Sachverhaltes oder zur Begründung eines Urteils notwendig oder auch nur dienlich ist, den Kontext des Ereignisses berücksichtigen. Aber der Kontext darf nicht zu einer Pflichtübung erklärt werden, vor

58 Atina Grossmann: A Question of Silence. The Rape of German Women by Occupation Soldiers, in: Robert G. Moeller (Hrsg.): West Germany under Construction: Politics, Society, and Culture in the Adenauer Era, Ann Arbor 1997, S. 33 ff.

59 Susan J. Brison: Vergewaltigt. Ich und die Zeit danach. Trauma und Erinnerung. Aus dem Englischen von Sigrid Langhaeuser, München 2004, S. 168 [Anm. 11].

60 Helke Sander, in: Helke Sander/Barbara Johr [Anm. 32], S. 4.

allem dann nicht, wenn ein geschildertes Geschehen unabhängig vom Kontext einen eigenen Gehalt besitzt und/oder eine eigene Dynamik entfaltet. Und schon gar nicht sollte der eingeforderte Kontext dazu gebraucht oder missbraucht werden, um die an Deutschen begangenen Verbrechen, wie z. B. die Massenvergewaltigungen deutscher Frauen und Mädchen, in einem milderen Licht erscheinen zu lassen.

Unübersehbar ist ohnehin eine Tendenz, die Darstellung von Kriegsverbrechen der anderen Seite, also im Fall der Massenvergewaltigungen deutscher Frauen und Mädchen durch russische Soldaten, dem Vorwurf oder zumindest dem Verdacht einer damit verbundenen oder gar beabsichtigten Relativierung der von deutscher Seite begangenen Kriegsverbrechen auszusetzen. Helke Sander berichtet dazu, dass sie sich im Zusammenhang mit ihrem Dokumentarfilm mit massiven Vorwürfen konfrontiert sah,

> wie ‚revisionistisch', ‚revanchistisch', ‚antisemitisch' und ‚binär feministisch' zu sein, und obwohl zu vielen Seminaren, Kongressen, Diskussionen, Symposien über den Film eingeladen, wurde mir von den Co-ReferentInnen bisweilen nicht einmal mehr die Hand gegeben.[61]

Wer das Textbuch des Films gelesen hat, kann diese Vorwürfe nur als absolut unbegründet beurteilen. Ganz und gar unverständlich ist der Verdacht des „Antisemitismus" – es sei denn, dass schon die bloße Erwähnung des Namens Ilja Ehrenburg oder ein Zitat aus seinen Flugblättern unter das Verdikt des Antisemitismus fällt. Abstruses Beispiel eines solchen Antisemitismusvorwurfes ist die Äußerung des Schriftstellers Erich Kuby:

> Jeder kennt jemanden, der vergewaltigt wurde oder der seinerseits jemanden kennt, dem dies widerfuhr. Auf solcher Basis ließ sich der Mythos aufbauen, die Einheiten zweier sowjetischer Heeresgruppen seien kollektiv über die Berliner Frauen hergefallen, und zwar – damit die Sache ihre deutsche antisemitische Note erhielt – auf Befehl eines in Moskau sitzenden jüdischen Literaten.[62]

Dazu ist festzustellen: Flugblätter und Zeitungsartikel aus der Feder von Ilja Ehrenburg sind zu Recht häufig zitiert worden, aber nie als „Befehl eines in Moskau sitzenden jüdischen Literaten".

Jede Schilderung oder auch nur Erwähnung von an Deutschen begangenen Kriegsverbrechen muss schließlich den Vorwurf vergegenwärtigen, es solle eine „Aufrechnung" stattfinden, gemeint ist damit

61 Helke Sander, in: Helke Sander/Barbara Johr [Anm. 32], S. 3.

62 Erich Kuby: Die Russen in Berlin, Bern–München 1965, S. 316, zit. bei Ingrid Schmidt-Harzbach: Eine Woche im April, Berlin 1945. Vergewaltigung als Massenschicksal, in: Helke Sander/Barbara Johr [Anm. 32] S. 28.

eine Gegenrechnung der Opfer der deutschen Seite gegen die Opfer der anderen Seite – eine Gegenrechnung, die den Deutschen nicht zustehe.[63] Eine solche Aufrechnung vorzunehmen, wäre in der Tat abwegig. Menschliches Leid ist individuelles Leid und entzieht sich deshalb von vornherein Rechenspielen, etwa nach dem Motto: „Ihr" habt x Frauen und Mädchen vergewaltigt, „wir" haben ebenfalls x Frauen vergewaltigt – macht zusammen null, hebt sich also gegenseitig auf.

Die Massenvergewaltigungen deutscher Frauen und Mädchen 1944/45 waren keine auf dem Papier stehende Aufrechnung, sondern eine grausame reale Abrechnung. Dementsprechend werden die vergewaltigten Frauen und Mädchen als Opfer der Rache für Hitlers Angriff auf die Sowjetunion und dort begangene Kriegsverbrechen bezeichnet.[64] Zu dieser Erklärung, nämlich dass die Vergewaltigungen aus Rache erfolgt seien, hat Helke Sander kritisch angemerkt:

> Meines Erachtens wird immer sehr vorschnell behauptet, dass die Frauen Opfer der Rache für deutsche Verbrechen wurden. Aus dem Blick gerät dabei, dass Frauen immer wieder und überall Opfer von Sexualverbrechen werden, auch wenn ihre Männer, Brüder oder Väter keine anderen Länder überfallen. Es ist die einfachste aller Erklärungen, die hauptsächlich dazu dient, Männer zu entlasten.[65]

Dieser feministische Ansatz mag aus der Sicht der Autorin Helke Sander verständlich sein; und richtig ist auch, dass jede Vergewaltigung, gleichgültig wo, wann und von wem sie begangen wurde, immer eine gewalttätige geschlechtsspezifische Handlung eines Mannes gegen eine Frau darstellt. Jedoch lassen die Einzelvergewaltigungen in Friedenszeiten sich gewiss nicht mit den Massenvergewaltigungen von 1944/45 gleichsetzen, bei denen nicht nur politisch-psychologische Kriegführung durch Flugblätter und Frontzeitschriften, sondern eben auch Rache und Vergeltung für Handlungen der deutschen Besatzungsmacht in der Sowjetunion zwar nicht der einzige, aber doch ein wesentlicher Beweggrund waren. Wenn Vergewaltigungsopfer es wagten, sich über die erlittenen

63 Wird das Aufrechnungsverbot als Einbahnstraße benutzt, wird dieses Verbot Teil des Verbotes, deutsche Kriegsverbrechen zu relativieren.

64 So z. B. Günter Böddeker [Anm. 22], S. 107, über den Einmarsch der Roten Armee in Lauenburg in Pommern: „Männer, Frauen und Kinder wurden Opfer der Rache für Hitlers Überfall auf die Sowjetunion, einer Rache, die nicht zu stillen war." – Zur Rache auch: Christopher Duffy: Red Storm on the Reich. The Soviet March on Germany, 1945, New York 1991, S. 272 ff. („The Cycle of Revenge"). Zur „Stunde der Rache" siehe auch nach dem sowjetischen Einmarsch in Ostpreußen den Text: „Rotarmist: Du stehst jetzt auf deutschem Boden – die Stunde der Rache hat geschlagen", zit. bei Catherine Merridale [Anm. 42], S. 340.

65 Helke Sander, in: Helke Sander/Barbara Johr [Anm. 32], S. 6.

Misshandlungen zu beschweren, erhielten sie – wenn überhaupt – die Antwort, die Frauen und Schwestern der russischen Soldaten seien von den Deutschen viel schlimmer behandelt worden.[66] Exemplarisch kann dafür die Äußerung eines Vergewaltigers zitiert werden, der sich gegenüber einem Offizier, der ihm Vorhaltungen machte, damit rechtfertigte, seine Schwester sei von den Deutschen vergewaltigt worden.[67] Solche Erklärungsversuche (Entschuldigungsversuche? Rechtfertigungsversuche?) führen zu der Frage, ob die Massenvergewaltigungen deutscher Frauen und Mädchen durch russische Soldaten eine Parallele in entsprechenden Vergewaltigungen russischer Frauen und Mädchen durch deutsche Soldaten hatten.

Ausgangspunkt diesbezüglicher Erörterungen muss die Feststellung sein: Dass es auch Vergewaltigungen russischer Frauen durch deutsche Soldaten gegeben hat, kann ernstlich nicht angezweifelt werden. Dies folgt schon daraus, dass bereits zu Beginn des Angriffskriegs gegen die Sowjetunion mehr als drei Millionen deutsche Soldaten auf dem Boden der Sowjetunion standen (später waren es fast fünf Millionen[68]) und dass die Besetzung sowjetrussischen Gebietes bis zum Rückzug der letzten deutschen Truppen aus der Sowjetunion mehr als drei Jahre angedauert hatte. Es widerspräche jeder Lebenserfahrung (in diesem Fall: jeder Kriegserfahrung), wenn man behaupten wollte, es seien in dieser langen Zeit und bei einer so starken Präsenz deutscher Besatzungstruppen keine Vergewaltigungen russischer Frauen durch deutsche Soldaten vorgekommen. Tatsächlich hat es – wie sich u. a. aus russischen Archivunterlagen[69], aber auch aus Berichten deutscher Stellen[70] ergibt – solche Vergewaltigungen gegeben. Allerdings waren nicht alle sexuellen Beziehungen zugleich sexuelle Gewalttaten. So wird in einem mit

66 Siehe z. B. die in dem Erlebnisbericht eines Pfarrers aus Lauenburg in Pommern wiedergegebene Erzählung in: Dokumentation [Anm. 1], S. 266.

67 Giles Macdonogh: After the Reich. The Brutal History of the Allied Occupation, New York 2007, S. 98 f.

68 Zahlenangabe bei Rolf-Dieter Müller: Liebe im Vernichtungskrieg. Geschlechtergeschichtliche Aspekte des Einsatzes deutscher Soldaten im Rußland-Krieg 1941–1944, in: Politische Gewalt in der Moderne. Festschrift für Hans-Ulrich Thamer, hrsg. von Frank Becker/Thomas Großbölting/Armin Owzar/Rudolf Schlögl, Münster 2003, S. 239 ff. (240).

69 Erwähnungen mit Ortsnamen bei A. E. Epifanow/Hein Mayer: Die Tragödie der deutschen Kriegsgefangenen in Stalingrad von 1942 bis 1956 nach russischen Archivunterlagen, Osnabrück 1996, S. 108 f., 110 f., 156.

70 Siehe z. B. Das Schreiben des Chefs des Allgemeinen Wehrmachtsamts an den SS-Obergruppenführer Wolff v. 2. August 1943 mit einer Auflistung von Fällen, in Kopie abgedruckt bei Barbara Johr: Die Ereignisse in Zahlen, in: Helke Sander/Barbara Johr [Anm. 32], S. 46 ff. (67).

dem Vermerk „Streng geheim“ versehenen Sonderbericht des Leiters der NKWD-Verwaltung des Stalingrader Gebietes „Über das Verhalten der Jugendlichen in den besetzten Bezirken des Stalingrader Gebietes“ im Abschnitt „Das Benehmen der Jugendlichen im Hinterland des Gegners“ festgestellt:

> Die meisten Jugendlichen weiblichen Geschlechts liebten deutsche Soldaten und Offiziere und wohnten mit ihnen zusammen. Es gab sogar offizielle Eheschließungen.[71]
>
> Fünfunddreißig Komsomolzen aus dem Woroschilowsker Bezirk waren Mitglieder der konterrevolutionären Organisation ‚NTSNP‘, und sieben Komsomolzen waren Mitglieder der konterrevolutionären Jugendorganisation. Zirka dreißig Mädchen wohnten mit den deutschen Soldaten und Offizieren zusammen.[72]

Der NKWD-Bericht kommt in seinen „Schlussfolgerungen“ u.a. zu folgenden Erklärungen:

> 1. Das Benehmen der meisten Jugendlichen, die im Hinterland des Feindes verblieben sind, war negativ. Einige beschritten sogar den Weg des Verrats. Das negative Verhalten der Jugendlichen zeigt sich in der mangelnden ideologischen Standhaftigkeit, in der Beteiligung und Mitarbeit in den Verwaltungsorganen der Besatzer, in intimen und anderen Beziehungen zu den Offizieren und Soldaten des Gegners. 2. Die festen Beziehungen der meisten weiblichen Jugendlichen zu den Soldaten und Offizieren des Gegners basieren zu einem großen Teil auf dem Einfluß und der Haltung der profaschistisch gesinnten und moralisch zersetzten Elemente unter den Erwachsenen ...[73]

Nach alledem kann die Frage nur sein, in welchem Umfang deutsche Soldaten tatsächlich russische Frauen und Mädchen vergewaltigt haben und ob solche Vergewaltigungen durch die deutsche Militärgerichtsbarkeit geahndet worden sind.

Was die zahlenmäßige Größenordnung der Vergewaltigung russischer Frauen durch deutsche Soldaten betrifft, so ist nach dem derzeitigen wissenschaftlichen Forschungsstand nur eines sicher, nämlich dass es darüber keine gesicherten Erkenntnisse gibt. Das bisher gründlichste Werk zum Thema „Wehrmacht und sexuelle Gewalt“, nämlich die von der Philosophisch-historischen Fakultät der Universität Bern als Dissertation unter diesem Titel und dem Untertitel „Sexualverbrechen der

71 Zitiert bei A. E. Epifanow/Hein Mayer [Anm. 69], S. 149 ff. (154).

72 Zitiert bei A. E. Epifanow/Hein Mayer [Anm. 69], S. 155. Interessant, wenn auch keine dokumentarische Quelle, ist die in dem Roman von Viktor Jerofejew [Anm. 44], S. 111, zitierte Äußerung von Molotow: „Unsere Weiber haben es freiwillig getrieben, einschließlich der Komsomolzinnen, und dabei noch gekichert. Sie haben geglaubt, diese Nutten, dass die Deutschen für immer bleiben.“

73 Zitiert bei A. E. Epifanow/Hein Mayer [Anm. 69], S. 157.

deutschen Wehrmacht vor deutschen Kriegsgerichten 1939–1945" angenommene und preisgekrönte Arbeit von Birgit Beck kommt zu dem Ergebnis, es sei „derzeit keine Schätzung über die Anzahl der stattgefundenen Sexualverbrechen (gemeint ist: deutscher Soldaten, d. Verf.) möglich".[74] Zugleich gelangt Birgit Beck jedoch aufgrund der vorhandenen Literatur und der von ihr ausgewerteten Quellen zu der im vorliegenden Zusammenhang wichtigen Feststellung, dass „Ereignisse wie in Nanking oder in Berlin für die Wehrmacht nicht belegt" sind.[75] Konkret und eindeutig bedeutet dies, dass es keine – den Massenvergewaltigungen deutscher Frauen und Mädchen durch russische Soldaten 1944/45 vergleichbaren – Massenvergewaltigungen durch deutsche Soldaten gegeben hat, übrigens auch keine so genannten systematischen Vergewaltigungen[76], die entweder Terror verbreiten sollten oder, wie im Bosnien-Krieg von serbischer Seite, mit dem Ziel der „ethnischen Säuberung" in Zusammenhang standen. Zum Verhalten der deutschen Soldaten bei der Einquartierung im Osten sind noch die folgenden Informationen aus russischen Quellen erwähnenswert: In dem bereits mehrmals zitierten Sonderbericht des NKWD über die Beziehungen der Jugendlichen in den besetzten Bezirken des Stalingrader Gebietes wird als Hauptursache des (aus sowjetischer Sicht) „negativen Verhaltens" der Jugendlichen „mangelnde Standfestigkeit, Schwanken und Zweifel an der Rückkehr und dem Sieg der Roten Armee" genannt:

> Dieses Zweifeln und die mangelnde Standfestigkeit wurden den Jugendlichen durch folgende Umstände eingeflößt: a) eine zu lange Besatzungszeit in den Bezirken Stalingrads, die am Don liegen, b) die gute technische Ausrüstung und die mustergültige Disziplin der deutschen Wehrmacht ...[77]

74 Birgit Beck: Wehrmacht und sexuelle Gewalt. Sexualverbrechen vor deutschen Militärgerichten 1939–1945, Paderborn–München–Wien–Zürich 2004, S. 334. Im Ergebnis ebenso Barbara Johr: Die Ereignisse in Zahlen, in: Helke Sander/Barbara Johr [Anm. 32], S. 66, und – speziell für das Gebiet der Sowjetunion – Dieter Pohl: Die Herrschaft der Wehrmacht. Deutsche Militärbesatzung und einheimische Bevölkerung in der Sowjetunion 1941–1944, München 2008, S. 132: „Über das Ausmaß an Vergewaltigungen lassen sich kaum genaue Aussagen treffen, weil hierzu nur wenige beweiskräftige Quellen vorhanden sind."

75 Birgit Beck [Anm. 74], S. 334.

76 Birgit Beck [Anm. 74], S. 335; dies gegen die Behauptung, bei den Nürnberger Prozessen vorgelegte deutsche Dokumente „beweisen, daß von den deutschen Eroberern systematisch vergewaltigt wurde, um Terror zu verbreiten ..." (Ingrid Schmidt-Harzbach [Anm. 62], S. 29; s. auch Johannes Hürter: Keine Straffreiheit. Sexualverbrechen von Wehrmachtsangehörigen 1939 bis 1945 (Besprechung des Werkes von Birgit Beck): Es „fehlt bisher jeder Nachweis dafür, daß die deutsche Seite sexuelle Übergriffe als Kriegsmittel akzeptiert oder sogar bewußt als Kriegsstrategie eingesetzt hätte", in: FAZ Nr. 213 v. 13. September 2005, S. 8.

77 Zitiert bei A. E. Epifanow/Hein Mayer [Anm. 69], S. 157.

Und der ebenfalls bereits erwähnte russische Schriftsteller Anatoli Streljanyi schreibt in seinen „Beobachtungen zum Tag des Sieges“:

> Im gleichen Sommer lernte ich einen alten hohen Parteiwürdenträger kennen ... Es stellte sich heraus, daß seine Frau im Jahr 1943 in derselben Gegend gelebt hatte wie meine Familie. „Stellen Sie sich eine arme ukrainische Hütte vor“, sagte er, ohne zu wissen, wie leicht mir das fiel. „Mit drei weiblichen Bewohnern, einer fünfunddreißigjährigen Frau mit ihren zwei Töchtern, eine dreizehn, die andere fünfzehn Jahre alt. Den ganzen Winter waren drei deutsche Offiziere bei ihnen einquartiert, drei gesunde Männer. Und keiner hat die Mädchen angerührt.“[78]

Die Tatsache, dass es keine von deutschen Soldaten in Russland begangenen Massenvergewaltigungen wie die von russischen Soldaten in Deutschland gegeben hat, lässt sich mit fünf Gründen – spiegelbildlich zur umgekehrten Situation auf der russischen Seite 1941/45 – erklären:

1. Obwohl die deutsche Wehrmacht in den ersten Kriegsmonaten im Osten große militärische Erfolge erzielt hatte, fühlten die einfachen Soldaten („der Landser“) keinen Rausch des Siegers. Schon der steckengebliebene Vormarsch auf Moskau und der verlustreiche erste Kriegswinter 1941/42 konnten keine Triumphgefühle aufkommen lassen. Die Kapitulation der Reste der 6. Armee in Stalingrad und die von zunächst hohen Erwartungen begleitete, aber verlorene Schlacht bei Kursk im Sommer 1943 beendeten jede Siegesstimmung. Zu Alkoholexzessen fehlte der Anlass, mochten in Einzelfällen seitens der Täter auch Vergewaltigungen in alkoholisiertem Zustand begangen worden sein.
2. Als Erklärung für die Massenvergewaltigungen deutscher Frauen und Mädchen durch russische Soldaten 1944/45 werden deren Gefühle der Rache, Wut und Vergeltung für die Verwüstung ihrer Heimat und für die Leiden der russischen Bevölkerung unter der deutschen Besatzung[79] genannt – Gefühle, welche die russischen Soldaten auch unter dem Einfluss der Ehrenburgschen Traktate stark bewegten. Deutschland war für die russischen Soldaten der Aggressor gewesen; nicht zuletzt sollten die deutschen Frauen dafür büßen. Im Unterschied zu den Gefühlen der russischen Soldaten bestand für die deutschen Soldaten in Russland – selbst unter dem Eindruck der NS-Propaganda gegen den „Bolschewismus“ – kein Anlass zu Gefühlen der Rache und der Vergeltung gegenüber den russischen Frauen; denn die deutsche Zivilbevölkerung in der Heimat war zur Zeit der deutschen

78 Anatoli Streljanyi [Anm. 6].
79 Dazu eingehend Dieter Pohl [Anm. 74], insbes. S. 127 ff., S. 149 ff., S. 183 ff., S. 305 ff.

Besetzung russischen Gebietes zwar schon Ziel heftiger Luftangriffe der Westalliierten gewesen, war aber mit russischen Truppen noch nicht in Berührung gekommen und hatte deshalb selbst noch keine Gewalttaten durch russische Soldaten erlebt. Und: Weder die heute häufig gebrauchte Formel vom „Vernichtungskrieg“ noch die vom „Rassekrieg“[80] oder vom „Weltanschauungskrieg“ nötigte oder animierte deutsche Soldaten zur Vergewaltigung russischer Frauen.

3. Durch Soldaten verübte Vergewaltigungen finden nicht während der Kampfhandlungen an der Front statt, sondern nach der Besetzung im Hinterland. Während die russischen Soldaten in Deutschland sehr schnell erkannten, dass ihnen keine Gefahr durch eine deutsche Widerstandsbewegung wie den von Hitler propagierten „Werwolf“ drohte, sie also davon ausgehen konnten, dass sie bei Vergewaltigungen nicht „gestört“ werden würden, sahen die deutschen Besatzer auf dem Gebiet der Sowjetunion sich im Verlauf des Krieges immer häufiger Überfällen durch russische Partisanen im Hinterland ausgesetzt. Solche Überfälle bedrohten nicht nur freiwillige Fraternisierungen, sondern Überfälle mussten auch in Situationen befürchtet werden, in denen sexuelle Gewalt gegen russische Frauen oder Mädchen begangen wurde. So berichtet ein damaliger Partisane:

> Eine Gruppe ging auf Erkundung. Und im Dorf stießen diese Partisanen auf einen Deutschen, der mit einem russischen Mädchen zusammen ist. Na, sie haben sie gefangen genommen, arrestiert und erschossen.[81]

4. Russische Partisaninnen galten demgemäß auch als eine Sicherheitsgefahr für Bordelle, in denen deutsche Soldaten verkehrten.[82] Die Wehrmacht hatte bekanntlich – wie in allen besetzten Ländern –, so auch in den von ihr besetzten sowjetischen Gebieten, Bordelle für ihre Soldaten eingerichtet.[83] Ob in diesen Bordellen russische Frauen zur Prostitution gezwungen wurden, ist, worauf Dieter Pohl hinweist, „bisher noch nicht genau untersucht worden“.[84] Jedenfalls aber wurden die Bordelle von der Wehrmacht unterhalten, um die Bedürfnisse ihrer Soldaten nach Geschlechtsverkehr zu befriedigen – sa-

80 Zu den Morden an den Juden unter Militärhoheit 1941/42 siehe: Dieter Pohl [Anm. 74], S. 243 ff.

81 Zitiert bei Rolf-Dieter Müller [Anm. 68], S. 247; dort auch Zitat aus einer Warnung an die deutschen Soldaten, daß „der Umgang mit der weiblichen Zivilbevölkerung nicht nur eines deutschen Soldaten unwürdig ist, sondern die Gefahr in sich birgt, als Spion mißbraucht oder ausgehorcht zu werden, in die Hand einer Partisanin zu geraten und gräßlich verstümmelt zu werden“.

82 Dieter Pohl [Anm. 74], S. 134.

83 Dieter Pohl [Anm. 74], S. 134.

84 Dieter Pohl [Anm. 74], S. 134.

lopper formuliert: sie dienten der Triebabfuhr – und verringerten so vermutlich die Lust auf Vergewaltigungen. Demgegenüber existierten in der sowjetischen Armee solche Einrichtungen in Frontnähe jedenfalls nicht[85], möglicherweise auch ein Grund unter mehreren für die von russischen Soldaten massenhaft 1944/45 begangenen Vergewaltigungen deutscher Frauen und Mädchen. Die hier im Gebrauch des Wortes „möglicherweise" liegende Relativierung erklärt sich daraus, dass in kriminologischen Forschungsarbeiten aufgrund empirischer Befunde die These vertreten wird, dass Vergewaltigungen primär nicht eine sexuell, sondern eine aggressiv motivierte Tat darstellen.[86]

5. Eine Hemmschwelle für die Ausübung sexueller Gewalt könnte die Angst vor Bestrafung sein. Angesprochen ist damit die Frage, ob von deutschen Soldaten begangene Vergewaltigungen durch die deutsche Militärgerichtsbarkeit[87] geahndet wurden. Für den westlichen Kriegsschauplatz ist dies unbestritten. Hinsichtlich von Vergewaltigungen im Osten wird die Meinung vertreten, die Zahl der diesbezüglichen Kriegsgerichtsverfahren sei gering gewesen, verbunden mit dem Zusatz:

> Dies lag sicher nicht an einer unterdurchschnittlichen Zahl von Fällen, sondern eher an der drastisch eingeschränkten Strafverfolgung. Kriegsgerichtsbarkeitserlass, der allgemeine Antislawismus und die Kameraderie verhinderten, dass jede bekanntgewordene Vergewaltigung bestraft wurde.[88]

Nach dem erwähnten „Erlass über die Ausübung der Kriegsgerichtsbarkeit im Gebiet ‚Barbarossa' und über besondere Maßnahmen der Truppe" vom 13. Mai 1941 war „die Verfolgung gegen Landeseinwohner im kriegsgerichtlichen Verfahren" nur dann anzuordnen, „wenn es die Aufrechterhaltung der Manneszucht oder die Sicherung der Truppe erfordert". Als Beispiele wurden u. a. „schwere Taten, die auf ge-

85 Catherine Merridale [Anm. 42], S. 344.

86 Siehe dazu O. Berndt Scholz: Psychologische Forschungen zum Vergewaltigungsopfer, in: Günther Kaiser/Jörg Martin Jehle: Kriminologische Opferforschung. Neue Perspektiven und Erkenntnisse. Teilband II. Verbrechensfurcht und Opferwerdung. Individualopfer und Verarbeitung von Opfererfahrungen, Heidelberg 1995, S. 213.

87 Vgl. dazu allg. – neben dem bereits erwähnten Werk von Birgit Beck [Anm. 74] – Christoph Jahr: Die Militärjustiz als Steuerungsinstrument soldatischen Verhaltens in den Weltkriegen 1914 bis 1918 und 1939 bis 1945, in: Bruno Thoß/Hans-Erich Volkmann [Anm. 15], S. 323 ff.; Otto Peter Schweling: Die deutsche Militärjustiz in der Zeit des Nationalsozialismus, 2. Aufl. Marburg 1978; Franz W. Seidler: Die Militärgerichtsbarkeit der Deutschen Wehrmacht 1939–1945. Rechtsprechung und Strafvollzug, München–Berlin 1991.

88 Dieter Pohl [Anm. 74], S. 132.

schlechtlicher Hemmungslosigkeit beruhen", genannt.[89] Erläutert wurde der Erlass dahingehend, dass ein Strafverfahren vor allem dann anzuordnen sei, „wenn eine Verrohung der Truppe drohe – insbesondere bei Sexualverbrechen".[90] Einer Lockerung der Disziplin unter den Soldaten des Heeres im Osten widersprach zudem der zum „Barbarossa"-Erlass ergangene Zusatzbefehl des damaligen Oberbefehlshabers des Heeres, von Brauchitsch, in dem es hieß:

> Unter allen Umständen bleibt es Aufgabe aller Vorgesetzten, willkürliche Ausschreitungen einzelner Heeresangehöriger zu verhindern und einer Verwilderung der Truppe rechtzeitig vorzubeugen. Der einzelne Soldat darf nicht dahin kommen, daß er gegenüber den Landeseinwohnern tut und läßt, was ihm gut dünkt, sondern er ist in jedem Fall gebunden an die Befehle seiner Offiziere.[91]

Im Vergleich dazu ist die Äußerung des sowjetischen Marschalls Wassilewski, des Befehlshabers der 3. Weißrussischen Front 1945, bemerkenswert, der – auf von seinen Soldaten begangene Plünderungen und Zerstörungen angesprochen – antwortete: „Das interessiert mich einen Dreck. Es ist Zeit, dass unsere Soldaten das Recht selbst in die Hand nehmen."[92]

Es kann mithin keine Rede davon sein, dass Vergewaltigungen russischer Frauen durch deutsche Soldaten in einem „rechtsfreien Raum" stattgefunden haben.[93] Auch Birgit Beck spricht zwar von einer im Osten nachlassenden Tätigkeit der Militärgerichte bei Verbrechen gegenüber der einheimischen Zivilbevölkerung[94], schildert aber nicht wenige militärgerichtliche Verfahren gegen deutsche Soldaten wegen „Notzucht"

89 Zur Entstehungsgeschichte und zum Wortlaut des Erlasses s. Birgit Beck [Anm. 74], S. 178 f.; zur Handhabung in der Praxis siehe die Beispiele bei Alfred M. de Zayas: Die Wehrmacht-Untersuchungsstelle. Deutsche Ermittlungen über alliierte Völkerrechtsverletzungen im Zweiten Weltkrieg. Unter Mitarbeit von Walter Rabus, 4. Aufl. Frankfurt a. M.–Berlin 1987, S. 73 ff.

90 Siehe dazu Birgit Beck [Anm. 74], S. 179 f. Erwähnenswert ist in diesem Zusammenhang auch, dass schon die Richtlinien des Oberbefehlshabers des Heeres vom 7. Oktober 1939 zu dem nach dem „Feldzug in Polen" ergangenen „Gnadenerlaß des Führers und Reichskanzlers" vom 4. Oktober 1939 dessen Anwendbarkeit in der Regel ausschloss, wenn der Täter vorwiegend aus Eigennutz „oder aus Eigensucht (bei Notzucht usw.) gehandelt hat".

91 Zitiert bei Walter Post: Die Proportion der sogenannten „Täter" in der Millionenarmee – Versuch einer Quantifizierung am Beispiel der 6. Armee im Rußlandfeldzug 1941, in: Die Soldaten der Wehrmacht, hrsg. von H. Poeppel/W.-K. Prinz v. Preußen/K.-G. v. Hase, 2. Aufl., München 1998, S. 500 ff. (511 f.)

92 Zitiert bei Antony Beevor [Anm. 16], S. 47.

93 Christoph Rass: „Menschenmaterial": Deutsche Soldaten an der Ostfront. Innenansichten einer Infanteriedivision 1939–1945, Paderborn 2003, S. 271.

94 Birgit Beck [Anm. 74], S. 181 f., S. 185.

(wie Vergewaltigungen damals genannt wurden), auch solche, bei denen es nur um versuchte Notzucht ging[95]:

> Ein direkter Bezug auf das Bemühen der politischen und militärischen Führung, bestimmte Verbrechen deutscher Soldaten nicht gerichtlich zu ahnden, solange sich diese nicht kontraproduktiv auf die Interessen der Wehrmacht auswirkten, fand sich explizit nur in einer Akte.[96]

Die verhängten Strafen für Vergewaltigungen russischer Frauen reichten von bloßer Disziplinarstrafe (meist: Arrest) bis hin zur Todesstrafe. Letztere wurde allerdings nicht immer vollstreckt; stattdessen wurde der Verurteilte in eine Strafkompanie versetzt, was faktisch fast gleichbedeutend mit einem Todesurteil war. Selbst die SS bestrafte Vergewaltigungen russischer Frauen durch SS-Männer hart. Der Historiker und Journalist Wolfgang Venohr, der im Zweiten Weltkrieg bei der Waffen-SS diente, schildert in seinen Lebenserinnerungen einen solchen Fall: „Nach dem Mittagessen bricht die Katastrophennachricht über uns herein“: Fünf Männer seiner Kompanie hatten in volltrunkenem Zustand die ukrainische Dorfärztin vergewaltigt; diese hatte sich am nächsten Morgen aufs Fahrrad gesetzt, war nach Charkow zum SS-Panzerkorps gefahren und hatte Anzeige erstattet.[97]

> Drei Tage später wird das Strafgericht bei uns bekannt: Alle sind mit Schimpf und Schande degradiert, ihrer Auszeichnungen entkleidet, aus der Wehrmacht ausgestoßen und zum Tode verurteilt worden. Anschließend hat sie der Kommandierende General des SS-Panzerkorps, Obergruppenführer und General der Waffen-SS Hausser, begnadigt und zur Strafkompanie der Division geschickt. „Das ist schlimmer als Todesstrafe“, sagt unser Spieß düster, „das überlebt keiner. Die werden bei Sondereinsätzen verheizt.“ (Und wirklich, ein halbes Jahr später werden sie alle gefallen sein.)

Nach alledem bleibt – unabhängig von den genannten Einzelheiten – festzustellen: Es hat seitens deutscher Soldaten in keinem besetzten Land, auch nicht in der Sowjetunion, Massenvergewaltigungen von Frauen und Mädchen gegeben, die mit den von russischen Soldaten 1944/45 verübten Massenvergewaltigungen deutscher Frauen und Mädchen auch nur annähernd vergleichbar sind.[98] Über neuere Darstellungen wird deshalb zu Recht gesagt: „Nach mehr als sechzig Jah-

---

95 Birgit Beck [Anm. 74], S. 183 ff.

96 Birgit Beck [Anm. 74], S. 183.

97 Wolfgang Venohr: Die Abwehrschlacht. Jugenderinnerungen 1940–1955, Berlin 2002, S. 43 f.

98 Ebenso Johannes Hürter [Anm. 76]: Es „weist bisher nichts darauf hin, daß die Sexualverbrechen der Wehrmacht jemals die quantitative Dimension der Massenvergewaltigungen durch die japanischen Truppen in China oder die Rote Armee in Deutschland erreicht hätten“.

ren wird endlich die Erfahrung massenhafter sexueller Gewalt am Ende von Hitlers Krieg im Bewusstsein verankert." Einlassungen russischer Vergewaltiger, sie hätten nur Gleiches mit Gleichem vergolten, finden deshalb im tatsächlichen Geschehen keinen Halt. Soweit deutsche Soldaten in von der Wehrmacht besetzten Gebieten (wiederum: auch auf sowjetischem Gebiet) Vergewaltigungen begangen haben, wurden diese Taten, wenn sie bekannt wurden, mit Disziplinarmaßnahmen oder mit Strafen der Militärgerichtsbarkeit geahndet.[99] Auch wenn bei diesen Verfahren die Aufrechterhaltung der so genannten „Manneszucht" einen höheren Stellenwert haben mochte als Gerechtigkeit gegenüber dem Opfer, so wurde jedenfalls der Täter für sein Tun zur Rechenschaft gezogen. Demgegenüber wurden sowjetische Soldaten, die deutsche Frauen oder Mädchen vergewaltigt hatten, dafür nur in seltenen Ausnahmefällen bestraft.

Schließlich bleibt noch die Frage: Was wussten die von russischen Soldaten vergewaltigten deutschen Frauen darüber, ob ihre Väter, Brüder oder Söhne ihrerseits russische Frauen vergewaltigt hatten? Ingeborg Jacobs zitiert dazu die Antwort einer in einem Vorort von Berlin vergewaltigten deutschen Frau:

> Jahre später sprach Ilse mit ihrem Mann, der am Russlandfeldzug teilgenommen hatte, darüber, ob Wehrmachtssoldaten Russinnen vergewaltigt hatten. „Mein Mann sagte, er hätte das nicht erlebt. Vielleicht ist es passiert, ich weiß es nicht. Die Russen waren die Sieger, und sie wollten den Deutschen zeigen, dass sie die Sieger waren. Dazu gehörte dann eben auch, die Frauen zu erniedrigen."[100]

Erniedrigung kann in unterschiedlichem Ausmaß und in unterschiedlicher Form erfolgen. Die Massenvergewaltigungen durch russische Soldaten 1944/45 waren in ihrem Ausmaß, aber auch wegen der Nichtahndung und nicht zuletzt auch wegen ihrer besonderen Brutalität einzigartig.[101] Massenvergewaltigung ist kein Abstraktum, kein Topos, kein Mythos; sie ist das von jeder einzelnen damals vergewaltigten Frau und von jedem einzelnen damals vergewaltigten Mädchen am eigenen Leib erfahrene konkrete Leid, das an ihnen verübte Verbrechen. Im Mittelpunkt des Themas der Massenvergewaltigung 1944/45 stehen also die

99 Siehe Johannes Hürter [Anm. 76]: „Auch an der Ostfront gab es keine generelle Straffreiheit für Sexualstraftäter. Selbst dort wurden immer wieder hohe Strafen ausgesprochen, teilweise sogar ausschließlich aufgrund der Aussagen einheimischer Opfer oder Zeugen."

100 Ingeborg Jacobs [Anm. 28], S. 183.

101 So auch Helke Sander, in: Helke Sander/Barbara Johr [Anm. 32], S. 11 („singuläres Ereignis").

Opfer. Die im Zusammenhang mit Veröffentlichungen zum Bombenkrieg 1940–45 gestellte Frage: „Dürfen sich auch die Deutschen als Opfer betrachten angesichts des Unheils, das sie über die Welt gebracht haben?“[102] ist in dieser Generalisierung schon deshalb falsch, weil weder alle („die“) Deutschen Opfer waren, noch alle („die“) Deutschen Unheil über die Welt gebracht haben. Auf die 1944/45 vergewaltigten Frauen und Mädchen kann jene Frage ohnehin schon deshalb keinen Bezug finden, weil diese Frauen und Mädchen – man kann dies nicht oft genug wiederholen – für Hitlers Angriffskrieg nicht verantwortlich waren und sich weder an Völkermord noch an Kriegsverbrechen beteiligt hatten. Die missbrauchten Frauen und Mädchen hatten kein „Unheil über die Welt gebracht“, sie hatten keinen „Wind gesät, um Sturm zu ernten“.

Der Historiker Hans-Ulrich Wehler hat auf die an ihn gerichtete Frage, ob die Debatte über die NS-Vergangenheit einmal zu Ende gehen werde, geantwortet:

> Durch Günter Grass' ‚Krebsgang‘ und Jörg Friedrichs ‚Brand‘ hat es eine mentale Verschiebung gegeben: Die Opfer der Deutschen treten in den Vordergrund ..., und dann kommt noch das ganz schlimme, unvermeidbare Thema, bei dem alles von der Sprache abhängt, wie man damit umgeht: Das sind die Massenvergewaltigungen in Ostdeutschland. Sechzig Jahre danach kann und soll die Beschäftigung damit nicht aufgehalten werden.[103]

Und jedenfalls sollten die Massenvergewaltigungen von 1944/45 und das damit verbundene Leid der Opfer nicht mit einer so simplifizierenden Redeweise kommentiert werden, wie sie sich in der Formulierung

102 Lothar Kettenacker, in: ders. (Hrsg.): Ein Volk von Opfern? Die neue Debatte um den Bombenkrieg 1940–45, Berlin 2003, Vorwort S. 9 ff. (S. 11). Siehe dazu auch den Hinweis darauf, dass der Begriff des Opfers, dass man passiv oder schuldlos ist, „der deutschen Kriegsschuld wegen den deutschen Opfern von Krieg und Vertreibung vorenthalten (wurde), während er sich im übrigen inflationsartig vermehrte und sich jeder als Opfer definieren konnte ...“ (Otto Depenheuer: Selbstbehauptung des Rechtsstaats, Paderborn–München–Wien–Zürich 2007, S. 82).

103 Ein Gespräch mit dem Historiker Hans-Ulrich Wehler über Mitgliedschaft in der Hitlerjugend, in: FAZ Nr. 94 v. 23. April 2005, S. 39. Die bereits erwähnte Verfilmung des Tagebuchs der Anonyma mit dem Titel „Eine Frau in Berlin“ begibt sich in diese Richtung. Siehe auch: „Die Deutschen als Opfer – ein im Jahre zwölf der wieder vereinigten Bundesrepublik aufbrechendes dunkles Kapitel ...“ (Hans-Joachim Noack: Die Deutschen als Opfer – ein neuer Blick auf die Geschichte, in: Stefan Aust/Stephan Burgdorff [Anm. 12], S. 15 ff. (16). Siehe auch Sven Felix Kellerhoff: „Hier nix Frau“. Der Film „Anonyma“ greift die Erlebnisse der Berliner Journalistin Marta Hillers auf. Vergewaltigungen durch die Russen waren 1945 an der Tagesordnung, in: Die Welt v. 22. Oktober 2008, S. 23: „Nach mehr als 60 Jahren sind endlich die Erfahrungen massenhafter sexueller Gewalt am Ende von Hitlers Krieg im Bewußtsein verankert.“

von Cora Stephan in der Besprechung des Buches „Armer Iwan“ findet:

> Dass sie (die Soldaten der Roten Armee, d. Verf.) sich als Sieger nicht selten barbarisch aufführten, muss man entschuldigen mit ihrem barbarischen Gegner. So sehen es noch heute auch die Nachgeborenen im besiegten Deutschland, die in Verwüstung, Vertreibung, Vergewaltigung die irgendwie gerechte Strafe erblicken.[104]

Massenvergewaltigung von Frauen und Mädchen als „irgendwie gerechte Strafe“ – so abwegig sollten selbst „Nachgeborene“ nicht urteilen.

104 Cora Stephan: Armer Iwan. Geschundene Schinder: Catherine Merridale über die Soldaten der Roten Armee im Zweiten Weltkrieg, in: Die Welt v. 25. November 2006, Literarische Welt, S. 3.

I. Tatsachen

Im Zusammenhang mit den grausamen Begleiterscheinungen in der Endphase des Zweiten Weltkrieges, denen die Massenvergewaltigungen deutscher Frauen beim Einmarsch der sowjetischen Truppen zuzurechnen sind, hat die von der Bundesregierung eingesetzte unabhängige Wissenschaftliche Kommission in ihrer „Dokumentation der Vertreibung der Deutschen aus Ost-Mitteleuropa" im Kapitel „Die Vergewaltigungen von Frauen" Folgendes festgestellt:

> Unter den Ausschreitungen der einziehenden russischen Truppen hatten ganz besonders die deutschen Frauen zu leiden. Bei den zahlreichen Erlebnisberichten, die vom Einzug der Roten Armee handeln, gibt es kaum einen, der nicht von Vergewaltigungen deutscher Frauen und Mädchen zu berichten weiß. In vielen wird sogar in aller Offenheit von selbsterlittenen Vergewaltigungen erzählt. Es kann auch bei kritischster Prüfung dieser Berichte kein Zweifel sein, daß es sich bei den Vergewaltigungen deutscher Frauen und Mädchen durch sowjetische Soldaten und Offiziere um ein Massenvergehen im wahren Sinne des Wortes handelt, keineswegs um Einzelfälle.[105]

Was das zahlenmäßige Ausmaß jener Gewalttaten betrifft, so hat die englische Historikerin Catherine Merridale in ihrem Werk „Iwans Krieg. Die Rote Armee 1939–1945" zutreffend darauf hingewiesen, dass die genauen Zahlen darüber immer unbekannt bleiben werden[106]; Gleiches gilt übrigens auch für die Zahl der im Krieg in Bosnien vergewaltigten Frauen.[107] Auch im deutschen Schrifttum wird festgestellt:

> Niemand weiß genau, wie viele Frauen beim Einmarsch der Roten Armee vergewaltigt wurden, und schon gar nicht, wie oft sie die Brutalitäten über sich ergehen lassen mussten.[108]

---

105 Dokumentation [Anm. 1].

106 Catherine Merridale [Anm. 42].

107 Die hierzu genannte Zahl von 20.000 Vergewaltigungsopfern wird von serbischer Seite angezweifelt. Es sei nie bewiesen worden, dass 20.000 muslimische Bosniakinnen im Krieg Opfer von systematischen Vergewaltigungen wurden; zutreffend ist dazu angemerkt worden: „Formal stimmt das – die Zahl der vergewaltigten Frauen wird sich nie genau ermitteln lassen, schon weil viele Opfer die Geschichte ihres Martyriums mit ins Grab nehmen"; Michael Martens: Der Wahrheit eine Sackgasse. „Grbavica": Der auf der Berlinale siegreiche Film bewegt Bosnien-Herzegowina und Serbien, in: FAZ Nr. 92 v. 20. April 2006, S. 42.

108 Hubertus Knabe [Anm. 14], S. 56.

Tatsächlich sind weder in Deutschland noch – insoweit muss man sagen: schon gar nicht – in der damaligen Sowjetunion diesbezügliche statistische Erhebungen angestellt worden. Im Übrigen ist selbst in Friedenszeiten die so genannte Dunkelziffer, d. h. die Zahl der nicht bekannt gewordenen Verbrechen, bei Vergewaltigungen besonders hoch. Hinsichtlich der Vergewaltigungen deutscher Frauen und Mädchen durch Soldaten der Roten Armee 1944/45 gibt es jedoch verlässliche Mindestzahlen. Es ist das Verdienst von Helke Sander (zusammen mit Barbara Johr Herausgeberin des Buches „BeFreier und Befreite. Krieg, Vergewaltigung, Kinder“[109]), sich in jahrelangen Recherchearbeiten damit beschäftigt zu haben – mit dem Fazit:

> Aus dem vorhandenen Material, das auswertbar und hochrechenbar war, gehen Mindestzahlen hervor. In Berlin sind nicht unter 100.000 Frauen vergewaltigt worden. Die Zahlen können höher sein, manches deutet darauf hin, ist aber nicht beweisbar. In ganz Deutschland, vor allem in den Ostgebieten, waren es von Dezember 1944 bis zum Winter 1945 ca. 2 Millionen betroffene Frauen.[110]

Diese Zahl entspricht der von dem amerikanischen Historiker Antony Beevor zitierten Äußerung des Komsomolchefs einer sowjetischen Panzerkompanie, der damit geprahlt habe, dass die Rote Armee in Deutschland „zwei Millionen Kinder hinterlassen“ habe.[111] Eine andere Zahl nennen die „Spiegel“-Redakteure Thomas Darnstädt und Klaus Wiegrefe: „Auf 1,4 Millionen schätzen Historikerinnen die Zahl der Frauen, die damals vergewaltigt worden sind.“[112] Schätzungen der beiden größten Berliner Krankenhäuser belaufen sich allein für Berlin auf 95.000 bis 130.000 Vergewaltigungsopfer.[113] Wieder andere Zahlen finden sich in dem Werk von Hartmut Radebold, Univ.-Prof. für Psychiatrie/Neurologie, Psychoanalyse und Psychotherapeutische Medizin:

> Die Gesamtzahl der Vergewaltigungen wird auf rund 1,9 Millionen geschätzt: 1,4 Millionen in ehemaligen deutschen Ostgebieten und während der Flucht sowie Vertreibung sowie 500.000 in der späteren sowjetischen Besatzungszone.[114]

---

109 Helke Sander und Barbara Johr [Anm. 32].

110 Sander/Johr [Anm. 32], S. 5. Auch Antony Beevor [Anm. 16], S. 445, und Hubertus Knabe [Anm. 14], S. 56, gehen davon aus, dass insgesamt etwa zwei Millionen deutsche Frauen vergewaltigt wurden.

111 Antony Beevor [Anm. 16], S. 44.

112 Thomas Darnstädt/Klaus Wiegrefe [Anm. 12], S. 28; die Namen der dort zitierten Historikerinnen werden bedauerlicherweise nicht genannt.

113 Antony Beevor [Anm. 16], S. 445.

114 Hartmut Radebold: Die dunklen Schatten unserer Vergangenheit. Ältere Menschen in Beratung, Psychotherapie, Seelsorge und Pflege, 2. Aufl. Stuttgart 2005, S. 24.

Notwendig ist dazu die Präzisierung, dass es sich bei diesen Zahlen um die der vergewaltigten Frauen und Mädchen handelt, nicht um die Zahl der Vergewaltigungen selbst. Diese Zahl liegt noch um ein Vielfaches höher; denn viele Frauen wurden mehrmals, manchmal monatelang und immer wieder vergewaltigt.

Betrachtet man diese Zahlen, insbesondere die Gesamtzahl von ca. zwei Millionen oder auch nur die von „nur" 1,4 Millionen Vergewaltigungsopfern, so lässt sich ohne irgendeine Übertreibung dazu feststellen: Noch nie zuvor in der Geschichte der Menschheit sind innerhalb eines so kurzen Zeitraumes in einem einzigen Land durch fremde Soldaten so viele Frauen und Mädchen vergewaltigt worden wie 1944/45 in Deutschland. So gesehen waren die Massenvergewaltigungen deutscher Frauen und Mädchen durch Soldaten der Sowjetarmee beispiellos.

Tatsache ist auch, dass die Vergewaltigungen nicht selten in besonders grausamer und brutaler Weise erfolgten. Ein und dasselbe Opfer wurde oft nicht einmal, sondern viele aufeinanderfolgende Male von mehreren russischen Soldaten missbraucht. Hierfür gibt es zahlreiche Belege. Eine Flüchtlingsfrau aus dem Kreis Friedeberg in Pommern berichtet darüber, wie die sowjetischen Soldaten in den Stall kamen, in dem sich die Menschen eines gestrandeten Trecks aufhielten:

> Dann kamen sie und holten sich wahllos die Frauen und Mädchen. Immer neue Sowjets drangen in den Stall. Manche Frau, manches unglückliche Mädchen wurde in dieser Nacht, die kein Ende nehmen wollte, fünf-, manche sogar zehnmal geschändet.[115]

In der Schilderung eines Bauern über den Einmarsch sowjetischer Truppen im Kreis Brieg/Niederschlesien ist nachzulesen, sein Dienstmädchen „wurde von den Russen dreizehnmal hintereinander gebraucht".[116] In der Schilderung einer Frau über den 29. Januar 1945 im Ort Rössel ist zu lesen: „Ein 20jähriges Mädchen wurde in dieser Nacht 20 Mal vergewaltigt."[117] Eine damals 19-Jährige erinnert sich an die Vergewaltigung einer 18-Jährigen in dem deutschsprachigen Dorf Crna Bara im Oberbanat (Jugoslawien) durch Rotarmisten: „Sie hat unheimlich geschrien … 13 Männer hat sie zählen können, dann ist sie ohnmächtig geworden."[118] Ein Pfarrer aus Lauenburg in Pommern schreibt, bis zu 45 Soldaten hätten eine deutsche Frau vergewaltigt, „ohne Rücksicht, ob sie schließlich im Sterben lag".[119] In dem bereits erwähnten Werk

115 Dokumentation [Anm. 1], S. 198.
116 Dokumentation [Anm. 1], S. 432.
117 Zitiert bei Walter Kempowski III, S. 77.
118 Zitiert bei Brigitte Neary [Anm. 29], S. 183.
119 Dokumentation [Anm. 1], S. 266; auch zit. bei Günter Böddeker [Anm. 22], S. 107.

von Hartmut Radebold findet sich die Information, dass von den in Berlin vergewaltigten 100.000 Frauen und Mädchen 40 % mehrmals oder vielmals dieses Schicksal erlitten haben.[120] Die Journalistin Ursula von Kardorff (eine Gegnerin des NS-Regimes) zitiert in ihren „Berliner Aufzeichnungen 1942–1945" den Erlebnisbericht einer Freundin aus Berlin-Zehlendorf:

> Dreiundzwanzig Soldaten hintereinander. Ich mußte im Krankenhaus genäht werden. Nie wieder will ich etwas mit einem Mann zu tun haben.[121]

Eine Frau aus dem Kreis Bunzlau in Niederschlesien erinnert sich an eine Nacht im Februar 1945:

> Unter den Anrufen „dawei" trieb man mich jetzt in ein Zimmer des ersten Stockwerkes. Sechs Russen fielen jetzt wie Bestien nacheinander über mich her, nachdem sie mir vorher die Kleider vom Leibe gerissen hatten. Es würde zu weit führen, wenn ich auf Einzelheiten dieser bestialischen Behandlung eingehen wollte, jedenfalls mußte ich in dieser Nacht etwa 25 dieser Vergewaltigungen über mich ergehen lassen, unbeschreiblich war mein Zustand.[122]

Ebenfalls aus Schlesien, nämlich aus der Stadt Löwenberg, berichtet eine Flüchtlingsfrau aus Breslau:

> Eine 45jährige Lehrerin erzählte mir, daß sie die dauernden Vergewaltigungen der Russen – täglich 20- bis 30mal – nicht mehr aushalten könne.[123]

Die Vergewaltiger machten auch vor Kindern und Greisinnen nicht Halt. Die Dokumentation der unabhängigen Wissenschaftlichen Kommission stellt dazu fest (nach dem Hinweis, dass „Frauen in vielfacher Folge nacheinander missbraucht wurden"):

> In gleicher Weise befremdend und Entsetzen erregend wirkte es auf die deutsche Bevölkerung, daß von den Vergewaltigungen auch Kinder und Greisinnen nicht verschont wurden.[124]

Walter Kempowski zitiert in seinem „Echolot 2" die ergreifende Geschichte eines elfjährigen Mädchens, das am 7. Februar 1945 in Preußisch-Eylau angesichts erneut über sie herfallender russischer Soldaten ihre Mutter anfleht: „Würg mich tot, Mutti, schnell, sie schleppen mich wieder raus."[125] Lew Kopelew schildert den Anblick der Leiche einer al-

120 Hartmut Radebold [Anm. 114], S. 24.
121 Ursula von Kardorff: Berliner Aufzeichnungen 1942–1945. Unter Verwendung der Original-Tagebücher neu herausgegeben und kommentiert von Peter Hartl, München 1992, S. 358; auch zitiert bei Antony Beevor [Anm. 16], S. 445.
122 Dokumentation [Anm. 1], S. 476.
123 Dokumentation [Anm. 1], S. 471.
124 Dokumentation [Anm. 1], S. 61 E.
125 Walter Kempowski IV, S. 163 f. Auch zitiert im Prolog, S. 7.

ten Frau in der von Rotarmisten eingenommenen ostpreußischen Stadt Neidenburg:

> Ihr Kleid war zerrissen, zwischen ihren mageren Schenkeln stand ein Telefonapparat, der Hörer war ihr, so gut es ging, in die Scheide gestoßen.[126]

Ein erschütterndes Dokument ist schließlich auch der Augenzeugenbericht eines ehemaligen Kriegsgefangenen, der über die Zustände in Neubrandenburg nach der Eroberung der Stadt durch die russischen Truppen schrieb:

> Ein alter französischer Pfarrer, der als Gefangener unter uns war, bat mich, am Nachmittag mit ihm in die Stadt zu gehen. Er wollte sehen, wie es den deutschen Geistlichen und den Deutschen, die nicht hatten fliehen können, erging. Ich bewunderte den Mut des alten Mannes. Obwohl wir aufs Schlimmste gefasst waren, erschütterte uns das, was wir sahen, in einem Maße, das mit Worten nicht zu fassen ist. Wenige Meter von unserem Lager entfernt stießen wir schon auf einen Anblick, den ich bis an das Ende meiner Tage nicht vergessen werde. Mehrere deutsche Mädchen waren hier geschändet und getötet worden. Und einige hatte man an den Füßen aufgehängt und ihre Leiber aufgeschlitzt.[127]

Wie immer die Vergewaltigungen damals im Einzelnen verübt worden sind, die Tatsache der Massenvergewaltigungen als solche bleibt unbestreitbar. Tatsache ist auch, dass es keinen rechtlichen Rechtfertigungsgrund für diese Untaten gab, sondern dass es sich dabei zweifellos um Kriegsverbrechen gehandelt hat.[128] Das Kriegsvölkerrecht geht nicht erst in seinen heute geltenden Bestimmungen, sondern ging auch schon zur Zeit des Zweiten Weltkrieges von der Unterscheidung zwischen den so genannten Kombattanten (= Kriegführenden) einerseits und der sich nicht aktiv am Kampfgeschehen beteiligenden Zivilbevölkerung andererseits aus.[129] Die Zivilbevölkerung darf danach, wenn irgend möglich, nicht zum Objekt von Kampfhandlungen gemacht werden. Bei realis-

126 Lew Kopelew: Aufbewahren für alle Zeit!, Göttingen 1996, S. 99; auch zit. bei Hubertus Knabe [Anm. 14], S. 61.

127 Francis Sampson, zit. in: Joachim Schultz-Naumann: Mecklenburg 1945, Frankfurt a. M.–Berlin 1991, S. 168; auch zit. bei Walter Kempowski V, S. 259.

128 Ausführlich dazu Birgit Beck: Massenvergewaltigung als Kriegsverbrechen. Zur Entwicklung des Völkerrechtes, in: Wolfram Wette/Gerd R. Ueberschär (Hrsg.): Kriegsverbrechen im 20. Jahrhundert, Darmstadt 2001, S. 406 ff.

129 Dazu Michael Bothe: Töten und getötet werden – Kombattanten, Kämpfer und Zivilisten im bewaffneten Konflikt, in: Weltinnenrecht. Liber amicorum Jost Delbrück (hrsg. von Klaus Dicke u. a.), Berlin 2005, S. 67 ff.; Andreas Zimmermann/Roben Geiß: Die Tötung unbeteiligter Zivilisten: Menschenunwürdig im Frieden, menschenwürdig im Krieg?, in: Der Staat 46. Bd. (2007), S. 377 ff. (S. 380). Vgl. jetzt auch Art. 48 und Art. 51 des 1. Zusatzprotokolls zu den Genfer Abkommen über den Schutz der Opfer bewaffneter Konflikte vom 12. August 1949.

tischer Betrachtung des modernen Kriegsgeschehens, insbesondere im „totalen Krieg“, schließt dies nicht aus, dass das Leben, die körperliche Unversehrtheit und das Eigentum von Zivilpersonen im Verlaufe der Kampfhandlungen gegen die feindlichen Kombattanten mit in Leidenschaft gezogen werden, wie z. B. bei der Belagerung oder Erstürmung einer Stadt (kommt es zu solchen unvermeidbaren Beeinträchtigungen der Zivilbevölkerung, so spricht man heute euphemistisch von „Kollateralschäden“). Dass es sich bei den gezielten Vergewaltigungen von deutschen Frauen und Mädchen, die nicht selten in Form von Razzien zu diesem Zweck gesucht wurden[130], nicht um aufgrund von Kampfhandlungen unvermeidbare Schädigungen der Zivilbevölkerung handelte, also gerade nicht um so genannte „Kollateralschäden“, ist – zumal die Vergewaltigungen in bereits besetztem Gebiet stattfanden – evident und bedarf daher keiner weiteren Begründung.

Wenn Vergewaltigungsopfer oder deren Verwandte oder Bekannte sich bei russischen Soldaten über die Misshandlungen beklagten, erhielten sie als Antwort, „ihre Frauen und Schwestern seien noch viel schlimmer von deutschen Soldaten behandelt worden“.[131] Hass und Wut auf die Deutschen und Gefühle der Rache waren offensichtlich beim Vordringen der sowjetischen Armee auf deutsches Gebiet bei vielen russischen Soldaten vorhanden; jedoch können solche emotionalen Gefühle, deren Bedeutung im Leben der Menschen gewiss nicht klein geschrieben werden kann, die geltenden Regeln des Völkerrechts nicht außer Kraft setzen. Eine Art Vergeltung wird vom Völkerrecht nur in Form der so genannten Repressalie geduldet.

Unter einer Repressalie wird im Völkerrecht eine eigentlich völkerrechtswidrige Handlung verstanden, die eine Konfliktpartei vornimmt, um den Gegner zu veranlassen, dessen völkerrechtswidriges Tun oder Unterlassen zu beenden, und die wegen dieses ihres Zieles ausnahmsweise völkerrechtlich gerechtfertigt ist, also nicht selbst völkerrechtswidrig ist.[132] Der zielgerichtete Charakter der Repressalie im Völkerrecht setzt also jedenfalls voraus, dass das völkerrechtswidrige Verhalten der Gegenseite, das mit der Vornahme der Repressalie beantwortet wird und mit ihr gestoppt werden soll, im Zeitpunkt der Repressalmaßnahme

130 Siehe Dokumentation [Anm. 1], S. 61 E: „… daß förmliche Razzien auf Frauen unternommen wurden.“

131 Dokumentation [Anm. 1], S. 266.

132 Vgl. dazu Ingo von Münch: Geschichte vor Gericht: Der Fall Engel, Hamburg 2004, S. 50 f., mit weiteren Hinweisen. Als zusätzliche Voraussetzungen werden die so genannte Notifikation und die Einhaltung des Grundsatzes der Verhältnismäßigkeit genannt.

Sie erlebten Schreckliches und standen unbeschreibliche Ängste aus: Flüchtlingsfrauen in Berlin, Mai 1945

noch andauert oder zumindest seine Fortsetzung zu erwarten ist. Die Repressalie im Völkerrecht ist also keine Strafe, sondern eine Art Abmahnung.

Tatsache ist, dass der Krieg im Osten (heute vielfach als „Vernichtungskrieg“ bezeichnet) unendlich oft gegen die schon damals geltenden Regeln des Kriegsvölkerrechts verstieß. Ein schreckliches Beispiel hierfür waren die von den berüchtigten so genannten „Einsatzgruppen“ der SS und von deutschen Polizeieinheiten durchgeführten Ermordungen russischer Zivilisten, insbesondere von Angehörigen der jüdischen Bevölkerung[133] – Verbrechen, die später vom Internationalen Militärtribunal in Nürnberg und noch später auch von deutschen Strafgerichten abgeurteilt wurden.[134] Beispiele anderer Verbrechen waren die Verschleppung zu Zwangsarbeit und Zwangsprostitution. Anlässe für Repressalien, etwa wegen Erschießung oder Verhungernlassens von Kriegsgefangenen, hätte es (übrigens auf beiden Seiten) genug gegeben, als die deutschen Truppen sich noch auf dem Boden der Sowjetunion befanden. Die Massenvergewaltigungen deutscher Frauen und Mädchen hatten jedoch nie das erklärte oder unerklärte Ziel, den deutschen Kriegsgegner zu veranlassen, von ihm begangene, noch andauernde Verletzungen des Völkerrechts zu beenden. Folgerichtig ist deshalb auch keine offizielle oder inoffizielle Erklärung von sowjetischer Seite bekannt, die die Massenvergewaltigungen deutscher Frauen und Mädchen als eine vom Völkerrecht gerechtfertigte Maßnahme qualifiziert hätte. Auch ist darauf hinzuweisen, dass selbst nach der Kapitulation der deutschen Wehrmacht am 8./9. Mai 1945 russische Soldaten weiterhin zahlreiche deutsche Frauen und Mädchen vergewaltigten. In einem Tagebucheintrag vom 26. Juni 1945 (also sechs Wochen nach der Kapitulation) berichtet Margret Boveri dazu lapidar (aus Berlin): „Es wird auch immer weiter nach Lust und Laune vergewaltigt ...“[135] In anderen Städten war die Situation nicht anders. So schreibt Ingeborg Jacobs über Vergewaltigungen in Neustrelitz in Mecklenburg: Auch nach der Einrichtung einer sowjetischen Militärkommandantur „nahmen die Vergewaltigungen kein Ende, setzten sich vielmehr Wochen

133 Aus dem umfangreichen Schrifttum dazu siehe z. B. Wolfgang Curilla: Die deutsche Ordnungspolizei und der Holocaust im Baltikum und in Weißrussland 1940–1944, 2. Aufl., Paderborn 2006.

134 Einige dieser Strafverfahren sind erwähnt im Beschluss des Bundesverfassungsgerichts vom 26. Februar 1969 betr. die Verlängerung oder Aufhebung noch nicht abgelaufener Verjährungsfristen, in: Entscheidungen des Bundesverfassungsgerichts Bd. 25, S. 269 ff. (S. 271–274).

135 Margret Boveri [Anm. 7], S. 202. Zu sogar nach 1946 von russischen Soldaten begangenen Vergewaltigungen siehe Hubertus Knabe [Anm. 14], S. 88 f.

und Monate nach dem 8. Mai fort".[136] Über die Situation in Breslau wird berichtet:

> Obwohl das Kriegsende bereits einige Monate zurücklag, hatte sich die Situation für die deutschen Frauen kaum geändert. Die Vergewaltigungen waren weniger geworden, aufgehört hatten sie allerdings nicht. Rechtlos waren deutsche Frauen und Mädchen weiterhin den russischen Besatzern und nun auch den Polen ausgeliefert, die mit ihnen verfahren konnten, wie es ihnen in den Sinn kam.[137]

Renate Meinhof berichtet sogar, Vergewaltigungen durch Rotarmisten seien „mindestens bis zum Sommer 1947 alltägliche Realität" gewesen.[138]

Zur Ergänzung dieses völkerrechtlichen Exkurses sei schließlich noch darauf hingewiesen, dass das 1. Zusatzprotokoll zu den Genfer Abkommen vom 12. August 1949 über den Schutz der Opfer bewaffneter Konflikte (Protokoll I)[139] „Angriffe gegen die Zivilbevölkerung oder gegen Zivilpersonen als Repressalie" ausdrücklich verbietet (Art. 51 Abs. 6), und zusätzlich den Schutz von Frauen bei bewaffneten Konflikten ausdrücklich vorschreibt, indem Art. 76 Abs. 1 bestimmt:

> Frauen werden besonders geschont; sie werden namentlich vor Vergewaltigung, Nötigung zur Prostitution und jeder anderen unzüchtigen Handlung geschützt.[140]

Auch wenn diese Bestimmung erst nach dem Ende der Kampfhandlungen des Zweiten Weltkrieges formuliert worden ist, so besteht kein Zweifel daran, dass der darin enthaltene Schutz der Frauen vor Vergewaltigung schon während des Zweiten Weltkrieges dem damals geltenden Kriegsvölkerrecht entsprach, sei es in unmittelbarer Anwendung der Haager Landkriegsordnung von 1907[141], sei es als schon damals exis-

136 Ingeborg Jacobs [Anm. 28], S. 212.

137 Ingeborg Jacobs [Anm. 28], S. 41.

138 Renate Meinhof: Als der Krieg nach Hause kam. Im Westen kein Thema, im Osten tabu: Die Vergewaltigungen unter sowjetischer Besatzung, die der Film „Anonyma" thematisieren wird, in: SZ Nr. 243 v. 18./19. Oktober 2008, S. 13.

139 Text des Zusatzprotokolls in United Nations Treaty Series Vol. 1125, S. 3 ff., in Bundesgesetzblatt 1990 II, S. 1551 ff. und in Völkerrechtliche Verträge. Textausgabe (hrsg. von Albrecht Randelzhofer), Beck-Texte im dtv Nr. 5031, 11. Aufl. München 2007, S. 721 ff.

140 Zum Schutz der Würde der Frau durch nationales Verfassungsrecht, z. B. das Grundgesetz der Bundesrepublik Deutschland, s. Rolf Dietrich Herzberg: Zum Verpflichtungsgehalt des Art. 1 Abs. 1 GG, in: Fs f. Friedrich E. Schnapp, hrsg. von Hermann Butzer/Markus Kaltenborn/Wolfgang Meyer, Berlin 2008, S. 103 ff. (S. 111: „... die sexuelle Vergewaltigung verletzt die Würde einer Frau ...")

141 Art. 46 Abs. 1 der „Ordnung der Gesetze und Gebräuche des Landkriegs" (Haager Landkriegsordnung) vom 18. Oktober 1907 lautet: „Die Ehre und die Rechte der

tentes Völkergewohnheitsrecht. Dass allerdings selbst eindeutige völkerrechtliche Regeln zum Schutze von Frauen in kriegerischen Konflikten selbst in neuerer Zeit eine entfesselte Soldateska nicht von massenhaften Vergewaltigungen abhielten, zeigen die Vergewaltigungen während des Bosnien-Krieges; hier wurden vor allem muslimische Frauen Opfer von systematischen, ethnisch begründeten Vergewaltigungen. Die bei bewaffneten Konflikten in verschiedenen Teilen der Welt immer noch vorkommenden Vergewaltigungen von Frauen und Mädchen haben den Sicherheitsrat der Vereinten Nationen erneut veranlasst, in einer am 19. Juni 2008 einstimmig verabschiedeten Resolution alle Parteien bewaffneter Konflikte aufzufordern, „sofort jede Form von sexueller Gewalt gegen Zivilisten einzustellen und Maßnahmen zu deren Schutz zu ergreifen". Der Sicherheitsrat weist in dieser Entschließung gleichzeitig darauf hin, dass Vergewaltigungen und andere Formen sexueller Gewalt als „Kriegsverbrechen, Verbrechen gegen die Menschlichkeit oder Bestandteil des Völkermordes" geahndet werden können.[142]

Familie, das Leben der Bürger und das Privateigentum sowie die religiösen Überzeugungen und gottesdienstlichen Handlungen sollen geachtet werden." – Die Sowjetunion hatte zwar die Haager Landkriegsordnung gekündigt, war aber an damals existierendes Völkergewohnheitsrecht weiterhin gebunden.

142 Res. 1820; siehe: Resolution gegen sexuelle Gewalt, in: FAZ Nr. 143 vom 21. Juni 2008, S. 7. Zu früheren Resolutionen des Sicherheitsrates gegen sexuelle Gewalttaten im Zusammenhang mit dem Krieg in Bosnien Birgit Beck [Anm. 128], S. 414; auch Kathrin Greve: Vergewaltigung als Völkermord. Aufklärung sexueller Gewalt gegen Frauen vor internationalen Strafgerichten, Baden-Baden 2008.

II. Darstellungsdefizite

Die Massenvergewaltigungen 1944/45 waren ein Kriegsverbrechen[143], also die Verletzung von Regeln des Völkerrechts. Die Qualifizierung der Massenvergewaltigung als Verletzung des Völkerrechts ist aber „nur“ eine juristische Bewertung. Viel wichtiger sind jedoch die Verletzungen, welche die vergewaltigten Frauen an Körper und Seele erlitten haben, soweit sie nicht infolge der Misshandlungen sogar ihr Leben verloren. Insgesamt sollen 180.000 Frauen und Mädchen bei der Vergewaltigung oder an deren Folgen gestorben sein.[144] Schätzungen Berliner Ärzte besagen, dass ca. 10.000 Frauen allein in Berlin an den Folgen von Vergewaltigungen durch russische Soldaten gestorben sind.[145] Man hätte deshalb annehmen können, ja annehmen müssen, dass eine derartige gigantische menschliche Tragödie, wie sie die Vergewaltigung von mindestens zwei Millionen Frauen und das damit verbundene millionenfache Leid darstellen, zu einer intensiven Befassung mit diesem Thema geführt hätte, oder jedenfalls zu großer Anteilnahme und viel Empathie.

Leider muss man dazu sagen: weit gefehlt. Zwar wurde schon im Jahre 1954 die bereits erwähnte Dokumentation der unabhängigen Wissenschaftlichen Kommission über die „Vertreibung der Deutschen aus Ost-Mitteleuropa“ veröffentlicht, in der zahlreiche Opferberichte vergewaltigter Frauen abgedruckt sind. Auch in einzelnen Darstellungen von Flüchtlingsschicksalen fanden sich häufig Erinnerungen an solche Misshandlungen.[146] Helke Sander jedoch konstatierte in ihrem Beitrag „Erinnern/Vergessen“ in dem von ihr und Barbara Johr 1992 herausgegebenen Buch „BeFreier und Befreite. Krieg, Vergewaltigungen, Kinder“ auch im Zusammenhang mit ihrem Dokumentarfilm zu diesem Thema:

> Ich werde häufig gefragt, wie ich auf das Thema gekommen bin. Ich dagegen frage mich, warum es nahezu fünfzig Jahre lang kein Thema war.[147]

---

143 Zu Massenvergewaltigungen als Kriegsverbrechen allg. siehe Birgit Beck [Anm. 128], S. 406 ff. Dort auch (S. 419 ff.) speziell zur Roten Armee Manfred Zeidler: Die Tötungs- und Vergewaltigungsverbrechen der Roten Armee auf deutschem Boden 1944/45.

144 Hubertus Knabe [Anm. 14], S. 56.

145 Antony Beevor [Anm. 16], S. 445.

146 Vgl. z. B. Günter Böddeker [Anm. 22].

147 Helke Sander [Anm. 32], S. 9.

Helke Sander fährt fort:

> Als ich gezielt anfing, die Literatur über die Nachkriegszeit zu lesen, wunderte ich mich darüber, daß zwar von den Vergewaltigungen in irgendwelchen Nebensätzen fast immer die Rede war, daß sie aber bis auf das Buch ‚Eine Frau in Berlin', das 1959 anonym erschienen war, niemals zum Hauptthema wurden, obwohl die Fülle der Tagebücher, Berichte, Dokumente, Aufsätze keinen Zweifel daran ließen, dass es viele oder massenhafte Vergewaltigungen gewesen sein mussten. Die Leere um das Wort Vergewaltigung herum fing an, mich zu irritieren.[148]

Wie wenig unbefangen, ja im Gegenteil geradezu verkrampft mit dem Thema umgegangen wird, zeigt gerade auch der Titel des inhaltlich so offenen und realistischen Buches von Helke Sander und Barbara Johr selbst: Der Gegenstand des Buches kommt nur im Untertitel vor, dort eingeklemmt zwischen „Krieg" und „Kinder". Geradezu pervers mutet der Haupttitel an: „BeFreier und Befreite". Deutschland wurde zwar 1945 von der Herrschaft des NS-Regimes befreit[149], aber keine einzige der massenhaften Vergewaltigungen kann als Akt der Befreiung geschönt werden; mit Sicherheit hat keine der vergewaltigten Frauen sich während oder nach der an ihr verübten Gewalttat als „Befreite" empfunden. Ganz und gar unpassend ist in diesem Zusammenhang auch das Wortspiel „BeFreier": Der Ausdruck „Freier" stammt bekanntlich aus dem Rotlichtmilieu. Mochten die Vergewaltiger ihren Opfern „nachher" hin und wieder ein Stück Brot oder etwas anderes zu essen gegeben haben: dadurch wurden die Opfer nun wirklich nicht zu Prostituierten und die Vergewaltiger nicht zu „Freiern" oder „Befreiern".

Interessant ist in diesem Zusammenhang auch eine Stimme aus Österreich. Barbara Stelzl-Marx überschreibt ihren Beitrag in dem Buch „Die Rote Armee in Österreich. Sowjetische Besatzung 1945–1955"[150] mit den Worten „Freier und Befreier. Zum Beziehungsgeflecht zwischen

148 Helke Sander [Anm. 32], S. 10 f.

149 Vgl. dazu die Rede von Bundespräsident Richard von Weizsäcker „Der 8. Mai 1945 – 40 Jahre danach", veröffentlicht u. a. in: Richard von Weizsäcker, Von Deutschland aus. Reden des Bundespräsidenten, Berlin 1985. In dieser Rede werden die Vergewaltigungen (nur) einmal u. a. erwähnt: „Neben dem unübersehbaren großen Heer der Toten erhebt sich ein Gebirge menschlichen Leids, ... Leid durch Flucht und Vertreibung, durch Vergewaltigung und Plünderung, durch Zwangsarbeit, durch Unrecht und Folter, durch Hunger und Not ...", S. 16 f. – Zur Bewertung des 8. Mai 1945 allg. siehe Rainer Schröder (Hrsg.): 8. Mai 1945 – Befreiung oder Kapitulation?, Berlin 1997; speziell zum Mythos der Befreiung in ostdeutscher Sicht Silke Satjukow: Befreiung? Die Ostdeutschen nach 1945, Leipzig 2009.

150 Stefan Karner/Barbara Stelzl-Marx (Hrsg.): Die Rote Armee in Österreich. Sowjetische Besatzung 1945–1955. Beiträge. Graz–Wien–München 2005.

sowjetischen Besatzungssoldaten und österreichischen Frauen".[151] Hinsichtlich der sowjetischen Soldaten spricht Barbara Stelzl-Marx von einem „besonders frauenhungrigen" Männerpotential.[152] Die Autorin sieht eine „große Bandbreite an freiwilligen und unfreiwilligen Beziehungen zwischen Rotarmisten und Österreicherinnen".[153] Zwar hätten die Soldaten der sowjetischen Armee in Österreich „– zumindest zu einem gewissen Teil – die Frau als Beute der Sieger" angesehen.[154] Weniger bekannt sei, so meint Barbara Stelzl-Marx,

> dass sich – wie auch in den westlichen Besatzungszonen – eine große Bandbreite erotischer Annäherungen zwischen Österreicherinnen und sowjetischen Besatzungssoldaten entwickelte, die von Flirts, Beziehungen für ab und zu oder die Dauer der Stationierung – und in Ausnahmefällen – bis hin zu Eheschließungen reichten. Außerdem gab es jede Form professioneller und halbprofessioneller Prostitution, wobei sich vor dem Hintergrund der katastrophalen wirtschaftlichen Lage zu Kriegsende und der materiellen Asymmetrien zwischen Soldaten und einheimischen Frauen die Grenzen zwischen Freiwilligkeit und Zwang nicht immer eindeutig ziehen lassen.[155]

Mit den Worten „unfreiwillige Beziehungen", „Beziehungsgeflecht" und „frauenhungrigem Männerpotential" lässt sich aber die frauenverachtende Realität der Massenvergewaltigungen in Österreich 1945 – allein für die Stadt Wien liegt die Zahl der vergewaltigten Frauen nach Schätzungen zwischen 70.000 und 200.000[156] – nicht umschreiben. Zutreffend ist deshalb die kritische Anmerkung, es

> zeichnet sich der Beitrag von Barbara Stelzl-Marx ‚zum Beziehungsgeflecht zwischen sowjetischen Besatzungssoldaten und österreichischen Frauen' durch ein Zartgefühl gegenüber dem ‚frauenhungrigen Männerpotential' aus, das feministischen Autorinnen die Zornesröte in die Wange treiben müsste – hätte nicht eine von ihnen längst gestanden, sie sei eigentlich froh, daß dieses Thema nicht entsprechend behandelt werde, weil das ja doch bloß ‚den Revisionisten' nützen würde.[157]

151 Barbara Stelzl-Marx [Anm. 150], S. 421.

152 Barbara Stelzl-Marx [Anm. 150], S. 422.

153 Barbara Stelzl-Marx [Anm. 150], S. 423.

154 Barbara Stelzl-Marx [Anm. 150], S. 422.

155 Barbara Stelzl-Marx [Anm. 150], S. 422 f. Dort auch (S. 423): „Das Schlagwort ‚Überlebensprostitution', das Beschaffen von Lebensmitteln durch sexuelle Kontakte, wurde in diesem Zusammenhang geprägt."

156 Zahlenangaben bei Wolfram Dornik: Besatzungsalltag in Wien. Die Differenziertheit von Erlebniswelten. Vergewaltigungen – Plünderungen – Erbsen – Straußwalzer, in: Stefan Karner/Barbara Stelzl-Marx [Anm. 150], S. 449 ff. (S. 462).

157 Lothar Höbelt: Der listige Wolf und der brutale Bär. Aufsätze und Dokumente zur sowjetischen Besatzungszeit in Österreich 1945 bis 1955, in: FAZ Nr. 179 v. 4. August 2005, S. 6. Der hier zutreffend kritisierte Beitrag von Barbara Stelzl-Marx ist veröffentlicht in: Barbara Stelzl-Marx: Freier und Befreier. Zum Beziehungsgeflecht

In das Bild von Verharmlosung oder Verniedlichung passt auch eine Geschichte, die – weil sie so anrührend ist – von Helke Sander gleich zweimal erwähnt wird. Für den von ihr gedrehten Film, der die Grundlage für das spätere Buch „BeFreier und Befreite" bildete, hatte eine Marline von Werner ihre ungewöhnliche Tatbeschreibung einer Vergewaltigung geschildert. Dazu Helke Sander:

> Jedes Mal bin ich wieder neu ergriffen von Marline von Werner, die beschreibt, wie der junge russische Vergewaltiger auf ihr einschläft und sie erkennt, dass er noch ein Kind ist und sie dann beginnt, ihn zu streicheln.[158]

Und weiter:

> Es gab Frauen, die die Vergewaltigungen fast lakonisch hinnahmen (siehe auch: ‚Deutschland, bleiche Mutter' von Helma Sanders-Brahms), weil das Geschehen sich irgendwie deckte mit dem allgemeinen Gefühl des Angeschmiertseins. Manche sahen die Harmlosigkeit und Jugendlichkeit der Jungs, die sie vergewaltigten, was Marline von Werner (siehe Textliste Film) dazu veranlasste, ihren Vergewaltiger schließlich zu streicheln und ihm gegenüber mütterliche Gefühle zu entwickeln.[159]

Die Geschichte von der ihren Vergewaltiger streichelnden Vergewaltigten mag anrührend sein – typisch ist sie gewiss nicht. Aber die Erwähnung versöhnlicher Episoden ist bei der Auswahl von Opferberichten mehr als einmal zu bemerken, was nicht gegen die Wiedergabe solcher Episoden spricht, aber dann problematisch wird, wenn demgegenüber Berichte über Grausamkeiten verschwiegen oder weggekürzt werden. Ein signifikantes Beispiel einer solchen Kürzung bietet das Hörbuch (CD) der Lesung des Tagebuches der Anonyma „Eine Frau in Berlin". Wolfgang Schneider hat zur Textauswahl dieses Hörbuches zutreffend festgestellt:

> Da das Leidvolle weniger in der bloßen Tatsache der Vergewaltigung besteht als in der Wiederholung, im tagelangen Andrang der Männer, muß jede Verknappung und Auswahl entschärfend wirken. Überhaupt die Textauswahl. Sie bevorzugt die versöhnlichen Episoden. Da dringen zwei Russen, ‚rüde Kerle', in eine Wohnung ein, um zu vergewaltigen, finden dann aber nicht nur Frauen, sondern auch schlafende Kleinkinder vor. ‚Beide starrten auf das Bettchen – und verzogen sich dann auf Zehenspitzen wieder aus der Wohnung.' So rührend geht es in Kriegen und Siegen meist nicht zu. Auch das Buch der Anonyma kennt sehr viel hässlichere Geschichten, etwa die einer Frau, die zwanzigmal hintereinander vergewaltigt wurde: ‚Aus ihrem käsigen Gesicht

zwischen sowjetischen Besatzungssoldaten und österreichischen Frauen, in: Stefan Karner/Barbara Stelzl-Marx [Anm. 150], S. 421 ff.

158 Helke Sander, in: Helke Sander/Barbara Johr [Anm. 32], S. 6/7.

159 Helke Sander [Anm. 32], S. 19 f.

> hängt der verschwollene Mund wie eine blaue Pflaume ... Wortlos öffnet sie uns ihre Bluse, zeigt uns ihre zerbissenen, verfärbten Brüste. Kann's kaum hinschreiben, es würgt mich.' Diese und ähnliche Passagen hätten auch in die gekürzte Fassung gehört.[160]

Richtig, so möchte man Wolfgang Schneider beipflichten. Umso mehr erstaunt, dass derselbe Wolfgang Schneider im Zusammenhang mit den Erinnerungen von Günter Grass an die Kämpfe in der Lausitz formuliert:

> Es bildete sich ein zweiter Kessel bei Kausche. In dem von den Deutschen zurückeroberten Dorf hielten sich zahlreiche Zivilisten auf, die gerade die üblichen Begleiterscheinungen der sowjetischen Befreiung hatten über sich ergehen lassen.[161]

Die Massenvergewaltigungen von Frauen durch Soldaten der Sowjetarmee, von Helke Sander zu Recht als ein einzigartiges, nämlich „ein singuläres Ereignis" bezeichnet[162], „bei dem es nicht ausreicht, auf die allgemeine Verrohung im Kriege hinzuweisen"[163], werden in jenem Sprachgebrauch von Wolfgang Schneider also zu bloßen „Begleiterscheinungen der sowjetischen Befreiung", welche die Frauen „über sich ergehen lassen" (nicht etwa, wie es der Realität entsprach, über sich ergehen lassen mussten).

Was sind die Gründe dafür, dass über das Verbrechen der Massenvergewaltigung deutscher Frauen und Mädchen durch russische Soldaten so zurückhaltend (wenn überhaupt) berichtet wird? Gibt es vielleicht strukturell bedingte Darstellungsdefizite?

Jan Philipp Reemtsma, der bekanntlich selber Opfer eines Verbrechens, nämlich einer gewaltsamen Entführung, gewesen ist[164], hat – allerdings nicht unter Erwähnung von Vergewaltigungen, sondern im

---

160 Wolfgang Schneider: Subjekt ihrer Geschichte. Galgenhumor: Monika Lennartz liest das Tagebuch der Anonyma, in: FAZ Nr. 56 v. 6. März 2004, S. 38.

161 Wolfgang Schneider: Im Dunst der Zwiebelsuppe. Die Erinnerungen von Günter Grass an den April 1945 und die Kämpfe um Spremberg; Versuch einer Rekonstruktion, in: FAZ Nr. 193 v. 21. August 2006, S. 33.

162 Helke Sander [Anm. 32], S. 11, mit dem Zusatz: „evtl. noch zu vergleichen mit dem Einmarsch der Japaner in der chinesischen Stadt Nanking". Zur Einnahme von Nanking 1937, bei der 20.000 bis 80.000 chinesische Frauen und Mädchen von den einrückenden japanischen Soldaten brutal vergewaltigt worden sein sollen („Rape of Nanjing"), siehe auch Birgit Beck [Anm. 128], S. 410; Uwe Makino: Terror als Eroberungs- und Herrschaftstechnik. Zu den japanischen Verbrechen in Nanking 1937/38, in: Wolfram Wette/Gerd R. Ueberschär (Hrsg.): Kriegsverbrechen im 20. Jahrhundert, Darmstadt 2001, S. 343 ff. (S. 346 f.)

163 Helke Sander [Anm. 32], S. 11.

164 Eindringliche autobiographische Schilderung bei Jan Philipp Reemtsma: Im Keller, Hamburg 1997.

Hinblick auf Verbrechensopfer allgemein – eine bemerkenswerte These aufgestellt: Reemtsma gibt zu bedenken,

> dass es etwas wie eine transkulturelle Neigung gibt, Gewaltopfer als unheimlich, minderwertig oder mitschuldig an dem, was ihnen widerfahren ist, anzusehen, immer vorausgesetzt, das Opfer ist kein Märtyrer wie der heilige Sebastian und kein Held wie Roland bei Ronceval – solche bildet man ab, von solchen liest man gern. Vom ‚normalen' Opfer wendet man sich lieber ab, denn man hat Phantasie, und was ihm widerfuhr, könnte auch mir widerfahren, und daran will ich nicht denken.[165]

Noch weiter geht Reemtsma wenn er meint:

> Es gibt auch einen unbewussten Aberglauben, der einem zuflüstert, Gewaltopfer seien irgendwie kontaminiert, der Umgang mit ihnen könnte Unglück bringen.[166]

Das hänge auch, so Reemtsma, „mit einer intuitiven Erkenntnis zusammen. Gewaltopfer sind oft unerfreuliche Leute, verletzt, misstrauisch, bereit, auch Harmloses als neuerliche Attacke aufzufassen".[167] Schließlich verweist Reemtsma auf ein bekanntes psychologisches Experiment, das zeige, „dass es eine unbewusste Neigung gibt, Opfern die Schuld oder wenigstens die Mitschuld an ihrem Schicksal zu geben".[168]

Diese erschreckende Zustandsbeschreibung wird jedoch von Reemtsma zutreffend relativiert, indem er über einen Wandel berichtet, den er nicht nur, aber auch in den Nürnberger Kriegsverbrecherprozessen verortet:

> Eine indirekte Folge der Nürnberger Prozesse, wenn auch ursächlich nicht allein auf sie zurückzuführen, ist die veränderte Rolle des Opfers in der öffentlichen Wahrnehmung. Die Kriminalisierung der Politik des Nationalsozialismus führte dazu, dass seine Opfer zu Zeugen der Anklage werden konnten.[169]

Und weiter:

> Gegen die die Gewaltopfer gerichteten Basisaffekte hat sich eine interessante kulturelle Umbildung durchgesetzt: Dem Opfer wird nicht nur Teilnahme, sondern Interesse an seinem Schicksal entgegengebracht, vor allem aber wird

---

165 Jan Philipp Reemtsma: Vertrauen und Gewalt. Versuch über eine besondere Konstellation der Moderne, Hamburg 2008, S. 488.

166 Jan Philipp Reemtsma [Anm. 165], S. 488.

167 Jan Philipp Reemtsma [Anm. 165], S. 488 f.

168 Jan Philipp Reemtsma [Anm. 165], S. 489. – Zu Definition und Herkunft des Begriffs „Opfer" und zur negativen Besetzung dieses Begriffes s. neuestens Ines Müller: Männer als Opfer von Stalking. Eine kritische Betrachtung quantitativer Stalking-Studien unter dem Blickwinkel hegemonialer Männlichkeit, Berlin 2008, S. 34 ff.: Im modernen Sprachgebrauch werde der Begriff „Opfer" „rein passivisch" verstanden und mit der Vorstellung von Hilflosigkeit oder Schwäche verbunden.

169 Jan Philipp Reemtsma [Anm. 165], S. 488.

> ihm eine Deutungsautoriät über die Welt zugeschrieben. Begonnen hat dies mit den Memoiren Überlebender aus den deutschen Konzentrations- und Vernichtungslagern, später sind die Überlebenden des Gulag hinzugekommen.[170]

Die von Reemtsma konstatierte „kulturelle Umbildung" im Sinne nicht nur von Teilnahme, sondern von Interesse am Schicksal von Gewaltopfern, ist jedoch offensichtlich an den Opfern der Massenvergewaltigungen deutscher Frauen 1944/45 jedenfalls lange Zeit vorbeigegangen – man könnte auch sagen: Die deutsche Öffentlichkeit hat dieses Vergewaltigungsopfer politisch und publizistisch *rechts* liegen gelassen.[171]

Eine Erklärung für diese Zurückhaltung liegt vermutlich im Topos der Deutschen als „Volk der Täter". Wer die Deutschen als das „Volk der Täter" betrachtet, kann oder will offenbar die Deutschen nicht gleichzeitig als Volk der Opfer wahrnehmen, selbst dann, wenn Begriffe wie Täter und Opfer diffus werden sollten.[172] Unbestreitbar ist, dass unter der NS-Herrschaft zahllose schwere und schwerste Verbrechen von Deutschen begangen worden sind: Die Maschinerie des Unrechts bedienten eben nicht wenige, sondern viele – zu viele – Täter. Unbestreitbar ist aber auch, dass nicht alle Deutschen solche Täter waren, es sei denn, man würde unzulässigerweise von einer Kollektivhaftung ausgehen.[173] Der Topos der Deutschen als „Volk der Täter" ist offensichtlich eine sehr eigene (deutsche) Verurteilung, die keine Parallele in anderen Ländern findet. Unter der Herrschaft Stalins sind in der Sowjetunion, wie auch unter dem Pol Pot-Regime in Kambodscha Millionen von Menschen umgebracht oder in Arbeitslagern ausgebeutet worden, aber niemand ist bisher auf den Gedanken gekommen, vom russischen oder kambodschanischen „Volk der Täter" zu sprechen. Es gab eben hier wie dort neben den Tätern auch Opfer, die gerade keine Täter waren – die allermeisten der 1944/45 vergewaltigten deutschen Frauen und alle vergewaltigten Kinder sind dafür ein unwiderlegbares Beispiel.

---

170 Jan Philipp Reemtsma [Anm. 165], S. 489; in den Memoiren Überlebender sicht Reemtsma „eine neue Literaturgattung".

171 Auch in dem geradezu hymnisch gelobten Buch von Jan Philipp Reemtsma, aus dem hier zitiert wird, werden die Massenvergewaltigungen von 1944/45 nur in wenigen Sätzen am Rande erwähnt.

172 Wolfgang Schneider [Anm. 160], erwähnt in seiner Besprechung der Tagebuchaufzeichnungen der Anonyma deren literarische Fertigkeit, „ein breites Spektrum vom Rohling bis zur edlen Seele" zu skizzieren: „Begriffe wie Täter und Opfer werden diffus."

173 Zuletzt war es Johannes Rau, der als Bundespräsident betont hat, es gebe eine Kollektivschuld, aber nicht eine Kollektivhaftung. Zur Begründung der These der alliierten Siegermächte von der Kollektivschuld der Deutschen kritisch Giles Macdonogh [Anm. 67], S. XIII/XIV.

Die zögerliche Befassung mit dem Thema Massenvergewaltigungen 1944/45 kann aber noch mit einer anderen Einstellung erklärt werden, nämlich mit der Sorge vor „Aufrechnung". Diesem Topos liegt die Vorstellung zugrunde, dass die Erwähnung von Verbrechen an Deutschen die Verbrechen von Deutschen relativieren könnte. In dieses Denkmuster passt die bereits erwähnte Äußerung einer Autorin, sie sei eigentlich froh, dass das Thema der Massenvergewaltigungen deutscher Frauen nicht entsprechend behandelt werde, weil das ja doch bloß den Revisionisten „nützen würde".[174] Wenn aber aus Sorge vor einer „Aufrechnung", vor „Relativierung" und vor „Revisionismus" Verbrechen – welcher Art auch immer und begangen von wem auch immer – verschwiegen werden, so ist dies jedenfalls unter wissenschaftlichen Gesichtspunkten unvertretbar, weil die historischen Fakten manipulierend, und unter politischen Gesichtspunkten unklug, weil das Thema damit der politischen Rechten zur ausschließlichen Nutzung überlassen wird.

Welche merkwürdigen Blüten jene Sorge vor Relativierung treibt und welche inhaltlichen Auflagen einem Autor gemacht werden, der sich mit dem Thema der Vergewaltigung deutscher Frauen durch sowjetische Soldaten befasst, zeigt die Auseinandersetzung um den Roman „Endstufe" von Thor Kunkel. In diesem Werk werden zwar Vergewaltigungen nicht im Einzelnen geschildert, wohl aber in deutlicher Sprache die allgemeine Situation, in der die Vergewaltigungen verübt wurden:

> ... Der Zweite Weltkrieg endet mit einem wahren Notzucht-Finale ... Besonders nachts ist es schlimm. Nicht nur die Russen halten sich schadlos, aber sie organisieren die Treibjagd auf Frauen, das Rudelbumsen, die Orgie im Schuttbett der Straße ... Der offen zur Schau gestellte Raubbau an den Frauen übersteigt schnell jedes Maß der Vorstellungskraft ... Unkluge, die nicht still halten, werden erschlagen oder abgeknallt. Die Notzucht-Brigaden kennen kein Pardon ...[175]

Einen von Kunkel mit dem Rowohlt-Verlag über dieses Buchprojekt abgeschlossenen Verlagsvertrag kündigte der Verlag, woraufhin der Autor das Manuskript einem anderen Verlag anbot.[176] Dieser Vorgang allein wäre keines Aufhebens wert. Interessant ist jedoch im vorliegenden Zusammenhang der Inhalt eines Briefes, mit dem die damals bei Rowohlt

174 Kritisch erwähnt von Lothar Höbelt [Anm. 157].

175 Thor Kunkel: Endstufe, Berlin 2004, S. 496 f. Der Roman handelt von der Verwicklung eines ehrgeizigen Forschers am SS-Hygieneinstitut in zwielichtige Geschäfte mit Pornofilmen. In der Presse erfuhr das Buch teils lobende, teils vernichtende Kritik.

176 Das Buch erschien dann im Eichborn-Verlag. Ausführliche, kritische Darstellung der Vorgänge bei Barbara Möller: Hintergründe eines Buchskandals. „Endstufe". Die Auseinandersetzung um Thor Kunkels Roman hat viele Facetten, in: HA v. 10./12. April 2004, S. 6.

für Thor Kunkel zuständige Lektorin Ulrike Schieder den Autor aufforderte, das Kapitel über die Vergewaltigungen umzuschreiben. In dem Brief vom 28. Dezember 2003 heißt es:

> Ich hatte ... ein ungutes Gefühl, dass du die Alliierten zu negativ zeichnest (schließlich waren die Deutschen dagegen Bestien). Bitte überprüf das noch mal. Irgendwas Positives (statt Versautes, Brutales etc.) würde das Ganze unparteiischer, glaubwürdiger machen.[177]

„Wo bleibt das Positive?" hatte schon Erich Kästner in anderem Zusammenhang und satirisch gefragt. Ulrike Schieder, immerhin nicht irgendwer, sondern Lektorin im mächtigen Rowohlt-Verlag, merkt offensichtlich überhaupt nicht, wie abwegig und peinlich ihr – nur mit dem Gefangensein in der Political Correctness erklärbarer – Wunsch nach Verzuckerung der Massenvergewaltigungen ist. Sollte gar die Einlassung von Thor Kunkel stimmen, Ulrike Schieder habe gefordert, die Vergewaltigung deutscher Frauen im Mai 1945 dürfe in seinem Buch nicht „aus einer Perspektive geschildert werden, die Mitleid mit den Frauen der Nazis erwecken könne"[178], so wäre dies eine geradezu abenteuerliche Forderung – erklärbar nur mit der Ideologie der Deutschen als „Volk der Täter".

Alle diese Hemmnisse erklären jedoch nicht, warum erst im Jahre 1992 – also mehr als 45 Jahre nach den Massenvergewaltigungen – das bis dahin weit verbreitete öffentliche Schweigen[179] über jene schrecklichen Ereignisse während der letzten Kriegs- und ersten Nachkriegsmonate in öffentlichkeitswirksamer Weise aufgebrochen wurde, nämlich durch den bereits erwähnten Dokumentarfilm „BeFreier und Befreite" der Filmregisseurin und Autorin Helke Sander. Zur Erklärung hat Götz Aly in diesem Zusammenhang zutreffend auf die Schwierigkeit der Dokumentierung (man muss wohl ergänzen: einer zeitnahen Dokumentierung) hingewiesen:

> Denn die kurzen, aber folgenschweren Zeitabschnitte des Zusammenbruchs einer Gesellschaft lassen sich mit den üblichen historiographischen Techniken besonders schlecht dokumentieren. Mit dem alten Herrschaftssystem bricht

177 Zitiert bei Barbara Möller [Anm. 176].

178 Zitiert in: „Mein Niemandsgarten. ‚Stationen, Episoden, Besinnungen von Thor Kunkel'", http://www.thorkunkel.com./? page_id = 51.

179 Siehe dazu auch die Beobachtung von Ingeborg Jacobs [Anm. 28], S. 9: „1992 schwiegen die meisten deutschen Kriegsopfer noch. Rundfunk, Fernsehen und die Printmedien boten ihnen keine große Plattform, sie legten den Fokus auf die Darstellung deutscher Verbrechen vor und während des Zweiten Weltkrieges. Über die Leiden der deutschen Opfer zu sprechen war selbst zum fünfzigsten Jahrestag des Kriegsendes noch verfrüht."

> auch das Verwaltungsschriftgut ab. Oft genug fehlen für die dramatischsten geschichtlichen Augenblicke die Quellen.[180]

Dies gilt, so muss man hinzufügen, vor allem dann, wenn in einer solchen Umbruchsituation die Strafverfolgungsbehörden des Heimatstaates der Opfer (im Fall der Massenvergewaltigungen in Deutschland also die deutschen Strafverfolgungsbehörden) nicht mehr tätig werden können – Juristen nennen eine solche Situation „Stillstand der Rechtspflege“[181] – und wenn die Strafverfolgungsbehörden des Heimatstaates der Täter (in jenem Fall also die der Sowjetunion) nicht tätig werden wollen. Wiederum zutreffend ist deshalb der Hinweis von Götz Aly:

> ... und natürlich entwickelt die neue Herrschaft, in diesem Fall die sowjetische Besatzungsmacht, wenig Interesse, die zumindest geduldeten Plünderungen, Morde und Massenvergewaltigungen allzu genau festzuhalten.[182]

Mit politischer Sicht zu erklären, ist schließlich, dass auch die von der sowjetischen Besatzungsmacht eingesetzten deutschen Behörden in der Sowjetischen Besatzungszone (SBZ), in der die meisten von den Sowjetsoldaten vergewaltigten Frauen lebten, keine öffentliche Erörterung jener Ereignisse wünschten. Aus der „unverbrüchlichen Freundschaft“ mit der UdSSR resultierte schließlich die Tatsache, dass auch in der späteren DDR diese Vorfälle kein Thema bildeten – war doch die DDR selbst von Verfassungswegen „für immer und unwiderruflich mit der Union der Sozialistischen Sowjetrepublik verbündet“[183] und garantierte „das enge und brüderliche Bündnis“ mit der UdSSR dem Volk der DDR „das weitere Voranschreiten auf dem Wege des Sozialismus und des Friedens“.[184] Der „große Bruder“ durfte nicht kritisiert werden, und schon gar nicht sein Verhalten im „Großen Vaterländischen Krieg.“ Deshalb ist die Feststellung richtig und wichtig: „Die Massenvergewal-

---

180 Götz Aly: Ein Fall für Historiker. Offene Fragen um das Buch „Eine Frau in Berlin“, in: SZ v. 18. Oktober 2003, S. 15.

181 Der Stillstand der deutschen Rechtspflege in den ersten Jahren nach dem 8. Mai 1945 spielte u. a. eine Rolle im Zusammenhang mit der Debatte über die Verjährung von NS-Verbrechen; das Gesetz über die Berechnung strafrechtlicher Verjährungsfristen (so genanntes Berechnungsgesetz) von 1965 bestimmte dazu in § 1 Abs. 1: „Bei der Berechnung der Verjährungsfrist für die Verfolgung von Verbrechen, die mit lebenslangem Zuchthaus bedroht sind, bleibt die Zeit vom 8. Mai 1945 bis zum 31. Dezember 1949 außer Ansatz. In dieser Zeit hat die Verjährung der Verfolgung dieser Verbrechen geruht.“ Zur Verfassungsmäßigkeit dieser Bestimmung s. Entscheidungen des Bundesverfassungsgerichts Bd. 25, S. 269 ff.

182 Götz Aly [Anm. 180].

183 Art. 6 Abs. 2 Satz 1 der Verfassung der Deutschen Demokratischen Republik in der Fassung v. 7. Oktober 1974.

184 Art. 6 Abs. 2 Satz 2.

tigungen durch Sowjetsoldaten wurden in der DDR verschwiegen."[185] Als ein Beispiel solchen Verschweigens kann hier die Schilderung des Einmarsches der sowjetischen Truppen im (DDR-)Schulbuch „Geschichte. Lehrbuch für Klasse 9", erschienen in (Ost-)Berlin 1984, genannt werden, in dem unter der Überschrift „Die Zerschlagung der faschistischen Aggressoren" lediglich zu lesen ist:

> Anfang 1945 begannen die Streitkräfte der Sowjetarmee und die Streitkräfte der anderen Staaten der Antihitlerkoalition mit großangelegten Offensiven die endgültige Zerschlagung der faschistischen Wehrmacht. Der Krieg fand nun dort statt, von wo er ausgegangen war: auf deutschem Boden.[186]

Für die in der DDR lebenden Frauen, die von russischen Soldaten 1944/45 vergewaltigt worden waren, bedeutete dies, dass es für sie keine Therapie gab. Über das Leid einer damals in Neustrelitz (Mecklenburg) lebenden Frau bemerkt Ingeborg Jacobs in diesem Zusammenhang:

> Von den Verletzungen an Körper und Seele, die ihr durch die Vergewaltigungen zugefügt worden waren, wollte niemand etwas hören. Im Osten Deutschlands wurde dieses Thema, das so vielen Frauen auf der Seele brannte, verschwiegen und tabuisiert. Insbesondere in Neustrelitz, wo bis 1994 eine große Garnison der russischen Streitkräfte stationiert war. Achtundzwanzigtausend Soldaten waren hier kaserniert, mehr als die Stadt Einwohner hatte. An einem solchen Ort war Kritik am ‚Großen Bruder' unerwünscht.[187]

Renate Meinhof, in der DDR aufgewachsen, berichtet über Gespräche mit

> Frauen, die in Pommern von Rotarmisten vergewaltigt worden waren, und die mit ihren Wunden, denen, die blieben, im sozialistischen Deutschland lebten, ohne je ein Wort darüber verlieren zu dürfen, oft auch nicht ihren eigenen Männern und Kindern gegenüber …

Die vergewaltigten Frauen

> mussten schweigen. Bald lebten sie in einer Diktatur, in der Dahingesagtes, die kleinste Kritik schon, zu ‚antisowjetischer Hetze' werden konnte.[188]

Lässt sich das zunächst in der Sowjetischen Besatzungszone Deutschlands und der späteren DDR praktizierte Verschweigen der Massenvergewaltigungen aufgrund der engen politischen Anbindung an die UdSSR zwar nicht billigen, aber doch erklären, so konnte im Westen das Verhältnis zur UdSSR – noch dazu in der Zeit des Kalten Krieges –

185 Peter Jochen Winters: Walter Ulbricht und der „Zwangsverkehr", in: FAZ Nr. 106 v. 9. Mai 2005, S. 52.
186 Geschichte. Lehrbuch für Klasse 9. Berlin 1984, S. 175.
187 Ingeborg Jacobs [Anm. 28], S. 222; s. dazu auch Renate Meinhof [Anm. 27], S. 10.
188 Renate Meinhof [Anm. 138].

kein Grund für Schweigegebote sein. Der Kalte Krieg ist allerdings im vorliegenden Zusammenhang ein nicht unwichtiges Stichwort.[189] Intellektuelle im Westen mochten keine „kalten Krieger“ sein, d. h. sie wollten sich an dieser Auseinandersetzung nicht beteiligen. Eine Schilderung von Kriegsverbrechen der Roten Armee, insbesondere der Massenvergewaltigungen, konnte aus einer solchen Sicht Gefahr laufen, als ein Beitrag zum Kalten Krieg missverstanden zu werden. Mit dem Ende des Kalten Krieges ist diese Sperre grundlos geworden. Die Barriere der Political Correctness existiert jedoch weiterhin. Damit zu erklären ist das bereits erwähnte Eingeständnis einer feministischen Autorin, sie sei eigentlich froh, dass das Thema Vergewaltigung durch Soldaten der Roten Armee nicht entsprechend behandelt werde, weil das ja doch bloß „den Revisionisten“ nützen würde – aus der Sicht einer Feministin, die doch grundsätzlich auf der Seite der vergewaltigten Frauen stehen sollte, ein mehr als erstaunlicher Standpunkt.[190]

Es hat lange Zeit gedauert, bis diese einseitige Blickverengung einen Wandel erfahren hat. In einer Information über die Fertigstellung des vom Militärgeschichtlichen Forschungsamt (MGFA) erstellten Reihenwerks „Das Deutsche Reich und der Zweite Weltkrieg“[191] mit dem die Luftangriffe der Alliierten und den Vormarsch der Roten Armee behandelnden Teilband[192] und einer Würdigung des britischen Historikers Ian Kershaw wird dementsprechend festgestellt:

> erst in jüngster Zeit werden Täter- und Opferperspektive im Blick auf das ‚Dritte Reich‘ nicht mehr gegeneinander aufgerechnet, sodass über die Leiden der deutschen Zivilbevölkerung offen geredet werden kann.[193]

Auffallend ist in diesem Zusammenhang auch die Tatsache, dass die Vorstellung von den Deutschen als dem „Volk der Täter“ für britische und amerikanische Autoren bei der Schilderung der Massenvergewaltigung deutscher Frauen keine Schreibsperre bildete. So befassen sich die

189 Siehe dazu den Hinweis von Wolfram Dornik [Anm. 156], S. 455, zur Situation in Österreich, „dass das Thema im Rahmen des konfrontativen Diskurses im Kalten Krieg von beiden Seiten instrumentalisiert wurde“.

190 Zu Recht kritisch zitiert von Lothar Höbelt [Anm. 157].

191 Das Deutsche Reich und der Zweite Weltkrieg, hrsg. vom Militärgeschichtlichen Forschungsamt. Bd. 10. Der Zusammenbruch des Deutschen Reiches 1945 (hrsg. von Rolf-Dieter Müller), München 2008.

192 Erster Halbband. Die militärische Niederwerfung der Wehrmacht, München 2008.

193 Andreas Kilb, Ian Kershaw, in: FAZ Nr. 107 v. 8. Mai 2008, S. 46. Siehe auch die Kapitelüberschrift „Die Deutschen als Opfer – ein neuer Blick auf die Geschichte“ im Inhaltsverzeichnis des von Stefan Aust und Stephan Burgdorff herausgegebenen Buches: Die Flucht. Über die Vertreibung der Deutschen aus dem Osten [Anm. 12], S. 5.

bereits erwähnten Werke der britischen Historikerin Catherine Merridale[194] und des britischen Historikers Giles Macdonogh[195] ausführlich und engagiert mit den Massenvergewaltigungen 1944/45. Auch der ebenfalls bereits zitierte US-amerikanische Historiker Antony Beevor nimmt bei seinen detaillierten Ausführungen zu diesem Thema kein Blatt vor den Mund.[196] Auf die wissenschaftlichen Werke dieser Autoren wird im vorliegenden Buch noch häufiger Bezug genommen.

Besonders wichtig sind naturgemäß einschlägige Äußerungen russischer Autoren. Alexander Solschenizyns „Ostpreußische Nächte"[197] und Lew Kopelews „Aufbewahren für alle Zeit"[198] gehören gewissermaßen zur Pflichtlektüre für jeden, der sich mit dem Geschehen beim Einmarsch der sowjetischen Truppen in Deutschland befasst. Aufschlussreiche Informationen bieten auch Briefe von Soldaten der Roten Armee an ihre Angehörigen, die von Elke Scherstjanoi unter dem Titel „Rotarmisten schreiben aus Deutschland. Briefe von der Front (1945) und historische Analysen" gesammelt, ausgewertet und herausgegeben worden sind.[199] Interessante Einblicke in das damalige Denken sowjetischer Offiziere finden sich ferner in Tagebüchern, so im „Deutschland-Tagebuch 1945–1946. Aufzeichnungen eines Rotarmisten" von Wladimir Gelfand.[200] Russische Stimmen, die sich mit dem Thema der von Rotarmisten begangenen Massenvergewaltigungen kritisch auseinandersetzen, sind allerdings nur selten zu vernehmen. So konnte Catherine Merridale noch im Jahre 2006 in ihrem Buch „Iwans Krieg" im Kapitel „Schändungen" anmerken:

194 Catherine Merridale [Anm. 42], insbes. das Kapitel „Schändungen", S. 328 ff. Cora Stephan bezeichnet in ihrer Rezension dieses Buch als „ein großes Werk, das sich würdig einreiht in die vielen akribischen britischen Historien des Soldatentums, die seit einigen Jahrzehnten eine eigene Tradition neben der klassischen Militärhistorie bilden" (Cora Stephan [Anm. 104]).

195 Giles Macdonogh [Anm. 67].

196 Antony Beevor [Anm. 16]. Siehe auch das in den USA veröffentlichte Werk von Christopher Duffy: Red Storm on the Reich: Soviet March on Germany, 1945, 2002.

197 Alexander Solschenizyn [Anm. 45]; siehe auch die Danksagung von Carl Gustav Ströhm: Vorwärts von Brand zu Brand. Alexander Solschenizyns Sprechplatte „Preußische Nächte" – ein Denkmal für die Flüchtlinge, in: Die Welt Nr. 205 v. 4. September 1974, S. 21: „Gerade weil die Deutschen gegenüber dem russischen Volk Schuld auf sich geladen haben, zeugt es von persönlichem Mut und menschlicher Größe, wenn der Dichter vor der anderen Seite des Geschehens nicht die Augen verschließt."

198 Lew Kopelew [Anm. 126].

199 Elke Scherstjanoi (Hrsg.): Rotarmisten schreiben aus Deutschland. Briefe von der Front (1945) und historische Analysen, München 2004 (darin dies.: „Wir sind in der Höhle der Bestien." Die Briefkommunikation von Rotarmisten mit der Heimat über ihre Erlebnisse in Deutschland).

200 Wladimir Gelfand: Deutschland-Tagebuch 1945–1946. Aufzeichnungen eines Rotarmisten. Aus dem Russischen von Anja Lutter und Hartmut Schröder, Berlin 2005.

> In einer Kultur der totalen Verleugnung bilden Rabitschews Artikel und Kopelews Buch bis heute in Russland fast die einzige Auseinandersetzung mit dem Thema, und wie die Moskauer Feiern zum Siegestag 2005 zeigten, dürfte es bis zu einer ehrlichen Aufarbeitung des Kriegs noch einige Zeit dauern.[201]

Immerhin sind wenigstens unter russischen Schriftstellern schon vereinzelte Stimmen dazu vernehmbar.

Für die Belletristik sind unschöne Vergewaltigungen ohnehin ein schwierig zu bewältigendes Thema. Niveauvolle Literatur wird ein Abgleiten in Voyeurismus oder Pornographie oder auch nur die Nähe dazu zu vermeiden suchen. Sophie Dannenberg beschreibt in ihrem Roman „Das bleiche Herz der Revolution", wie ein Kind die Vergewaltigung seiner Mutter durch russische Soldaten in Ostpreußen erlebte:

> Dann zerrissen sie Mutter die Kleider am Leib ... Ich hatte meine Mutter nie nackt gesehen. Ich stellte mich vor sie, ich brüllte, ich flehte. Die Soldaten stießen mich zur Seite. Einer von ihnen packte Mutter an den Brustwarzen, ging rückwärts und riß sie mit sich. Schleuderte sie herum, hin und her, die anderen lachten. Dann zerrten sie Mutter in ihre Mitte. Ich hörte, wie Mutter schrie, schrill und verzweifelt, und wie sie stumm wurde ... Ich zog meiner Mutter die Kleider an, sie war apathisch wie eine Puppe, sie starrte an mir vorbei ins Leere ...

Das Kind erinnert sich dann an seine Mutter auf dem anschließenden Flüchtlingstreck:

> Sie hatte einen Blick bekommen, ausgehöhlt, als hätte man die Seele aus den Augen geschabt. Ab und zu kam ein hohles Stöhnen aus ihrer Kehle. Aber dann erreichten wir das Sammellager im Ostseebad Kahlberg. Dort wärmten wir unsere erfrorenen Füße, ich verarztete Mutters Brüste, sie waren zerbissen, zerfleischt, voller Blutkrusten. Wir bekamen auch etwas zu essen, aber Mutter erbrach es wieder.[202]

Günter Grass hat sich in seinem Erinnerungsbuch „Beim Häuten der Zwiebel"[203] des Themas der Vergewaltigungen eigener Familienangehöriger durch russische Soldaten mit großer Diskretion und nur in Andeutungen angenommen:

---

201 Catherine Merridale [Anm. 42], S. 457, Anm. 50.

202 Sophie Dannenberg: Das bleiche Herz der Revolution, Berlin 2006, S. 291 f., S. 295. Eindringliche Darstellung der Vergewaltigung muslimischer Frauen im Bosnien-Krieg in dem Roman von Slavenka Drakulić: Als gäbe es mich nicht. Aus dem Kroatischen von Astrid Philippsen, 2. Aufl. Berlin 1999, S. 67 ff. (auch S. 15, 61). Zur Frage des Sagbaren allg. siehe Sabine Schneider (Hrsg.): Die Grenzen des Sagbaren in der Literatur des 20. Jahrhunderts, Würzburg 2009.

203 Günter Grass, Beim Häuten der Zwiebel, München 2008 (TB).

> Mehrmals erlittene Gewalt hatte die Mutter verstummen lassen. Sie war gealtert, kränkelte bereits. Wenig war von ihrer Heiterkeit und Spottlust geblieben ...[204]
>
> Es war ihr (seiner Schwester Waltraut, d. Verf.) wirklich nicht anzusehen, was sie in Danzig, ‚als die Russen kamen', erlebt, womöglich erlitten hatte. Man sprach nicht darüber ...[205]
>
> Und die Mutter sehe ich, wie sie mir gegenübersitzt und schweigt ...[206]
>
> Ich frage dennoch: „Wie war das, als die Russen kamen? Was war wirklich geschehen? Warum erzählt Daddan (Kosename der Schwester Waltraut, d. Verf.) nur lauter drollige Sachen? Auch Papa druckst nur rum. Wie ist es Daddan, wie ist es dir ergangen? Haben die Russen Euch ... Und als dann die Polen kamen ..." Aber sie findet keine Worte. Allenfalls bekomme ich zu hören: „Das ist nun vorbei. Besonders für deine Schwester. Frag nicht so viel. Dadurch wird nix besser. Zum Schluß haben wir noch ein bisschen Glück gehabt ... Leben noch ... Was vergangen ist, ist vergangen ..."[207]

Dabei blieb es: Grass' Mutter legte, darin vielen Leidensgenossinnen folgend, den Mantel des Schweigens über das Erlebte, das sie schließlich mit ins Grab nahm:

> Während der wenigen Jahre, die ihr noch blieben, hat meine Mutter nie einen Satz auch nur begonnen, nie ein Wort fallen lassen, aus denen herauszuhören gewesen wäre, was im leergeräumten Geschäft, unten im Keller oder sonstwo in der Wohnung geschah, wo und wie oft sie von russischen Soldaten vergewaltigt wurde. Und daß sie sich, um die Tochter zu schützen, ersatzweise angeboten hat, war erst nach ihrem Tod andeutungsweise von der Schwester zu hören. Es fehlten die Worte.[208]

Diese Wortlosigkeit angesichts des aus Sicht der Mutter Unsagbaren unterstreicht Grass an anderer Stelle nochmals in seiner folgenden Erinnerung:

> ... sie, die kein Wort sagte, als ich im Zug von Köln nach Hamburg wissen wollte, was ihr geschehen war, als die Russen mit aller Gewalt kamen – „Was schlimm war, das soll man vergessen alles."[209]

Der verständliche Wunsch des erwachsenen Kindes, mehr über die an Mutter und Schwester verübten Gewalttaten zu erfragen, als Vermu-

---

204 Grass [Anm. 203], S. 271.

205 Grass [Anm. 203], S. 277. Zu seiner Schwester, die nach Kriegsende in einen Nonnenorden eingetreten war, bemerkt Günter Grass an einer späteren Stelle: „Meine Schwester jedoch schien glücklich zu sein zwischen den tätigen Nonnen. Ihren Kinderglauben, der ihr bei Kriegsende angesichts soldatischer Gewalt verlorengegangen war, hatte sie wiedergefunden." (S. 365)

206 Grass [Anm. 203], S. 320.

207 Grass [Anm. 203], S. 320 f.

208 Grass [Anm. 203], S. 321.

209 Grass [Anm. 203], S. 442 f.

tungen und Andeutungen besagen, aber auch die Selbstblockade, weiter zu fragen, wie andererseits die ebenso verständliche Scheu der Opfer, darüber zu sprechen, werden in diesen Erinnerungen von Günter Grass fast schmerzhaft deutlich. Angesichts des intim-persönlichen Kind-Mutter- und Bruder-Schwester-Verhältnisses kann dem Autor insoweit kein Darstellungsdefizit vorgehalten werden – aber gibt es vielleicht ein Wahrnehmungsdefizit bei Lesern? Bemerkenswert ist in diesem Zusammenhang ein Diskussionsbeitrag auf der von der Universität Liverpool veranstalteten Tagung „Die Nation verändern: Günter Grass aus internationaler Perspektive", über den wie folgt berichtet wird:

> Herman Beyersdorf von der australischen University of New England ... wunderte sich, dass die SS-Enthüllung in ‚Beim Häuten der Zwiebel' so viel Furore gemacht habe, während die Vergewaltigung der Mutter durch die Russen kaum beachtet worden sei.[210]

Viel mehr „bringt" Andrzej Szczypiorski in seinem „Selbstportrait mit Frau".[211] Der polnische Schriftsteller, der nach dem Aufstand in Warschau 1944 in ein KZ deportiert worden war, erzählt von einem jungen Mann, der sich in den letzten Tagen des Krieges mit einer Gruppe ehemaliger KZ-Häftlinge und Zwangsarbeiter aus verschiedenen Nationen auf einen langen Fußmarsch „durch Wälder, entvölkerte Dörfer, verbrannte Kleinstädte" begibt.[212]

> Überall streunten Menschen herum, für die der Tod seit Jahren das tägliche Brot war. KZ-Häftlinge, Zwangsarbeiter, zusammengetrieben aus allen Winkeln des von Deutschen unterworfenen Europa, schließlich verzweifelte Deserteure. Diese Leute wollten essen, vergewaltigen, brennen und rauben.[213]

Ein (zutreffender) Hinweis darauf, dass nicht nur die russischen Soldaten selbst, sondern im Chaos der letzten Kriegstage auch Marodeure anderer Herkunft Frauen als Opfer suchten.

> Eines Abends beschlossen wir, in einem Haus zu übernachten, das uns im ganzen Dorf am wenigsten beschädigt vorkam ...[214] Dort hatte der Holländer zwei deutsche Frauen entdeckt, die es nicht geschafft hatten, ins Feld zu fliehen, als wir uns der Kate näherten. Anfangs schrieen sie sehr, später, als der Holländer sie mehrmals ins Gesicht geschlagen hatte, verstummten sie völlig. Unter uns war ein alter Franzose, ein kräftiger Mann, der wegen seines echten

210 Gina Thomas: Es gibt auf Erden nicht nur den einen. Vieldeutig: In Liverpool suchten Literaturwissenschaftler das „Phänomen Günter Grass", in: FAZ Nr. 210 v. 10. September 2007, S. 44.
211 Andrzej Szczypiorski [Anm. 46].
212 Szczypiorski [Anm. 46], S. 187 ff.
213 Szczypiorski [Anm. 46], S. 189.
214 Szczypiorski [Anm. 46], S. 192.

> oder von den Deutschen erdachten Kommunismus vier Jahre im KZ gesessen hatte ... „Gib sie her", schrie der Franzose, doch wusste er im Grunde nicht recht, was er wollte, denn in der Stube gab es weder Bett noch Tisch ...[215]

Es folgt eine Vergewaltigung, wie man sie sich unmenschlicher kaum vorstellen kann:

> Er ging auf den Holländer zu, nahm eine der Frauen in die Arme, trat ans Fenster, bog ihren Körper über das Fensterbrett, spreizte weit ihre Beine, warf sich ihre Waden über die Schultern, sodass die Frau mit ihrem Kopf den Rasen unter dem Fenster berührte, er schnaufte, schmatzte, gurgelte, stöhnte, knurrte, jappste wie ein geprügelter Hund oder wie ein an der Kugel des Jägers krepierendes Wildschwein oder wie ein jahrelang nach einer Frau gierender Mann, dem man sie verweigert und statt dessen Peitschenhiebe, Torturen und Ängste zugeteilt hat, das Sterben im Abend- und Morgenlicht, so nahm er diese stumme und reglose deutsche Frau, deren Gesicht niemand von uns sah, weil sich ihr Kopf außerhalb der Stube befand ...[216]

Mit dieser Vergewaltigung waren die Leiden dieser deutschen Frau, die hier als wehrloses Sühneopfer für selbst erlittene Demütigungen dient, keineswegs vorbei, im Gegenteil: sie wird solange gequält, bis sie stirbt. Von deren Tod völlig unbeeindruckt, nimmt man sich ungerührt die zweite Frau vor:

> Als der Franzose fertig war, begann der Holländer. Und als der Holländer fertig war, begann der Ukrainer. Und als der Ukrainer fertig war, begann der Pole. Und dann der zweite Pole. Und dann der Zigeuner. Und dann wieder ein Zigeuner. Und dann die anderen und noch andere und noch andere. Und am Ende, als die Frau aufgehört hatte zu atmen und ihr Körper mit dumpfem Gepolter aus der Kate gefallen war, nahmen die anderen die zweite Frau, die zunächst schrie und weinte, bettelte und fluchte, vielleicht sogar zu ihnen betete, als hätte damals irgendwer auf der Welt an Gott geglaubt und an die steinernen Tafeln, und das dauerte lange, bis alle außer mir und einem sterbenden alten Juden, der immerzu weinte, ihren Samen abgegeben hatten.
>
> Die zweite Frau überlebte, sie lag später schweigend unter dem Fenster, das Mondlicht auf ihrem Gesicht wie der Verband auf einer Wunde, ihre Augen weit geöffnet und blind, die arme Deutsche, die arme deutsche Frau der letzten Kriegstage, der arme Mensch.[217]

In einer Rezension des Buches von Szczypiorski ist zu lesen, es wachse hier den Opfern „etwas von der Würde des Märtyrers zu, dessen Leiden letztlich doch nicht ganz sinnlos sein kann".[218] Dem muss man in aller

215 Szczypiorski [Anm. 46], S. 193.
216 Szczypiorski [Anm. 46], S. 194.
217 Szczypiorski [Anm. 46], S. 195.
218 Martin Lüdke: Andrzej Szczypiorskis Romankonglomerat „Selbstportrait einer Frau". Falsch. Fünf. Setzen, in: Die Zeit Nr. 14 v. 31. März 1995, S. 73.

Entschiedenheit entgegenhalten: Doch – die Leiden der vergewaltigten Frauen hatten absolut keinen „Sinn", im Gegenteil: sie waren, ebenso wie die Gewalttaten selbst, ganz und gar sinnlos, um es zurückhaltend auszudrücken. Die Unmenschlichkeit der geschilderten Vergewaltigungen wird nicht dadurch gemindert oder gar beseitigt, dass die Vergewaltiger ehemalige KZ-Häftlinge oder Zwangsarbeiter waren.

Was bei Andrzej Szczypiorski Erzählung ist, sind bei Walter Kempowski Tatsachenberichte, die Kempowski in Form von Textkollagen in einen Zusammenhang stellt. Seine „kollektiven Tagebücher" sind nicht nur, aber auch für das Thema der Vergewaltigungen beim Einmarsch der Roten Armee von hohem dokumentarischen und literarischen Wert. Augenzeugen und Opfer kommen in diesen – im vorliegenden Buch häufig zitierten – Texten in beeindruckender und ergreifender Weise zu Wort. Das vermutlich wichtigste, wenn auch nicht unumstrittene Zeugnis eines Vergewaltigungsopfers ist jedoch das der „Anonyma".

III. Anonyma

Im Frühsommer 2003 erschien im Eichborn-Verlag in Frankfurt am Main das Buch „Eine Frau in Berlin. Tagebuch-Aufzeichnungen vom 20. April bis zum 22. Juni 1945."[219] Die Chronik schildert die Erlebnisse der Autorin in jener Zeit: das Leid der damals in Berlin lebenden Menschen, geprägt von der Angst in den Luftschutzkellern, von Hunger und anderen Entbehrungen, vom Kampf ums Überleben, von Plünderungen und von Vergewaltigungen.

Das Tagebuch der anonymen Autorin war fast fünfzig Jahre vorher (nämlich 1954) in einer englischsprachigen, von Kurt W. Marek herausgegebenen Ausgabe („A Woman in Berlin") in den USA erschienen, später gab es auch Übersetzungen in England, Italien, Dänemark, Schweden, Norwegen, den Niederlanden, Spanien und Japan.[220] Erst im Jahre 1959 veröffentlichte ein kleiner Schweizer Verlag[221] zum ersten Mal eine deutschsprachige Ausgabe, die aber kaum Beachtung fand und deshalb Jahrzehnte lang als verschollen galt. Das Verschweigen der Aufzeichnungen der Anonyma änderte sich schlagartig mit dem Erscheinen der – nun von Hans Magnus Enzensberger herausgegebenen – Edition im Jahre 2003. „Eine Frau in Berlin. Tagebuch-Aufzeichnungen vom 20. April bis zum 22. Juni 1945" gehörte – wie selbst ein Kritiker einräumen musste[222] – zu den größten Bucherfolgen im Sommer 2003 und stand wochenlang auf den Bestsellerlisten. Was war der Grund für dieses außergewöhnliche Leserinteresse? Eindrucksvolle Schilderungen der Sorgen, Nöte und Leiden der Bevölkerung – nicht nur der deut-

219 Anonyma [Anm. 31].

220 Siehe dazu Jens Bisky: Wenn Jungen Weltgeschichte spielen, haben Mädchen stumme Rollen. Wer war die Anonyma in Berlin? Frauen, Fakten und Fiktionen – Anmerkungen zu einem großen Bucherfolg dieses Sommers, in: SZ Nr. 220 v. 24. September 2003, S. 16.

221 Verlag Kossodo; siehe dazu Felicitas von Lovenberg: Eine Frau in Berlin: Kein Zweifel an dem Tagebuch der Anonyma, in: FAZ Nr. 223 v. 25. September 2003, S. 42. Zur Veröffentlichungsgeschichte des Tagebuches siehe auch Sven Felix Kellerhoff: „Hier nix Frau", in: Die Welt v. 22. Oktober 2008, S. 23, mit der Meinung, es wäre „überfällig, nach dem Filmstart eine historisch-kritische Ausgabe des Tagebuchs zu publizieren, in der neben dem veröffentlichten Text die Originalaufzeichnungen dokumentiert werden".

222 Siehe Jens Bisky [Anm. 220]: „Zu den größten Bucherfolgen dieses Sommers gehört das Buch der Anonyma ..." Der Bericht habe, nachdem er lange Zeit verschollen war, „eine triumphale Rückkehr erlebt".

schen – im Krieg gab es schon früher. Das Thema der „Frau in Berlin" war also nicht völlig neu. Vielleicht kam der Zeitpunkt der Veröffentlichung der neuen Ausgabe dem Interesse der Deutschen entgegen, die sich bis dahin mehr über „das Volk der Täter" als über das Volk der Opfer informiert fühlten. Gewiss waren es aber die Aufzeichnungen selbst, die das Tagebuch der Anonyma auszeichneten: Schilderungen nicht aus einer späten Ex-post-Perspektive, sondern einer Gegenwart – „authentisch, anschaulich, unsentimental, ein oft lakonischer Bericht"[223] nicht aus der Distanz eines Beobachters, sondern der Bericht einer direkt und körperlich Betroffenen, konkret: einer durch russische Soldaten mehrmals vergewaltigten Frau.

In der Tat vermitteln die Aufzeichnungen der Anonyma ein ungemein anschauliches und eindrucksvolles Stimmungsbild der Furcht und der Schrecken in jenen Monaten in Berlin. Hinter der Schilderung der vielen Sorgen, Nöte und Schmerzen der Frauen in dieser Zeit tritt die Beschreibung der von der Anonyma selber erlittenen Vergewaltigungen fast zurück, obgleich auch diese Beschreibung deutlich genug ist:

> Ich schreie, schreie ... Hinter mir klappt dumpf die Kellertür zu. Der eine zerrt mich an den Handgelenken weiter, den Gang hinauf. Nun zerrt auch der andere, wobei er mir seine Hand so an die Kehle legt, daß ich nicht mehr schreien kann, nicht mehr schreien will, in der Angst, erwürgt zu werden. Beide reißen sie an mir, schon liege ich am Boden. Aus der Jackentasche klirrt mir etwas heraus. Es müssen die Hausschlüssel sein, mein Schlüsselbund. Ich komme mit dem Kopf auf der untersten Stufe der Kellertreppe zu liegen, spüre im Rücken naßkühl die Fliesen. Oben am Türspalt, durch den etwas Licht fällt, hält der eine Mann Wache, während der andere an meinem Unterzeug reißt, sich gewaltsam den Weg sucht. – Ich taste mit der Linken am Boden herum, bis ich endlich den Schlüsselbund wiederfinde. Fest umklammere ich ihn mit den Fingern der Linken.

Dem Versuch, sich zu wehren, ist, wie so häufig in dieser Zeit, kein Erfolg beschieden:

> Mit der Rechten wehre ich mich, es hilft nichts, den Strumpfhalter hat er einfach durchgerissen. Als ich taumelnd hochzukommen versuche, wirft sich der zweite über mich, zwingt mich mit Fäusten und Knien an den Boden zurück. Nun steht der andere Schmiere, er flüstert: „Schnell, schnell ..." Da höre ich laute russische Stimmen. Es wird hell. Die Tür ist geöffnet worden. Von außen kommen zwei, drei Russen herein, die dritte Gestalt ist eine Frau in Uniform.

223 So Felicitas von Lovenberg: Wenn weiter gelebt werden muß, geht es auch in der Erstarrung. Mehr als nur eine Fußnote zum Untergang des Abendlandes: Das Tagebuch einer Unbekannten erzählt von den letzten Tagen des Krieges in Berlin, in: FAZ Nr. 141 v. 21. Juni 2003, S. 44: „Die Frau, die dies in bemerkenswert lakonischem, unsentimentalem, geradezu professionellem Ton niederschreibt, ist Anfang Dreißig."

> Und sie lachen. Der zweite Kerl, gestört, ist aufgesprungen. Beide gehen nun mit den drei anderen hinaus, lassen mich liegen.[224]

Die folgende Schilderung verdeutlicht, dass es den Vergewaltigern nicht nur um bloße „Triebentladung" ging, sondern vor allem um die Demütigung der gepeinigten deutschen Frauen:

> [...] Der eine greift nach mir, treibt mich in das vordere Zimmer, nachdem er die Witwe aus dem Weg gestoßen hat. Der andere baut sich an der Vordertür auf, hält die Witwe in Schach, stumm, mit dem Gewehr drohend, ohne sie zu berühren. Der mich treibt, ist ein älterer Mensch mit grauen Bartstoppeln, er riecht nach Schnaps und Pferden. Klinkt sorgfältig hinter sich die Tür zu und schiebt, als er keinen Schlüssel im Schloß findet, den Ohrensessel gegen die Füllung. Er scheint die Beute gar nicht zu sehen. Umso erschreckender sein Stoß, der sie zum Lager treibt. Augen zu, Zähne fest zusammengebissen. Kein Laut. Bloß als das Unterzeug krachend zerreißt, knirschen unwillkürlich die Zähne. Die letzten heilen Sachen. Auf einmal Finger an meinem Mund, Gestank von Gaul und Tabak. Ich reiße die Augen auf. Geschickt klemmen die fremden Hände mir die Kiefer auseinander. Aug in Auge. Dann läßt er über mir aus seinem Mund bedächtig den angesammelten Speichel in meinen Mund fallen. Erstarrung. Nicht Ekel, bloß Kälte. Das Rückgrat gefriert, eisige Schwindel kreisen um den Hinterkopf. Ich fühle mich gleiten und fallen, tief, durch die Kissen und die Dielen hindurch. In den Boden versinken – so ist das also. Wieder Aug in Auge. Die fremden Lippen tun sich auf, gelbe Zähne, ein Vorderzahn halb abgebrochen. Die Mundwinkel heben sich, von den Augenschlitzen strahlen Fältchen aus. Der lächelt.

Nach der Erniedrigung versäumt es der Vergewaltiger nicht, einen „Lohn" zu hinterlassen, der das Maß der Demütigung erst so richtig vollmacht:

> Er kramt, bevor er geht, etwas aus seiner Hosentasche, schmeißt es stumm auf den Nachttisch, rückt den Sessel beiseite, knallt hinter sich die Tür zu. Das Hinterlassene: eine verkrumpelte Schachtel mit etlichen Papyrossen darin. Mein Lohn. Als ich aufstand, Schwindel, Brechreiz ...[225]

Die Wiedergabe gerade dieser schlimmen persönlichen Erlebnisse und der Augenzeugenberichte über Vergewaltigungen anderer Frauen in frappierender Offenheit macht das Tagebuch der Anonyma zu einem – wie Felicitas von Lovenberg zutreffend urteilt – „Dokument von eminentem historischen und literarischen Wert".[226]

Just der dokumentarische Wert der Tagebuch-Aufzeichnungen wurde – noch im Jahr des Erscheinens der Neuausgabe – in einem Artikel in der „Süddeutschen Zeitung" bestritten. In deren Ausgabe vom 24. Sep-

224 Anonyma [Anm. 31], S. 61 f.
225 Anonyma [Anm. 31], S. 72 f.
226 Felicitas von Lovenberg [Anm. 221].

tember 2003[227] behauptete Jens Bisky, der dasselbe Buch in dieser Zeitung vom 10. Juni 2003 noch hoch gelobt hatte[228], das Buch sei

> ein gut inszeniertes Rätsel. Wir wissen nicht, wer es geschrieben hat, wir dürfen es nie erfahren und sollen doch glauben, dass es sich um ein authentisches Zeugnis handelt: den Bericht einer deutschen Frau über Luftschutzkeller, Hunger und Vergewaltigungen durch marodierende Rotarmisten.

Und weiter:

> Der Leser findet hier alle Zutaten der Zeugnisliteratur, das spezifische Aroma eines *document humain*. ‚Eine Frau in Berlin' will als zeithistorisches Dokument gelesen werden, zwingt uns, dies auf Treu und Glauben zu tun, verlangt, dass wir die Aura des Authentischen für den Beweis der Echtheit nehmen. Verlag und Herausgeber tun alles, uns in dieser Lesehaltung zu belassen. Dabei ist das Buch als zeithistorisches Dokument wertlos. Es ist bisher in erster Linie ein Dokument für die Umtriebigkeit seiner Herausgeber.

Mit welcher Munition bestückt Bisky die Kanonen, die er gegen das Tagebuch der Anonyma auffährt? Erstes Ziel seiner Attacke war zunächst der Herausgeber der englischsprachigen Erstausgabe der „Frau in Berlin", Kurt W. Marek.[229] Bisky behauptet, in Mareks Nachwort zu dem Buch lasse dieser

> keinen Zweifel am propagandistischen Charakter des Unternehmens. Kurz nach dem Ende des Korea-Krieges legte er ein Buch vor, das erzählt, wie die ‚rote Apokalypse' über Berlin kam und zugleich das Bild bußfertiger Deutscher zeichnet.

Der 1954 in die USA übergesiedelte Marek habe „seine Position auf dem amerikanischen Buchmarkt" festigen wollen, deshalb „kam ihm ein Buch wie dieses, menschlich anrührend, propagandistisch wertvoll, gerade recht".

Bisky wittert in der Herausgabe des Buches aber nicht nur eine antikommunistische Propaganda, sondern stellt sogar die Frage, von wem das Buch überhaupt stamme: „Wer hat ‚Eine Frau in Berlin' geschrieben?" Eine klare Antwort darauf gibt Bisky nicht; aber er lenkt seinen Verdacht auf den Herausgeber:

> Es handelt sich um ein literarisches Sachbuch, herausgegeben von dem Autor, der das Genre des literarischen Sachbuchs in Deutschland durchgesetzt hat …

227 Jens Bisky [Anm. 220]; alle folgenden Zitate von Bisky dort.

228 Jens Bisky: Kleine Fußnote zum Untergang des Abendlandes (Buchrezension zu „Anonyma"), in: SZ Nr. 131 v. 10. Juni 2003, S. 16.

229 Kurt W. Marek (1915–1972) schrieb unter dem Pseudonym C. W. Ceram unter anderem den Bestseller „Götter, Gräber und Gelehrte" (zuerst erschienen 1949) zum Thema Archäologie.

> Mareks Erfolg beruhte auf seiner Fähigkeit, Gehörtes und Gelesenes zu einer eingängigen Geschichte zusammenzufassen.

Noch schärfer drückt Bisky seinen Argwohn hinsichtlich der „Frau von Berlin“ aus, wenn er den Herausgeber der Ausgabe von 1954 – eben Kurt W. Marek – als einen Autor abqualifiziert, „dessen Spezialität es war, Tagebücher zu montieren und umzuschreiben, Zeugnisse zu literarisieren“.

Da der so beschriebene Marek schon im Jahre 1972 verstorben ist, konnte er sich zu dem 2003 geäußerten Biskyschen Verdacht, er (Marek) habe an dem Tagebuch der Anonyma intensiver als nur als Herausgeber mitgearbeitet, nicht mehr äußern. Wer darüber aufklären könnte, wäre natürlich – und als einzige wirklich authentisch – die Anonyma. Wer war diese Frau?

Dass eine Frau, die über von ihr vielfach erlittene Vergewaltigungen berichtet, insoweit anonym bleiben möchte, ist nicht notwendig, aber immerhin absolut verständlich. Im Fall der Anonyma kommt noch hinzu, dass sie in ihren Tagebuch-Aufzeichnungen sehr ehrlich (fast möchte man dazu sagen: souverän) zugibt, dass sie, um sich vor weiteren andauernden Vergewaltigungen zu bewahren, russische Offiziere als Beschützer sucht und ihnen dafür ihren Körper bietet. Aus dem bekannten Wort, dass der Mensch im Verhältnis zu anderen Menschen ein Wolf ist („homo homini lupus“), zieht das Vergewaltigungsopfer Anonyma für sich den Schluss: „Hier muss ein Wolf her, der mir die Wölfe vom Leib hält. Offizier, so hoch es geht, Kommandant, General, was ich kriegen kann.“[230] Ein solches Zufluchtsuchen bei einem russischen Offizier, um Vergewaltigungen durch Soldaten zu entgehen, war damals nicht selten.[231] Ingeborg Jacobs zitiert die Äußerung einer Frau, deren Mutter aus Angst um ihre Tochter und zum Schutz ihrer selbst sich mit einem russischen Offizier einließ, der sich sehr um sie bemühte:

> Meine Mutter wusste, dass die Freundinnen der Oberkommandierenden in Ruhe gelassen wurden. Außerdem war es ihr lieber, dass jede Nacht ein und derselbe Mann kam, statt jede Nacht drei andere.[232]

---

230 Anonyma [Anm. 31], S. 74. Zu erwähnen ist in diesem Zusammenhang, dass die Autorin Russischkenntnisse besaß: „Dank ihrer Russischkenntnisse kann sie sich den höheren Offizieren als Geliebte andienen …“ (Wolfgang Schneider [Anm. 160])

231 Siehe dazu auch Ingeborg Jacobs [Anm. 28], S. 22: „Um Schutz vor den einfachen, oft schmutzigen, stinkenden und betrunkenen Soldaten zu haben, boten sich viele Frauen und Mädchen den Offizieren freiwillig an. Sie suchten einen Beschützer und fanden ihn.“

232 Ingeborg Jacobs [Anm. 28], S. 190.

Die Anonyma „kriegt" schließlich – nach mehreren Zwischenstationen, darunter ein Oberleutnant („Ich habe das ekelhafte Gefühl des Von-Hand-zu-Hand-Gehens, fühle mich erniedrigt und beleidigt, zum Sexualobjekt degradiert") –, einen russischen Major, der ihr zu ihrer Überraschung sagt: „Verzeihen Sie mir. Ich habe so lange keine Frau mehr gehabt."[233] Diese Form von Zwangsprostitution diente der Anonyma aber nicht nur als Schutz vor Vergewaltigungen, sondern auch der Beschaffung von Lebensmitteln, von der Hungernden lakonisch „Essen anschlafen" genannt.[234]

Diese – und andere – freimütigen Äußerungen der Anonyma über ein Verhalten, das unter den damaligen Zeitumständen eigentlich verständlich sein sollte, führten bei Erscheinen der ersten deutschsprachigen Ausgabe der Tagebuch-Aufzeichnungen zu massiven Beschimpfungen: Der Autorin wurde vorgeworfen, die „Ehre der deutschen Frau" beschmutzt zu haben; von dort ist der Weg zur Verleumdung als „Russen-Hure" dann nicht mehr weit. Hans Magnus Enzensberger hat darüber informiert, dass die Anonyma aufgrund solcher Erfahrungen einer Wiederveröffentlichung der deutschsprachigen Erstausgabe zu ihren Lebzeiten nicht mehr zustimmen wollte.[235] Deshalb konnte das Buch, wie Enzensberger weiter berichtet, erst im Jahre 2003 neu aufgelegt werden. Die Autorin war im Juni 2001 verstorben. Es blieb Jens Bisky vorbehalten, in seiner Kanonade gegen die Tagebuch-Aufzeichnungen der „Frau in Berlin" die von der Autorin aus sehr verständlichen Gründen erbetene Anonymität aufzuheben und den Namen der Autorin preiszugeben.[236] Wie fand „der selbsternannte Privatdetektiv", wie Enzensberger Bisky bezeichnet[237], den Namen der Anonyma heraus? „Ein Brief von Frau S. aus München führte uns auf ihre Spur."[238] Über „Frau S." erfahren

233 Anonyma [Anm. 31], S. 116; dazu auch: „Hab ihm dann wenig später und im Dunkeln gesagt, wie elend und wund ich bin und daß er sanft sein soll. Er war sanft und wortlos zärtlich, gab bald Ruhe, ließ mich schlafen."

234 Anonyma [Anm. 31], S. 206. Siehe in diesem Zusammenhang auch die Schilderung einer Frau aus Potsdam, die zusammen mit einer Freundin von drei russischen Soldaten vergewaltigt worden war: „Diesmal sage ich mir, jede Arbeit ist ihres Lohnes wert und fordere mit meinen paar kümmerlichen Brocken russisch, etwas zu essen. Dafür haben sie Verständnis ... Unsere Moral ist unter den Nullpunkt gesunken ..."; zit. in Roland Thimme [Anm. 30], S. 353.

235 Siehe den Bericht „Eine Frau in Berlin. Hans Magnus Enzensberger zu Vorwürfen", in: FAZ Nr. 224 v. 26. September 2003, S. 35.

236 Der Name ist inzwischen häufiger genannt worden. Der Autor des vorliegenden Buches hält sich dennoch an den Wunsch der Anonyma, ihren Namen an dieser Stelle nicht preiszugeben. Es gibt ein Persönlichkeitsrecht, das auch und gerade nach dem Tode eines Menschen zu achten ist.

237 Hans Magnus Enzensberger [Anm. 235].

238 Jens Bisky [Anm. 220].

Rotarmist hilft Deutschen beim Überqueren einer Behelfsbrücke (Berlin, Mai 1945): Viele andere Deutsche machten ganz andere Erfahrungen mit der Roten Armee, die sich beispielloser Übergriffe auf die deutsche Zivilbevölkerung schuldig machte.

wir von Bisky nur, dass sie die Autorin „gut kannte, den Frühling 1945 ebenfalls in Berlin erlebte und über ein glänzendes Gedächtnis verfügt". Bei Götz Aly, der – desgleichen in der „Süddeutschen Zeitung" – unter der Überschrift „Ein Fall für Historiker. Offene Fragen an das Buch ‚Eine Frau in Berlin'"[239] Jens Bisky beispringt, wird aus dem Brief der „Frau S.", die laut Bisky die Anonyma gut kannte, der Brief „einer Leserin, die mit der Anonyma bis zu deren Tod befreundet war und die Berliner Erfahrungen des Jahres 1945 mit ihr teilte".

Was „Frau S." dazu bewogen hat, die Anonyma zu denunzieren, ist nicht bekannt. War es Wichtigtuerei, Neid oder Eifersucht – wir wissen es nicht. Jedenfalls handelt es sich bei „Frau S." offenbar um eine merkwürdige „Freundin". Deren Motive können jedoch hier unerforscht und dahingestellt bleiben. Auch mag sich jeder selbst eine Meinung darüber bilden, ob die Preisgabe der Anonymität durch eine weitverbreitete Zeitung in diesem Fall im Interesse der Suche nach literarischer und/oder historischer Wahrheit geboten war oder schlicht unfair oder sogar widerwärtig. Das Bundesverfassungsgericht hat jedenfalls schon im Jahre 1971 entschieden, dass der Schutz des Einzelnen gegen Angriffe auf seine Menschenwürde nicht mit dem Tod endet.[240] Iris Radisch („Die Zeit") hat deshalb zu Recht die Bloßstellung unter der Überschrift „Die Enttarnung der Anonyma ist journalistischer Machismo" kritisch betrachtet.[241] Wer will, kann sich dem Urteil von Enzensberger anschließen:

> Wenn es investigativer Journalismus ist, Namen und Adresse einer vergewaltigten Frau auszukundschaften und gegen ihren Willen zu veröffentlichen, dann kann man Jens Bisky und der ‚Süddeutschen Zeitung' zu diesem Triumph nur gratulieren.[242]

Wichtiger ist aber, nachdem nun der Name der Anonyma kein Geheimnis mehr bildet, ob damit der von Bisky behauptete Verdacht mangelnder Authentizität der Tagebuch-Aufzeichnungen bewiesen ist.[243]

---

239 Götz Aly [Anm. 180].

240 Beschluss v. 24. Februar 1971, in: Entscheidungen des Bundesverfassungsgerichts Bd. 30, S. 173 ff. (betr. Gustaf Gründgens/„Mephisto").

241 Iris Radisch: Erotik und Philologie. Die Enttarnung der Anonyma ist journalistischer Machismo, in: Die Zeit Online Nr. 41 v. 2. Oktober 2003.

242 Hans Magnus Enzensberger [Anm. 235].

243 Vgl. dazu auch Hans Magnus Enzensberger: Boulevardinquisition. Tendenzen der Literaturkritik, in: FAZ Nr. 22 v. 27. Januar 2004, S. 33; dagegen: Georg M. Oswald: Achsenbruch. Hans Magnus Enzensberger und die Last der Beweise, in: SZ Nr. 24 v. 30. Januar 2004, S. 14.

Die Frau, um die es geht, wird, nachdem sie „einer gründlichen antifaschistischen Prüfung unterzogen" worden ist[244], von Bisky unübersehbar kritisch beurteilt und von ihm als NS-Sympathisantin beargwöhnt, obwohl sie in die NSDAP „wahrscheinlich nie eingetreten" ist.[245] „Ehrgeizig, zäh und entschlossen" sei sie gewesen. In Berlin habe sie zunächst in der Wohnung ihres Vetters gewohnt, eines in der NS-Zeit bekannten und mit Prädikaten versehenen Bühnen- und Film-Autors, „zu dem sie eine innige Beziehung gehabt haben soll". In Berlin begann sie „ihre Karriere als freie Journalistin" (präziser wäre wohl für jene Zeit der Ausdruck „nicht fest angestellte Journalistin", denn welcher Journalist konnte unter der totalitären Herrschaft des NS-Regimes „frei" sein?), „schrieb Artikel, Reportagen, Erzählendes für den Berliner Lokal-Anzeiger, die Nachtausgabe, für Zeitschriften und Provinzzeitungen". Als Beispiele von ihr damals geschriebener Beiträge nennt Bisky eine Fortsetzungsreportage mit dem Titel „Heimat Landstraße. Zwei Mädchen mit Fernfahrern unterwegs" (Kommentar Bisky: „geschildert wird das frische Lebensgefühl der Volksgemeinschaft"), die Textbearbeitung eines Bildberichtes „Seefahrt ist not" (Kommentar Bisky: „diente der Werbung von Nachwuchs für die Marine") und einen Beitrag über Zellwolle (Erläuterung Bisky: „einen Ersatzstoff, dessen Herstellung dem Ziel der Selbstversorgung des Dritten Reiches diente").

Die genannten Artikel waren für das NS-Regime kaum von Bedeutung. Diese Tatsache hält Bisky aber nicht davon ab, der Autorin vorzuwerfen, sie sei damit „als eine Art Kleinpropagandistin des Dritten Reiches" tätig gewesen, ein Ausdruck, den Götz Aly wortwörtlich übernimmt, wenn er über die Autorin urteilt, sie „war bestimmt keine hundertfünfzigprozentige Parteigängerin der Nazis, aber sie gehörte zu den in vielen Ich-AG's tätigen Kleinpropagandisten des Hitler-Staates".[246] Wenn aber die Anonyma nach diesem Urteil eine „Kleinpropagandistin des Hitler-Staates" gewesen sein soll, was waren dann die nicht wenigen – nach 1945 berühmt gewordenen – Journalisten, die sich in der NS-Zeit in Propaganda-Kompanien als PK-Berichterstatter betätigten oder in Zeitungen und Zeitschriften jener Zeit weitaus Gewichtigeres als die Anonyma geschrieben haben? Was war z. B. mit Walter Höfer und mit Henry Nannen? Schrieb nicht im März 1942 sogar Rudolf Augstein vom „Ansturm der Steppe" und von „einem Schutzwall nach

244 Iris Radisch [Anm. 241].
245 Jens Bisky [Anm. 220]; dort auch die folgenden Zitate.
246 Götz Aly [Anm. 180].

Osten“[247], und pries er nicht in einem Gedicht vom April 1942 den „Zuchtmeister Krieg“?[248] Und diente nicht ein späterer Träger des Nobelpreises für Literatur in der Waffen-SS?

Dies alles könnte man als Schnee von vorgestern betrachten. Jedoch drängt sich die Frage auf, was mit der Stigmatisierung der Anonyma als „Kleinpropagandistin des Hitler-Staates“ bezweckt wird. Handelt es sich nur um kleinkarierte Tritte gegen eine Frau, die, weil verstorben, sich gegen diese Tritte nicht wehren kann? Oder soll das der Anonyma 1945 zugefügte Leid, insbesondere das durch die Vergewaltigungen erlittene, mit der Begründung vermindert werden, sie dürfe sich wegen ihrer früheren „kleinpropagandistischen“ Unterstützung des NS-Regimes über die Vergewaltigungen durch russische Soldaten eigentlich nicht beklagen?[249] Oder soll, wie Iris Radisch fragt, damit womöglich gesagt sein, dass die Anonyma „das Schicksal, das ihr die siegreiche Sowjetarmee bereitet hat, durchaus ein wenig verdient habe?“.[250] Oder soll mit dem Infragestellen der Glaubwürdigkeit der Tagebuch-Aufzeichnungen der Anonyma das Ausmaß und die Brutalität jener Vergewaltigungen bezweifelt werden? Oder soll man über die Massenvergewaltigungen nichts hören und nichts lesen – ist Schweigen darüber angezeigt? Political Correctness?

247 Zitiert in Peter Merseburger: Rudolf Augstein. Biographie, München 2007, S. 48 (zum finnisch-russischen Krieg).

248 Zitiert bei Peter Merseburger [Anm. 247], S. 49. Dort zudem (S. 44) der Hinweis darauf, dass Augstein einen feuilletonistischen Artikel an die von Goebbels herausgegebenen Zeitschrift „Das Reich“ geschickt hatte, der dort auch abgedruckt wurde. Zu einem in der österreichischen Ausgabe der NS-Zeitung „Völkischer Beobachter“ wohl ohne Augsteins Wissen veröffentlichten, nämlich von einer Agentur dorthin vermittelten Beitrag siehe Peter Merseburger, a. a. O., S. 55 ff.

249 Eine solche Vermutung entspräche der Ansicht, es dürften die Vergewaltigungen deutscher Frauen „nicht aus einer Perspektive geschildert werden, die Mitleid mit den Frauen der Nazis erwecken könne“ (siehe dazu oben Anm. 178).

250 Iris Radisch [Anm. 241].

IV. Stumme Opfer, schweigende Täter

Das bereits zitierte, ebenso karge wie beeindruckende Verstummen der Mutter von Günter Grass auf Fragen ihres Sohnes nach dem, was ihr 1945 beim Einmarsch der Russen in Danzig widerfahren ist[251], dokumentiert das Phänomen des Schweigens der Opfer der Vergewaltigungen. Diese Frauen könnten, sofern sie noch am Leben sind, ihr Schweigen aufgeben, falls sie selbst über ihre leidvollen Erlebnisse sprechen wollen und wenn ihre Mitmenschen wollen, dass die Opfer sprechen. Die Alternative dazu ist Schweigenwollen und/oder Schweigensollen. Vergewaltigungen sind, wann immer, wo immer und von wem auch immer begangen, Verbrechen. Über Verbrechen kann und soll man sprechen – mehr noch: Verbrechen dürfen nicht und niemals verschwiegen werden. Wie kommt es, dass über die Massenvergewaltigungen in Ostpreußen, Mecklenburg, Pommern, Schlesien, Berlin und an anderen Orten nach dem Einmarsch der Sowjetarmee seitens der Opfer nicht viel mehr als bisher gesprochen und geschrieben wird? Warum gibt es zu diesen massenhaften Verbrechen – gemessen an der Zahl der Opfer – so relativ wenige authentische Zeugnisse der Betroffenen?

Wenn man als Antwort auf diese Fragen vorab davon ausgehen muss, dass es insoweit Kommunikationssperren gibt (oder jedenfalls gab), so liegen diese Sperren entweder im subjektiven Bereich, nämlich dem der Opfer und der Täter, oder im objektiven Bereich, d. h. der Umgebung, insbesondere der öffentlichen Meinung. Dass diese beiden Bereiche nicht hermetisch abgeschlossen – und deshalb auch nicht streng voneinander abgrenzbar – sind, braucht nicht besonders betont zu werden. Das subjektive Verhalten der Opfer ist vielmehr vom familiären Umfeld, von gesellschaftlichen Verhaltensmustern und von der öffentlichen Meinung mitgeprägt, wie umgekehrt kundgetane Erinnerungen der Opfer ihrerseits auf die Meinungsbildung anderer einwirken.

In den einleitenden Bemerkungen zu seinem Beitrag über „Offene Fragen um das Buch ‚Eine Frau in Berlin'" stellt Götz Aly zutreffend fest, dass es nicht überrasche,

251 Günter Grass [Anm. 203].

> wenn diejenigen, die die Tage der Erniedrigung, der Schändung, physisch überlebten, später über ihre Traumatisierung schweigen. Sie tun das aus Gründen des Selbstschutzes.[252]

Das Schweigen der Opfer von Vergewaltigungen folgt insoweit aus der Besonderheit dieses Verbrechens: Die Vergewaltigung verletzt den Intimbereich der Frau. Anders als in Fällen von „normaler" Körperverletzung, Raub, Diebstahl, Betrug, Nötigung, Beleidigung und allen anderen strafbaren Handlungen betrifft die Vergewaltigung also etwas, worüber das Opfer ungern spricht.

Schon das Wort „Vergewaltigung" als solches scheint für die Opfer von damals (anders als für die heutige Generation von Frauen, die insofern offensichtlich unbefangener sind) ein Unwort zu sein; jedenfalls fällt auf, dass die von russischen Soldaten 1944/45 Vergewaltigten (wie auch deren Angehörige), sofern sie überhaupt über jene Erlebnisse sprechen oder schreiben, das Wort Vergewaltigung meistens meiden und stattdessen Umschreibungen gebrauchen.[253] So werden von den Opfern Formulierungen benutzt wie „ran müssen", „bin nicht verschont geblieben", „Grässliches über sich ergehen lassen", „es geschah, was geschehen mußte", „schreckliches Geschehen", „Marterzeit", „Quälereien", „Qual", „geholt werden", „vorgenommen werden", „gebraucht werden", „drankommen", „abbekommen", „aushalten müssen", „abgekriegt", „zwischengehabt", „es hat sie erwischt", „verschlissen", „ich hab' gemusst".

Beispiele solcher Zeugnisse sind:

> Eine Horde Russen stürmte ins Treppenhaus, und wir mussten alle ran. Auch die kleine Inge, die war gerade 8 Jahre alt, auf den Knien habe ich vor den Soldaten gelegen, es nutzte nichts. (Hausfrau aus Berlin-Karlshorst)[254]

> Bald kamen die ersten Russen, machten auf dem Gehöft Rast, und dann wurde gesoffen. Die verschlossenen Türen erbrochen, die Fenster schlugen sie ein, und dann suchten sie sich ihre Beute. So ging es Tag und Nacht, und immer mussten welche dran glauben. Auch ich bin nicht verschont geblieben, trotz Bitten und Flehen. (Frau aus dem Kreis Wirsitz/Westpreußen)[255]

> Wir müssen Grässliches über uns ergehen lassen. Ein junger, vielleicht achtzehnjähriger Russe ist bei mir, er bedrückt und befühlt mich immer wieder.

---

252 Götz Aly [Anm. 180].

253 Vgl. dazu auch Ingeborg Jacobs [Anm. 28], S. 22: „Merkwürdigerweise sprach jedoch niemand das Wort ‚Vergewaltigung' aus, umschreibend und verharmlosend sagten Frauen wie Männer, die Russen hätten sich deutsche Frauen und Mädchen ‚geholt' und ‚genommen', allenfalls fiel das Wort ‚Schändung'."

254 Zitiert bei Walter Kempowski V, S. 212.

255 Dokumentation [Anm. 1], S. 181.

Dann versetzt er mir einen Gewehrkolbenschlag zwischen die Beine. Dann quält er mich weiter; es nimmt kein Ende. Wenn man doch sterben könnte. Endlich lässt er von mir ab. (Frau aus Bartenstein/Ostpreußen)[256]

Er zerrte mich vom Kinderwagen, in dem mein halbjähriger Junge lag, weg, und es geschah, was geschehen mußte.[257]

Der Russe ist herausgedrängt. Schreckliches ist geschehen an Frauen und Kindern. Ich kann es dem Papier nicht anvertrauen. (Rot-Kreuz-Schwester in Schweidnitz/Schlesien)[258]

Die beiden Russen verhandelten miteinander, dann zog der eine mit Hildburg links in den Wald, der andere mit mir rechts hinein. Irgendwo lag ich im Schnee und klagte den grauen Himmel an. Herr Gott, warum lässt du dieses zu? Hernach ließen sie uns laufen. Schallend lachten sie hinter uns her. (Frau aus Obernigk bei Breslau)[259]

Nachdem dieser Offizier fort war, begann für uns und vor allem für meine lieben, guten, reinen, noch so jungen Mädchen die nicht enden wollende Marterzeit. O Gott, warum machst du nicht mit uns allen ein kurzes Ende? Ich sehe meine Älteste noch vor mir, wie sie von dem ersten Russen geholt wurde … Es kam mit diesem Quälereien so weit, daß die Kinder es nicht mehr aushielten und sie die Russen baten, erschossen zu werden“ (Frau in Roggenhausen/Ostpreußen)[260]

Um 18 Uhr sollte geschlafen werden, aber bereits eine halbe Stunde danach klirrten Fensterscheiben, wurden Türen zerschlagen und ein: „Frau komm!“ wurde geschnurrt, wie ein Kater seine Liebste ruft. In der ersten Nacht holte mich ein junger, fetter Kerl von meinen schlafenden Kindern weg. Er suchte alle Zimmer nach einem geeigneten Bett ab … Endlich schien ihm ein Zimmer geeignet für seinen Zweck. Es hatte ein großes Bett, und es war leer. Eine Kerze stellte er auf den Tisch. Gewehr, Pistole und ein Messer legte er daneben. Ich war ein Tier, das zur Schlachtbank geführt wurde. Alle Gefühle, Regungen und Gedanken an meinen Mann, die Kinder, waren gestorben. Nach langer Qual schlief er an meiner Seite ein und ich schlüpfte leise, vorsichtig von dannen. (Frau aus Obernigk bei Breslau)[261]

Auf dem Trinitatisfriedhof war die Leichenhalle mit Menschen bewohnt. Zwischen den Gräbern wurden die Frauen vorgenommen … (Frau aus Danzig)[262]

256 Zitiert bei Walter Kempowski IV, S. 72.
257 Zitiert bei Günter Böddeker [Anm. 22], S. 140.
258 Zitiert bei Walter Kempowski IV, S. 252; diese Notiz einer Rot-Kreuz-Schwester bezog sich mit dem Satz „der Russe ist herausgedrängt“ auf die zeitweilige Wiedereinnahme von Schweidnitz durch deutsche Truppen.
259 Zitiert bei Walter Kempowski IV, S. 568.
260 Zitiert bei Walter Kempowski IV, S. 466
261 Zitiert bei Walter Kempowski IV, S. 567.
262 Dokumentation [Anm. 1], S. 301.

> Ein 12 Jahre altes Mädchen wurde von der Mutter geschützt, Mutter erschossen, Mädchen gebraucht. Es gab fast keine Frau, die nicht geschändet wurde. Eine Greisin, Frau Rahn, viermal gebraucht. (Bauer aus dem Kreis Brieg in Niederschlesien)[263]

Barbara Stelzl-Marx zitiert aus einem Gespräch mit einer Wienerin, die als Neunzehnjährige das Ende des Krieges in einem Keller in Wien erlebte wie folgt:

> Anschließend kommt sie darauf zu sprechen, wie die jungen Frauen durch die Verbreitung des Gerüchts, dass sie alle syphiliskrank seien, ‚nicht geholt wurden'. Mehrere ältere Frauen im selben Keller und die benachbarten jungen Mädchen wären im Gegensatz zu ihr ‚sehr wohl drankommen'.[264]

Im Tagebuch der Anonyma finden sich Aufzeichnungen wie diese:

> Das Flüchtlingsmädel aus Königsberg, das auch hier unterkam, wirft sich schreiend über den Tisch: „Ich kann nicht mehr! Ich mache Schluß!" Sie hat es in der Nacht mehrfach aushalten müssen, unterm Dach, wohin sie vor einem ganzen Haufen Verfolger geflohen war. Das Haar hängt ihr wirr ums Gesicht ..., sie mag nicht essen noch trinken.[265]

... über eine Frau mit entstellter Wange:

> Zwei Kerle fingen sie, als sie treppauf zu Nachbarsleuten wollte, und zerrten sie in eine der verlassenen Wohnungen. Dort bekam sie es zweimal ab ...[266]

... über die Tochter von Bekannten:

> Auch die Jüngste von Portiers hat es inzwischen erwischt, die Mutter erzählte es mir an der Pumpe ... Unter Spaß und Gejohle haben die Kerls das Zeug in der Stube umhergeworfen und die Sechzehnjährige auf der Chaiselongue in der Küche genommen.[267]

... über zwei aus Breslau geflüchtete Studentinnen:

> Die Augen der beiden Mädchen waren schwarz umrändert. Was sie sagten, klang so hoffnungslos, so bitter. Beide sind, wie Gisela mir auf dem Balkon zuflüsterte, auf den sie mich hinauslotste, von den Russen entjungfert worden und haben es viele Male aushalten müssen.[268]

263 Dokumentation [Anm. 1], S. 432.
264 Bericht einer Wienerin, zit. bei Barbara Stelzl-Marx [Anm. 150], S. 427, auch mit Information über eine Nachbarin, „die anscheinend beinahe jeden Abend ‚geholt wurde'".
265 Anonyma [Anm. 31], S. 69.
266 Anonyma [Anm. 31], S. 134.
267 Anonyma [Anm. 31], S. 140 f.
268 Anonyma [Anm. 31], S. 179 f.

... über eine junge Frau in Berlin:

> Angestanden haben sie (d. h. die Soldaten, d. Verf.) ... Einer hat auf den anderen gewartet. Sie sagt, es sind mindestens zwanzig gewesen, aber genau weiß sie es nicht. Sie hat beinah alles allein abgekriegt. Die andere Frau war nicht wohl.[269]

... über eine alte Frau aus Danzig:

> Monoton erzählt mir derweil die Danzigerin, wie etliche Iwans ihre alte Mutter zwischengehabt hätten.[270]

... über Freundinnen in Berlin:

> Ja, wir haben alle etliches durchgestanden. Ilse hat es einmal im Keller erwischt, die übrigen Male im ersten Stock, in einer leeren Wohnung, in die man sie mit Kolbenstößen in den Rücken hineingepufft hat.[271]
>
> Hilde berichtete, daß bei ihnen im Keller auch eine Zwölfjährige ‚mit verschlissen' wurde.[272]

Aus einem Dialog zweier Frauen wird wiedergegeben:

> Ich hab' nun schon zwölfmal gemußt. Das ist noch garnichts: ich zwanzigmal.[273]

Antony Beevor berichtet über den das Wort „Vergewaltigung" vermeidenden damaligen Sprachgebrauch der Opfer:

> Deutsche Frauen entwickelten ihre eigenen Formeln für das, was sie erlebt hatten. Viele pflegten zu sagen: „Ich hab müssen bekennen." Eine berichtete, sie sei 13-mal „zum Bekennen gezwungen worden".[274]

Eine Form des Galgenhumors war wohl die Selbstbezeichnung einer vergewaltigten Frau als „5-Minuten-Liebe", wie von einem Opfer aus dem Kreis Naugard in Pommern verwendet:

> Die Türen durften und konnten wir nicht versperren. Und es verging nicht eine Nacht, in der die Russen mit Kerzenlicht oder Taschenlampen sich ihre ‚5-Minuten-Lieben' aussuchten. Wenn wir aber durchaus das „Frau, komm" nicht verstanden, dann boten sich uns Szenen, die uns die Schamröte in die Gesichter trieben. Rücksichtslos wälzten die Russen ihre Körper über uns Frauen, zerrissen uns die Wäsche, die wir noch am Körper hatten, und ließen ihre Lust an uns aus. So ging es bis zum 1. April 1945.[275]

---

269 Anonyma [Anm. 31], S. 149.
270 Anonyma [Anm. 31], S. 233.
271 Anonyma [Anm. 31], S. 220.
272 Anonyma [Anm. 31], S. 249.
273 Zitiert bei Annemarie Weber: Westend, München 1966, S. 82; auch bei: Ingrid Schmidt-Harzbach [Anm. 62], S. 44, Anm. 6.
274 Antony Beevor [Anm. 16], S. 141.
275 Dokumentation [Anm. 1], S. 216.

Fast abwiegelnd (oder resigniert?) klingt die Äußerung einer Frau aus Potsdam:

> ... dort hatte man die Männer zuerst rausgeholt, dann die Frauen 2 Tage und 2 Nächte eingesperrt, mit den üblichen Geschichten.[276]

Auffallend ist auch, dass die Scheu der Frauen, von „Vergewaltigungen" zu sprechen, bei den Opfern besteht, wenn es um ihr eigenes Erleben, also um ihre selber erlittene Vergewaltigung geht. Die Vergewaltigung anderer Frauen und Mädchen wird dagegen von Augenzeuginnen auch als solche benannt:

> Ich habe es erlebt, daß nicht nur hochschwangere Frauen und Jugendliche von 12–14 Jahren, sondern alte Mütterchen in den siebziger Jahren vergewaltigt wurden. (Frau aus Cranz/Ostpreußen)[277]

> Ruths Klassenkameradin wurde auch einige Male hintereinander vergewaltigt, sodass sie nicht mehr gehen konnte ... Kinder von 13 Jh. und Frauen von 70 Jh. waren vor Vergewaltigung nicht sicher. Die Tante der Witt wurde mit 70 Jh. noch vergewaltigt. Wir waren ja Freiwild, und diese Wölfe in Menschengestalt hatten ihre helle Freude an unserer Angst und Schmach. (Frau aus Roggenhausen/Ostpreußen)[278]

> Gegenüber wohnte unsere Bäckerin, eine alte Frau, die haben sie vergewaltigt und dann deren Enkelin auf einem Panzer mitgenommen und in eine Kaserne gebracht. Da sind dann alle Mann drübergestiegen ...[279]

Die Anonyma verwendet in ihren Tagebuch-Aufzeichnungen für ihre selbst erlittene Vergewaltigung das Kürzel „Schdg." Als ihr Freund, dem sie später ihre Aufzeichnungen zu lesen gibt, sie nach der Bedeutung dieser Abkürzung fragt, antwortet sie: „Na, doch natürlich Schändung." Über seine Reaktion berichtet die Anonyma: „Er sah mich an, als ob ich verrückt sei, sagte nichts mehr."[280] Über ihre eigenen Gedanken zu diesem Wort fragt und antwortet die Anonyma:

> Was heißt Schändung? Als ich zum ersten Mal das Wort laut aussprach, Freitagabend im Keller, lief es mir eisig den Rücken herunter. Jetzt kann ich es schon denken, schon hinschreiben mit kalter Hand, ich spreche es vor mich hin, um mich an die Laute zu gewöhnen. Es klingt wie das Letzte und Äußerste, ist es aber nicht.[281]

Geschichte wiederholt sich offenbar. Schon in einer zeitgenössischen historischen Darstellung des Siebenjährigen Krieges (1756–1763) wird

276 Zitiert bei Roland Thimme [Anm. 30], S. 219.
277 Zitiert bei Walter Kempowski IV, S. 459.
278 Zitiert bei Walter Kempowski IV, S. 466 f.
279 Zitiert bei Ingeborg Jacobs [Anm. 28], S. 167.
280 Anonyma [Anm. 31], S. 276; zitiert auch bei Felicitas von Lovenberg [Anm. 221].
281 Anonyma [Anm. 31], S. 72.

über den damaligen Einmarsch der russischen Truppen in Ostpreußen berichtet:

> Die leichten Truppen der Russen, 12.000 Mann stark, Kosaken, Kalmücken und Tartaren, verheerten indessen das Land mit Feuer und Schwert, und zwar auf eine Art, die seit den Zeiten der Hunnen nicht in Europa erlebt worden war ... Man nahm den Eltern ihre Kinder weg, oder ermordete sie vor ihren Augen. Mädchen und Weiber wurden geschändet. Viele Frauenspersonen brachten sich ums Leben, um dem viehischen Ungestüm zu entgehen.[282]

„Schänden" bedeutet nach dem üblichen Sprachgebrauch Schande zufügen, was Jahrhunderte lang hinsichtlich der Vergewaltigung von Frauen besagte: dem Opfer Schande bereiten – eine Schande, für die das Opfer nach früherer Moralauffassung gefälligst Scham zu empfinden hatte. Wie tief diese überkommene Denkweise auch 1945 noch die Gefühle von Vergewaltigungsopfern bestimmte, zeigt der Bericht einer in Schlesien vergewaltigten Frau über die Rückkehr zu ihren Schwestern nach erlittener Gewalttat:

> Ich schluchzte laut und konnte mich des Ekels nicht mehr wehren, der mich erfasste. Elfriede war rührend besorgt um mich, und Hildburg, die auch hatte daran glauben müssen. Sie reinigte uns wenigstens äußerlich mit Desinfektionsmitteln. Von dem Makel konnte sie uns nicht befreien.[283]

Es ist ein Verdienst nicht nur, aber doch vor allem der feministischen Bewegung, den Gedanken eines solchen Makels zurückgewiesen und die Verkehrung der Opfer-Täter-Beziehung in Vergewaltigungsfällen als Trug benannt zu haben: „Doch die Schande ist nicht die der Opfer, sie ist die Schande der Täter." (Alice Schwarzer)[284]

Besteht für das Opfer einer Vergewaltigung also nicht der geringste Grund für irgendein Sich-Schämen-Müssen, so berührt die Vergewaltigung doch in jedem Fall den Intimbereich, über den man (konkret: die vergewaltigte Frau) erfahrungsgemäß ungern spricht. Eine einfühlsame, unsentimentale und gerade in der Kargheit der Andeutung ergreifende Erinnerung an die Antwort einer Anfang Mai 1945 in Mecklenburg

282 J. W. von Archenholz: Geschichte des Siebenjährigen Krieges in Deutschland, 7. Aufl., hrsg. von A. Potthast, Berlin 1861, S. 94 f. Dazu auch Dieter Radtke: Vor 250 Jahren: Die russische Besetzung Ostpreußens 1757/1758, in: Zeitschrift für Heereskunde 2007, S. 129 ff. (S. 131, 133)

283 Walter Kempowski IV, S. 567. Vom Ekel an sich selbst schreibt auch die Anonyma [Anm. 31], S. 86: „Immer wieder ekelt es mich in diesen Tagen vor meiner eigenen Haut. Ich mag mich nicht anrühren, kann noch anschauen ... Unflat, der ich jetzt bin."

284 Alice Schwarzer: Wie es wohl wäre für uns Frauen in einer Welt ohne Vergewaltiger und Lustmörder...? fragt Alice Schwarzer. Die SS des Patriarchats, in: Emma, Nov./Dez. 1994, S. 87.

vergewaltigten Mutter auf eine dahingehende Frage ihrer ältesten (damals vierzehn Jahre alten) Tochter schildert diese so:

> Schon in der nächsten oder übernächsten Nacht stand einer vor der Tür, klopfte hart an und rief: „Komm, Frau!" Mutter zog ihren Mantel über, schob die Kommode zur Seite und schloß die Tür hinter sich.
>
> Die kleinen Geschwister schliefen. Ich lag da und überlegte, was sie so spät noch von Mutter wollten, und schlief darüber ein. Irgendwann wachte ich wieder auf, weil ein scharfer, ungewohnter Geruch mir in die Nase stieg, dann hörte ich Geräusche, als ob jemand etwas abwäscht. Halb schlafend, halb wachend sah ich Mutter über der Waschschüssel hocken. „Was machst du da?" „Schlaf weiter, Kind!" sagte sie. „Es ist noch dunkel." Und ich schlief weiter. Am Morgen war alles wie immer. Nur als ich am Waschtisch die Zähne putzte, sah ich, daß die Sagrotanflasche nicht an ihrem Platz stand und daß am Boden ein großer nasser Fleck war. Da kam es wieder: das Klopfen ... der Mantel ... der Geruch ... ich sah alles vor mir und begriff endlich, was in der Nacht gewesen war. Ich wollte zu Mutter! Da stand sie hinter mir, hatte die Sagrotanflasche in der Hand und stellte sie auf die Konsole. „Alles in Ordnung, Große!" sagte sie langsam und mit seltsam gleichmäßiger Betonung. „Komm zum Frühstück!"[285]

An das Schweigen der Mutter und das Nicht-weiter-Fragen des Kindes erinnert sich Helmut, ein damals vierzehnjähriger Junge, der erlebte, wie ein Trupp russischer Soldaten im schlesischen Michelsdorf Anfang Mai 1945 in das Haus kam und den Erwachsenen bedeutete, sich nun allesamt mit ihnen ins obere Stockwerk zu begeben, während der Junge und die anderen Kinder von den Soldaten barsch zurückgestoßen wurden.

> Die Mutter verschwendete keinen Atem an tröstende Worte. „Wenn sie uns jetzt erschießen, dann geht ihr zur Großmutter", war ihre lapidar-pragmatische Anweisung ... Helmuts Antwort war nicht minder deutlich. Auch sie ersparte der Mutter nichts, sondern malte nüchtern die Optionen aus: „Nein. Dann hänge ich mich auf." ... Eine grausam lange halbe Stunde, schätzt er, wartete er einst vor der Tür ... Es kam ja nicht so weit. Es sind keine Schüsse gefallen. Er hat auch nie erfahren, was in jenem Zimmer an jenem Tag geschehen ist. Seine Eltern haben danach nie darüber gesprochen. Und er, mit der typischen Haltung dieser Überlebenden, die nicht rühren wollten an dem, was überstanden war, hat sie nicht gefragt.[286]

Liest man heute in den Erlebnisberichten aus jener Zeit, so stößt man immer wieder auf die Erwähnung tiefen Schweigens:

---

285 Rebecca Lutter: Bernsteinwege. Erinnerungen an Mecklenburg, München 1996, S. 153.

286 Berichtet bei Hilke Lorenz: Kriegskinder. Das Schicksal einer Generation, 4. Aufl. München 2003, S. 202 f.

> Als meine Mutter Anfang August wiederkam – darüber, was sie unterwegs erlebt hatte, sprach sie nicht.[287]

Eine jüngere Schwester über ihre ältere, in Schlesien vergewaltigte Schwester:

> Sie klagte nicht, aber ihre Ängstlichkeit nahm zu. Sie fühlte sich verfolgt, konnte nicht mehr schlafen, wurde psychisch krank und stumm. Nie mehr hat sie ein Wort über ihre Erlebnisse in Schlesien gesagt.[288]

Zu Vergewaltigungen in Oberschlesien:

> Mir fiel auf, dass alle, die hier geblieben waren, zwar ihre Geschichte erzählten, über das ‚Schreckliche' legte sich jedoch Schweigen.[289]

Über die gleichzeitige, also als Opfer und als Zeuginnen erlebte Vergewaltigung einer Mutter und ihrer Tochter:

> Über das, was ihnen gemeinsam widerfahren war, sprachen Leonie und ihre Mutter nicht miteinander. Auch in den folgenden Jahren würde dies nie ein Thema sein. Die beiden schämten sich voreinander.[290]

Schweigen aus Scham geschieht nicht freiwillig, sondern aufgrund eines von außen auferlegten Zwangs. Ganz besonders mussten deshalb die Frauen leiden, die sprechen wollten, aber es nicht wagen konnten, sich ihren Freunden, Verlobten oder Ehemännern anzuvertrauen und damit große Enttäuschungen erlebten.[291] Es kam vor, dass die vergewaltigte Frau auf ein groteskes Vorurteil stieß:

> Tante Martha hat mir später erzählt, dass sie das ihrem Mann nicht erzählen konnte, weil der die Einstellung hatte, man könne keine Frau vergewaltigen, die das nicht will.[292]

Verständnis für die Situation des Opfers bestand vermutlich seltener, kam aber vor:

> Mein Mann sagte: „Wenn Du nicht willst, brauchst du nicht mehr darüber zu reden, kannst es aber jederzeit tun." Und ich habe immer wieder ‚darüber' gesprochen, allerdings nie über den Akt an sich, das war unaussprechlich.[293]

---

287 Zitiert bei Katharina Elliger [Anm. 25], S. 140. Siehe auch Ruth Klüger: Das Familiengeheimnis, in: FAZ Nr. 96 v. 25. April 2009, S. Z 4 (zu einem Gedicht von Durs Grünbein): „Die Soldaten der siegreichen Armee hatten der damals noch jungen Mutter spätnachts die Türe eingetreten. Fünfzig Jahre schämte sie sich für das, was diese paar Worte über den Einbruch der Männer, die sie in der DDR als ihre Befreier bezeichnen musste, verhüllen. Schämte sich und schwieg."

288 Zitiert bei Katharina Elliger [Anm. 25], S. 187.

289 Zitiert bei Katharina Elliger [Anm. 25], S. 212.

290 Zitiert bei Katharina Elliger [Anm. 25], S. 23.

291 Zutreffend Ingeborg Jacobs [Anm. 28], S. 198.

292 Zitiert bei Ingeborg Jacobs [Anm. 28], S. 51.

293 Zitiert bei Ingeborg Jacobs [Anm. 28], S. 47.

Viele Opfer wollten sprechen, stießen aber auf eine Mauer; ein in Ostpreußen als zwölfjähriges Mädchen vergewaltigtes Opfer erinnert sich:

> Immer hatte ich den Drang gehabt, über die Vergewaltigung zu sprechen, aber es sprach niemand mit mir darüber. Meine Mutter nicht und meine Geschwister erst recht nicht. Ich hätte es am liebsten in die Welt hinausgeschrien.[294]

Im günstigsten Fall kann das Schweigen eines Vergewaltigungsopfers in Resignation begründet sein. Auf Vergewaltigungsfälle übertragbar könnte deshalb der Bericht einer Logotherapeutin sein, die auf die an einen ihrer Patienten gerichtete Frage, warum er ein spezielles, ihr belastendes Ereignis unerwähnt gelassen habe, antwortete: „Was wird dadurch besser, wenn es noch einer weiß?“ Viel schlimmer als dieses Abtun per Achselzucken sind die Fälle, in denen eine vergewaltigte Frau psychisch außerstande ist, über ihr Erleben zu sprechen, weil die Frau durch das mit dem Erzählen verbundene Sich-Erinnern körperlich krank wird. Eine Dorfschulkameradin von mir, beim Einmarsch der Russen in der Mark Brandenburg im Alter von 17 Jahren mehrmals vergewaltigt, erzählte mir bei einem Treffen in groben Umrissen von jenem Geschehen. Als ich, im Zusammenhang mit den Vorarbeiten zu diesem Buch, ihr vorschlug, dass wir uns noch einmal treffen sollten und ich sie noch etwas mehr darüber befragen wolle, lehnte sie dies mit dem hier im Original abgedruckten Kartentext ab:

> Lieber Ingo! Möchte auch ein gesundes neues Jahr wünschen, schönen Dank für deine Karte. Aber mit dem treffen, und Befragungen machen möchte ich nicht mehr. Ich habe mich das letzte Mal, wie Du hier warst, hinterher so aufgeregt. Es ist mir alles wieder durch den Kopf gegangen, ich war krank. Also es giebt kein noch mal. W. (Unterschrift zwecks Anonymisierung hier als Kürzel, d. Verf.)

Die abweisende, ja mehr noch: abwehrende Reaktion dieser heute fast achtzigjährigen Frau, über ihre Vergewaltigung als junges Mädchen vor inzwischen mehr als sechzig Jahren Auskunft zu geben, zeigt vielleicht auch, dass der durch eine Vergewaltigung ausgelöste Schock bei jungen Mädchen tiefer sitzt und länger andauert als bei zum Zeitpunkt der Vergewaltigung schon erwachsenen Frauen. Es sind denn auch nicht die vergewaltigten jungen Mädchen, sondern vergewaltigte erwachsene Frauen, von denen die Anonyma in ihren Tagebuch-Aufzeichnungen berichtet, dass sie im Gespräch untereinander über das in Berlin 1945 Erlittene Galgenhumor beweisen: „Überhaupt fangen wir langsam an, den Schändigungsbetrieb humoristisch zu nehmen,

294 Zitiert bei Ingeborg Jacobs [Anm. 28], S. 78.

galgenhumoristisch."[295] Allerdings wird nicht einmal jede vergewaltigte erwachsene Frau, geschweige denn ein vergewaltigtes junges Mädchen, die innere Kraft oder die Nonchalance besitzen, auf die Frage nach der Anzahl ihrer Vergewaltiger zu antworten. „Nach dem Zehnten zählte man nicht mehr."[296] Im Gegenteil: Viele vergewaltigte Frauen können, selbst wenn sie es wollten, einfach nicht vergessen, wie viele Male sie missbraucht worden sind. Aber die Opfer schweigen.

Auch die Täter sind schweigsam, wenn auch gewiss aus anderen Gründen als die Opfer. Ein Grund (der Hauptgrund) dafür, dass ein Vergewaltiger nicht über die von ihm verübte Vergewaltigung spricht, ist „normalerweise" die Furcht vor Strafverfolgung. Hinsichtlich der 1945 von sowjetischen Soldaten an deutschen Frauen begangenen Vergewaltigungen greift dieser Grund jedoch nicht; denn es muss davon ausgegangen werden, dass die Täter im Fall des Bekanntwerdens der von ihnen verübten Vergewaltigungen weder in Russland noch in einem der Nachfolgestaaten der Sowjetunion mit einem diesbezüglichen Strafverfahren hätten rechnen müssen.

Der wahre Grund für die Schweigsamkeit der Täter ist aber vermutlich der, dass auch in der damaligen UdSSR und im heutigen Russland eine Vergewaltigung eine Tat ist, deren ein Mann sich nicht unbedingt öffentlich rühmen wird. Die Familienangehörigen, vor allem Ehefrau und Kinder, werden bei Schilderungen von Vergewaltigungen kein dankbares Publikum sein. Vielleicht (hoffentlich) regt sich auch bei dem einen oder anderen Täter bei der Erinnerung an die von ihm damals verübten Vergewaltigungen ein schlechtes Gewissen[297], nachdem die Wut des Krieges sich gelegt hat. Bei Treffen von Kriegsveteranen der Roten Armee oder bei anderen Gelegenheiten, etwa bei Unterhaltungen im kleinen Kreise, mögen zwar vielleicht gelegentlich zu vorgerückter Stunde diesbezügliche Erlebnisse ausgetauscht werden, möglicherweise mit Augenzwinkern, Zungenschnalzen oder Schenkelklopfen. Aber über eine breite und nicht nur vereinzelte Erörterung jener Vorgänge in der russischen Öffentlichkeit ist bisher nichts bekannt geworden. Catherine Merridale, die für die Arbeit an ihrem Buch über die Rote Armee 1939–1945 zahlreiche russische Kriegsveteranen gesprochen hat, berichtet darüber:

---

295 Anonyma [Anm. 31], S. 134; auch zitiert bei Wolfgang Schneider [Anm. 160].

296 Äußerung einer in Sachsen 1945 vergewaltigten Frau gegenüber dem Verfasser.

297 Eine diesbezügliche Bemerkung noch aus der Zeit der Massenvergewaltigungen in Berlin zitiert die Anonyma: „Einmal sagte Wanja zu mir, mit tiefernstem Kindergesicht: ‚Wir Menschen sind alle böse, alle. Auch ich bin schlecht, habe Böses getan.'" (S. 86)

> Nicht alle Veteranen, mit denen ich sprach, dürften völlig schuldlos gewesen sein. Aber es bestand für sie kein Anreiz, heute über die Gräueltaten zu sprechen ... Nach sechzig Jahren mögen sie nicht mehr an Momente der Wut zurückdenken, sondern an die langen Tage im Lazarett, an Kameraden, an Nachtmärsche, an Lieder. Frauen, Bubi – das abwertende russische Wort bedeutet etwas zwischen Hure und alte Ziege –, waren keinen Gedanken wert, verglichen mit dem Regiment, dem Sieg.[298]

Schriftliche Zeugnisse aus der Feder von Tätern über von ihnen selbst begangene Vergewaltigungen sind nicht vorhanden. In den zahlreichen Briefen, die Rotarmisten damals in die Heimat geschrieben haben und die inzwischen gesammelt und ausgewertet worden sind[299], herrscht insoweit Schweigen.

> Sowjetische Feldpostbriefe enthalten über solche Vorgänge aus psychologisch verständlichen Gründen, wenn überhaupt, zumeist nur vage Andeutungen, die eine persönliche Beteiligung der Schreiber fast nie erkennen lassen.[300]

Solche Andeutungen in Briefen können z. B. sein:

> In Feindesland ist jeder unserer Soldaten ein Herr, und jeder rächt sich, wie er nur kann.[301]

> Ja, mit solchen Charakteren wie den unseren ist das Leben gegenwärtig schwer. Ich kann vieles nicht machen, was andere machen.[302]

Ein Gardemajor der sowjetischen Infanterie schrieb vom niederösterreichischen Kriegsschauplatz im April 1945, er habe gelernt, seine Leute „im Zaum zu halten“,

> im Gegensatz zu einigen Infanterieeinheiten ... Diese lassen ihren Gefühlen freien Lauf und sprengen jeglichen Rahmen, vorstellbaren und unvorstellbaren.[303]

Angedeutet wird in diesem Schreiben ein unterschiedliches Verhalten der verschiedenen sowjetischen militärischen Einheiten (auch „Staffeln“ genannt) gegenüber der deutschen Zivilbevölkerung. In der deutschen wie in der russischen Wahrnehmung des Geschehens wird dazu

298 Catherine Merridale [Anm. 42], S. 351.
299 Elke Scherstjanoi [Anm. 199].
300 Manfred Zeidler: Die Rote Armee auf deutschem Boden, in: Das Deutsche Reich und der Zweite Weltkrieg, Bd. 10/1: Die militärische Niederwerfung der Wehrmacht, hrsg. von Rolf-Dieter Müller, München 2008, S. 681 ff. (S. 715).
301 Zitiert bei Elke Scherstjanoi [Anm. 199], S. 31; auch bei Manfred Zeidler [Anm. 300], S. 715.
302 Zitiert bei Elke Scherstjanoi [Anm. 199], S. 64 f.; auch bei Manfred Zeidler [Anm. 300], S. 715.
303 Zitiert bei Elke Scherstjanoi [Anm. 199], S. 86; auch bei Manfred Zeidler [Anm. 300], S. 715.

übereinstimmend berichtet, dass die erste Staffel der russischen Besatzer, nämlich die Panzerverbände, sich am wenigsten an Gewalttaten gegen die Zivilbevölkerung beteiligten[304], die zweite Staffel, nämlich die nachrückende Infanterie dagegen sehr viel mehr.[305] Uneinheitlich wird nur das Verhalten der dritten Staffel, d. h. der Nachschubtruppen, beurteilt.[306] In dem vom Militärgeschichtlichen Forschungsamt herausgegebenen Dokumentarwerk wird das unterschiedliche Gebaren wie folgt geschildert:

> Den mit hoher Vormarschgeschwindigkeit vorauseilenden Panzerverbänden der operativ verwendeten Panzerkorps oder Panzerarmeen einschließlich ihrer meist aufgesessenen Infanteriebegleitung blieb unter dem ständigen Tempodruck des Bewegungskrieges in aller Regel gar nicht die Zeit für mehr als das vielgeschilderte hastige ‚Einsammeln von Uhren'.

So galt nach dem Zeugnis eines damals im niederschlesischen Frontabschnitt eingesetzten Hauptmanns in den Reihen der Roten Armee die Devise: „Für die erste Staffel die Uhren, für die zweite die Mädchen und für die dritte die Kleider." Der Sowjetoffizier schilderte seine damaligen Erfahrungen wie folgt:

> Der ersten Staffel blieb als so gerade Zeit, die ‚Uhri' und Schmuckstücke einzusammeln. Die zweite Staffel hatte es weniger eilig; ihr blieb genügend Zeit, sich an die Frauen zu machen. Für die dritte Staffel gab's weder Schmuck noch frische Frauen mehr; doch konnte sie als Nachhut, die in der Stadt zurückblieb, in aller Muße ihre Koffer mit Kleidungstücken und Stoffen vollstopfen.[307]

Den Unterschied zwischen dem Verhalten der ersten russischen Truppen und den folgenden erlebten die deutschen Frauen buchstäblich am eigenen Leibe. Über das unterschiedliche Verhalten der Vorhut und der nachfolgenden Truppen berichtet eine damals 25-Jährige von einem Treck in Ostpreußen:

> Wir sind den ersten Russen in Groß-Heidekrug begegnet, das war am 29. Januar 1945. Das war eine Vorhut Rotarmisten, die sehr diszipliniert war und uns nichts getan hat; aber die zweite rollende Welle, die war anders! Wie ich mich erinnern kann, kam dann eigentlich der ‚böse Wolf', damit sind die russischen Truppen gemeint, die geplündert und vergewaltigt haben.[308]

304 Dazu Manfred Zeidler [Anm. 300], S. 719.
305 Dazu Manfred Zeidler [Anm. 300], S. 718 f.
306 Dazu Manfred Zeidler [Anm. 300], S. 717 f.
307 Manfred Zeidler [Anm. 300], S. 718, dort auch die Zitate aus dem Zeugnis des Hauptmanns der Roten Armee (Michail M. Korjakov: Ich wollte Mensch sein, Olten 1948, S. 94).
308 Zitiert bei Brigitte Neary [Anm. 29], S. 14.

Hildegard Knef zitiert in ihren Erinnerungen an die Einnahme Berlins aus einem Gespräch mit der vergewaltigten Mutter eines Freundes:

> „Sie sind wie die Tiere“, sagte seine Mutter unbeirrt, „die ersten, die in den Keller kamen, waren noch annehmbar, das waren wohl die Elitetruppen, aber dann ...“ Sie seufzte, sah an die Decke, „Tiere, anders kann man es nicht nennen“.[309]

Eine Frau aus Danzig schreibt über ihre Erlebnisse während der Eroberung der Stadt:

> Überall Vernichtung und Feuer ... Aber unser Elend wurde noch größer. Die zweite Garnitur Russen war jetzt losgelassen, keine Frau wurde verschont.[310]

Sogar Ilja Ehrenburg soll Anfang März 1945 in der Redaktion der „Krasnaja Zvezda“ über seine Eindrücke vor der ostpreußischen Front dahingehend berichtet haben, daß

> die zweiten Staffeln der Roten Armee ... am Rande der Auflösung seien, daß sie sich mit Plündereien befaßten, wertvolle Dinge vernichten und rauben, saufen und die ‚Liebenswürdigkeiten‘ der deutschen Frauen nicht ausschlagen.[311]

Falls Ilja Ehrenburg tatsächlich davon gesprochen haben sollte, dass die zweiten Staffeln der Roten Armee „die ‚Liebenswürdigkeiten‘ der deutschen Frauen nicht ausschlagen“, wäre dies allerdings eine von Zynismus und Frauenverachtung kaum überbietbare Beschreibung der Massenvergewaltigungen.

Nicht gerade sensibel ist auch die von Antony Beevor zitierte Äußerung eines Kosakenoffiziers gegenüber einem sowjetischen Stadtkommandanten, „die deutschen Frauen seien ‚zu stolz‘. Man müsse über sie ‚drübergehen‘“.[312] Wladimir Gelfand, damals Leutnant in der Roten Armee, berichtet – ebenfalls ohne Zeichen irgendeines menschlichen Mitgefühls – in seinem Tagebuch unter dem Datum 26. Februar 1945 von seinem Einsatz an der Oder-Front:

> Beim Gegner lassen sich keine Frauen mehr blicken, seit wir einer von ihnen den Körper mit einem Pfahl durchstoßen und sie nackt zu den deutschen Stellungen zurückgebracht haben.[313]

309 Hildegard Knef [Anm. 36], S. 112. Das Wort „Tiere“ findet sich auch in dem Bericht anderer vergewaltigter Frauen, so z. B. bei Anneliese Kreutz [Anm. 24], S. 242: „Matka (eine Russin, d. Verf.) hatte keine Ahnung, durch welche Hölle deutsche Frauen seit 1945 gegangen waren. Wie Tiere hatten sich die Russen auf deutsche Frauen gestürzt.“

310 Dokumentation [Anm. 1], S. 298.

311 Manfred Zeidler [Anm. 300], S. 718 f.

312 Antony Beevor [Anm. 16], S. 141.

313 Wladimir Gelfand [Anm. 200], S. 44.

Rotarmist entwendet das Fahrrad einer deutschen Frau (Berlin, Mai/Juni 1945): „Es ist Zeit, dass unsere Soldaten das Recht selbst in die Hand nehmen.“ (Sowjetmarschall Alexander M. Wassilewski)

Pfählen erwähnt Wladimir Gelfand übrigens schon in einer früheren Tagebuchnotiz, nämlich vom 21. Februar, vom Oderdeich:

> Vorgestern kämpfte auf der linken Flanke ein Frauenbataillon. Es wurde völlig aufgerieben, und die gefangenen deutschen Miezen erklärten sich zu Rächerinnen ihrer gefallenen Männer. Ich weiß nicht, was man mit ihnen gemacht hat, aber man sollte sie ohne Erbarmen hinrichten. Unsere Soldaten schlagen vor, diese Schurkinnen durch ihre Geschlechtsorgane zu pfählen, doch ich würde sie schlicht und einfach liquidieren.[314]

Von einem Frauenbataillon[315], das auf deutscher Seite gekämpft haben soll und von russischen Soldaten angeblich gefangen genommen wurde, erzählt Wladimir Gelfand in seinen Tagebuch-Aufzeichnungen noch an anderer Stelle, indem er wiedergibt, was ein Feldwebel ihm von den Gefechten um die Stadt Bernlichen[316] erzählt hat:

> ... und die Frauen warfen, vor Angst und Panik wie besessen, die Waffen weg und versuchten, in einer Straße der Stadt Deckung zu finden, wo sie jedoch in sichere Hände gerieten. Unsere Soldaten empfingen sie mit Freude, Haß und Triumph. Und die unglückseligen ‚Kriegerinnen', von denen viele keine 17 Jahre waren, rissen die Augen auf und heulten ... Die Schützen rechneten zügig ab. Die Gefangenen wurden in drei Gruppen geteilt. 1. Russinnen, von denen gab es zwei. 2. Verheiratete und jene, deren Männer oder Verwandte in der gleichen Einheit wie sie dienten ... 3. Mädchen. Nur die dritte Gruppe der Gefangenen wurde dabehalten. Die Russinnen, die nicht älter als 19 waren, wurden nach einem Verhör als erste erschossen. Aus der dritten Gruppe wurde die ‚Beute' über die Häuser und Betten verteilt, und dort wurden einige Tage lang mit ihnen Experimente angestellt, die auf Papier nicht wiederzugeben sind. Die Deutschen hatten Angst; den jüngeren widersetzten sie sich nicht und sie flehten diese an, daß sie mit ihnen schlafen sollten, um bloß den Schändungen durch die älteren Soldaten zu entgehen.[317]

Ob diese hässliche Geschichte über die Behandlung des gefangen genommenen Frauenbataillons, die von einem Täter (dem Feldwebel) erzählt und von Wladimir Gelfand referiert wird, der Wahrheit entspricht, kann allerdings bezweifelt werden. In der deutschen Wehrmacht waren zwar neben den weiblichen Verwaltungsangestellten auch Nachrichtenhelferinnen und Marinehelferinnen in Uniform tätig; diese trugen aber

314 Wladimir Gelfand [Anm. 200], S. 40.

315 Die Phantasie des Erzählers wurde möglicherweise von dem historischen Ereignis der gescheiterten Verteidigung des Winterpalais in Petrograd durch ein Frauenbataillon während der Oktoberrevolution 1917 beflügelt.

316 Zu diesem Stadtnamen findet sich die editorische Notiz: „Gelfand hat den Ortsnamen später ergänzt, vermutlich ist Berneuchen gemeint." Da die diesbezügliche Tagebuch-Aufzeichnung von Gelfand aus der Zeit der Kämpfe östlich der Oder stammt, ist aber vermutlich das Städtchen Berlinchen gemeint.

317 Wladimir Gelfand [Anm. 200], S. 61 f.

keine Waffen. In ihrem kommentierenden Epilog zu dem Tagebuch des Wladimir Gelfand stellt Elke Scherstjanoi deshalb zutreffend fest:

> Es gibt keinen Anhaltspunkt dafür, daß irgendwann einmal im Krieg ein deutsches ‚Frauenbataillon' zum Einsatz kam, es gibt – umgekehrt – Grund für erhebliche Zweifel daran. Die im Tagebuch referierte Erzählung eines anderen Rotarmisten deutet eher auf männliche Sexualphantasien hin. Nicht aus zweiter, sondern aus erster Hand erfahren wir aus Gelfands Tagebuch allerdings, zu welchen Racheakten die Rotarmisten in seiner Einheit und er selbst in der Lage gewesen wären, hätten sie diese Frauen erwischt. Die grausigsten Erlebnisberichte geschändeter weiblicher Zivilisten und Gefangener scheinen auf.[318]

Aus dem Nebeneinander von überwiegendem Schweigen der Täter und einzelnen drastischen Äußerungen anderer Täter hebt sich Solschenizyns in Ich-Form dargestellte Schilderung der Vergewaltigung einer deutschen Frau auf einem Bauernhof deutlich ab. Die diesbezügliche Passage in Solschenizyns Dichtung in Versen „Ostpreußische Nächte"[319] beginnt mit der Meldung eines russischen Hauptfeldwebels an seinen Hauptmann,

> daß er – widerwillig zwar –
> fünf Familien noch im Hof ließ,
> die er aber jagen könnt'.

Der Hauptmann geht scheinbar gelassen auf dieses eindeutige Angebot des Hauptfeldwebels ein:

> Äußerlich ganz unbeteiligt, frage ich gleichgültig nach:
> „Frauen?"
> „Lauter Weiber!"
> „Junge?"
> Seitenblick, und schon vertraulich:
> „Zu Befehl, sind grade recht!"[320]

Der Hauptfeldwebel führt den Hauptmann daraufhin in einen Raum (offenbar eine Waschküche), wo sich mehrere Frauen befinden, damit

318 Elke Scherstjanoi: Ein Rotarmist in Deutschland, in: Wladimir Gelfand [Anm. 200], S. 315 ff. (S. 337). Die Existenz eines solchen „Frauenbataillons" in der deutschen Wehrmacht zutreffend verneinend auch Ingeborg Jacobs [Anm. 28], S. 189.

319 Alexander Solschenizyn [Anm. 45], S. 79 ff. Die Schilderung in „Ostpreußische Nächte" ist auch deshalb bemerkenswert, weil Solschenizyn in seinen autobiografischen Erzählungen unter dem Titel „Schwenkitten '45" die Vergewaltigungen deutscher Frauen und Mädchen mit keinem Wort erwähnt. Hier findet sich nur die Aussage, dass die Bewohner des ostpreußischen Dorfes Schwenkitten offenbar erst wenige Stunden vor der Besetzung geflohen waren: „Das bedeutete: weit konnten sie noch nicht gekommen sein. Junge Frauen wären vielleicht in den Wald geflohen – aber hier war überhaupt niemand mehr." (Alexander Solschenizyn, Schwenkitten '45. Aus dem Russischen von Heddy Pross-Werth und Fedor B. Poljakov, München 2007, S. 126).

320 Alexander Solschenizyn [Anm. 45], S. 79.

dieser sich eine Frau aussuchen kann. Der Hauptmann schaut sich im Kreise der Frauen um und entscheidet sich für „eine hagere Blondine“, die, nach ihrem Namen befragt, schüchtern antwortet: „Anne.“[321] Hauptfeldwebel und Hauptmann verabreden, dass der Hauptmann in einem Flügelgebäude warten wird, wohin der Hauptfeldwebel die Frau dirigiert:

> Mit dem gleichen Hauch von Trauer
> kehrt sie ihren sanften Blick,
> sieht ihn an – ob sie begriffen? –
> und geht in den Hinterhalt.
> Macht die Tür auf – auf der Schwelle
> stehe ich. Ihr Mund zuckt leicht,
> voller Staunen. Schien ihr wirklich,
> daß aus Zufall ich hier bin?[322]

Solschenizyn beschreibt sodann die folgenden Momente des Gegenüberstehens und fährt dann fort:

> Zögernd fragt sie was und wendet
> sich zur Tür, die offen steht …
> Ich spring' vor, schlag sie zu,
> und zum Handeln nun verurteilt,
> Blick noch immer abgewandt
> wink sie rein mit einem „Komm!“

Die Aussicht auf das nun Kommende ruft jedoch in dem russischen Offizier kein Triumphgefühl hervor:

> Keine strahlende Erregung,
> kein Geläut in meiner Brust.
> Abgekehrt vom dürft'gen Lager,
> wart' ich ab, bis sie bereit …[323]

Die Darstellung schließt mit einem für Vergewaltiger gewiss seltenen Bekenntnis der Reue und Selbstkritik:

> In der ungewohnten Nähe
> ihrer Augen blassem Blau,
> entfährt mir in später Reue
> impulsiv: „Das war gemein.“

Es folgt die verzweifelte Bitte des Opfers:

321 Alexander Solschenizyn [Anm. 45], S. 83.
322 Alexander Solschenizyn [Anm. 45], S. 85 f.
323 Alexander Solschenizyn [Anm. 45], S. 87.

Und im selben Augenblick,
ihre Stirn aufs Bett gepresst,
Anna fleht mit toter Stimme:
„Doch erschießen Sie mich nicht!“
Fürchte nichts, auf dem Gewissen
hab’ ich eine Seele schon ...[324]

Es sind offensichtlich die russischen Schriftsteller, nicht die russischen Politiker, Militärs und leider auch nicht die russischen Historiker, die sich des Themas jener Vergewaltigungen annehmen. So berichtet der Schriftsteller und damalige Vizepräsident des russischen PEN-Clubs Anatoli Streljanyi unter der Überschrift „Die Russen bereuen. Beobachtungen zum ‚Tag des Sieges‘“ über von ihm geführte Gespräche mit Kriegsveteranen:

> Ich lebte damals schon in Moskau und hatte einen Kriegsveteran als Wohnungsnachbarn. Eines Abends beim Wodka erzählte dieser mir finster: „Kopelew sagt die Wahrheit. Ich selbst habe in Budapest so etwas erlebt. Bei einem Straßenkampf brachen wir in eine Wohnung ein. Wir fanden eine Frau mit einem Säugling. Einer von uns stürzte sich auf die Frau. Das Kind störte ihn mit seinem Schreien. Also nahm er das Kind und warf es aus dem Fenster.“ „Und du?“, fragte ich, „Ich habe nichts getan. Aber wenn mir einmal etwas Schreckliches zustößt, dann weiß ich, wofür.“

Und weiter:

> Am 9. Mai, dem ‚Tag des Sieges‘, stand ich mit einem Freund im Kloster von Sagorsk, dem Zentrum der russischen Orthodoxie, und lauschte dem Glockenläuten. Als die Glocken verstummten, hörte man jemanden seufzen. Ein älterer Mann mit Ordensspangen stand da und begann von sich zu erzählen. Er käme erst seit kurzem häufiger ins Kloster. Vorher habe es für ihn nicht existiert. „Ich bin ja Kriegsveteran“, sagte er, „und Parteimitglied. Ich bin bis Berlin gekommen. Wir haben da Fehler gemacht.“ – „Kommen Sie her, um zu beten?“ fragte ich. „Nein. Ich glaube überhaupt nicht an Gott. Es zieht mich nur irgendwie hierher. Wir haben da Fehler gemacht.“ Wir wollten gehen, aber er hielt uns zurück: „Ich hatte da zum ersten Mal etwas mit einer Frau. Es war eine Deutsche. Man geht auf sie zu, sagt ‚Frau, komm!‘ und führt sie irgendwohin. Ich habe mich nie daran erinnert. Aber als ich sechzig wurde, erinnerte ich mich plötzlich. Jetzt muß ich ständig daran denken. Wir haben da Fehler gemacht.“

Schließlich:

> „Ich erinnere mich noch an die Worte einer älteren Professorin, die den Krieg als Übersetzerin miterlebt hatte. Ich hatte sie gefragt, was ihre schlimmsten Erinnerungen seien. ‚Was unsere Leute den deutschen Frauen antaten‘, sagte

324 Alexander Solschenizyn [Anm. 45], S. 87.

> sie. Dies war alles, was ich an Furchtbarem bis vor kurzem von unseren Leuten über unsere Armee gehört habe."[325]

Unter den russischen Schriftstellern gibt es allerdings auch solche, die mit den Massenvergewaltigungen keine Probleme haben. Viktor Jerofejew, Jahrgang 1947, der als einer der führenden zeitgenössischen Autoren Russlands gilt, schreibt:

> Mir gefällt es, daran zu denken, wie die Rotarmisten junge Adlige vergewaltigt und umgebracht haben.

Und weiter:

> Um auf Ehrenburg zurückzukommen, muss ich zugeben, dass ich die Vorstellung von den Juden, die Ende des Krieges die Deutschen in die Gaskammern stecken, und zwar genau im Verhältnis 6.000.000 : 6.000.000, interessant finde. Und die Rote Armee, die alle deutschen Frauen vergewaltigt, ist mir ebenfalls nicht unverständlich.[326]

325 Anatoli Streljanyi [Anm. 6].
326 Viktor Jerofejew [Anm. 44], S. 96, 214 f.

V. Gewalt

Jede Vergewaltigung ist eine Form von Gewaltanwendung, d. h. eine spezielle Gewalttat. Gewalt ist, auch das ist eine Binsenwahrheit, keine neue Erscheinung und kein neues Thema – im Gegenteil: Gewalt scheint, wenn auch in unterschiedlichem Ausmaß, mit der Natur und der Existenz des Menschen verbunden zu sein. Diese anthropologisch-historische Konstanz schließt verschiedenartige Perspektiven nicht aus, etwa ob es sich um staatliche oder um individuelle Gewalt handelt. Konträr sind auch die Rolle des Opfers auf der einen Seite und die des Täters auf der anderen Seite, während Prävention und Repression (Sanktion) sich ergänzen können. Neuere interdisziplinäre Forschungen widmen sich dem Thema „Kontrolle der Gewalt“[327] und der im Zentrum des Projekts der Moderne stehenden Absicht, kollektive wie individuelle Gewalt in ihren unterschiedlichen Erscheinungsformen einzuhegen.[328]

Wie alle Gewalt so ist auch die Vergewaltigung keine Erscheinung der Moderne. Seitdem über Verbrechen berichtet wird, und sei es nur in Sagen oder Überlieferungen, gehören Vergewaltigungen zu den diesbezüglichen Berichten. Die Vergewaltigung der Lucretia durch den Sohn des römischen Königs Tarquinius Superbus, Sextius Tarquinius, ist ein Beispiel einer solchen Legende, die in reichem Maße Stoff für Malerei, Dichtung, Prosaerzählungen und Oper geboten hat. Der Entschluss der Lucretia, sich wegen dieser Tat selbst zu töten, wurde (aus männlicher Sicht) als Zeichen von Tugendhaftigkeit gepriesen, weil Lucretia durch ihre Vergewaltigung „entehrt“ worden sei.

In neuerer Zeit ist Vergewaltigung vor allem ein Thema des Strafrechts und der Kriminologie sowie des Feminismus. In Strafprozessen bestreitet erfahrungsgemäß der wegen Vergewaltigung Angeklagte die Anwendung von Gewalt, indem er behauptet, der Geschlechtsverkehr

327 Siehe dazu Karen Krüger: Täter als Rätsel. Die Gewaltforschung sucht ein Paradigma, in: FAZ Nr. 252 v. 30. Oktober 2007, S. 38 (Bericht über eine Tagung einer internationalen Forschergruppe des Bielefelder Zentrums für Interdisziplinäre Forschung [ZIF]).

328 Behandelt in der Vortragsreihe „Gewalt und Moderne“ im Hamburger Institut für Sozialforschung Januar bis April 2008. Einführung in das Thema bei Jan Philipp Reemtsma: Vertrauen und Gewalt, Hamburg 2008. Literarisch bearbeitet in: Jan Philipp Reemtsma [Anm. 165].

sei einvernehmlich vollzogen worden, was allerdings sehr oft eine bloße Schutzbehauptung darstellt. Zur anwaltlichen Prozessführungstaktik der Verteidigung eines wegen Vergewaltigung Angeklagten gehört es demgemäß üblicherweise, die Glaubwürdigkeit des Opfers anzuzweifeln. Die italienische Autorin Franca Rame und der italienische Autor Dario Fo bemerken dazu in ihrer Einführung zu dem von Franca Rame verfassten Theaterstück „Die Vergewaltigung" sarkastisch:

> Einer Frau wird nur dann geglaubt, dass sie körperliche Gewalt erlitten hat, wenn sie das Glück hat, sich den zuständigen Behörden geschändet und blutend präsentieren zu können. Der Idealfall ist immer noch, wenn sie als Tote daherkommt. Denn ein Leichnam, der die Spuren einer Vergewaltigung trägt, überzeugt zutiefst davon, dass die Frau nicht gelogen hat.[329]

Nicht selten wird von vergewaltigten Frauen auch die Art ihrer Befragung durch die ermittelnden Polizeibeamten, durch den die Strafverhandlung führenden Richter oder durch den Verteidiger des Angeklagten zu Recht kritisiert. Franca Rame zitiert auch hierfür Beispiele, nämlich:

> „Fühlten Sie sich nicht geschmeichelt, dass so viele Männer auf einmal – ich glaube es waren vier – sie allesamt so leidenschaftlich begehrten?" „Und dann kommt die schwierigste Frage: ‚Haben sie Lust empfunden', oder, falls er Akademiker ist: ‚Hatten sie einen Orgasmus, und falls ja, wie viele?'"[330]

Jedoch werden derartige Fragen in deutschen Gerichtssälen nicht widerspruchslos hingenommen. Als in einem Strafverfahren vor dem Landgericht Hamburg die Verteidigerin des Angeklagten einer der laut Anklage vergewaltigten Frauen die Frage stellte: „Hatten Sie dabei einen Orgasmus?", führte diese Frage zu einer Rüge seitens der Staatsanwaltschaft: „Die Verteidigung hat die Grenzen des Anstandes überschritten", und: Die Art der Befragung seitens der Verteidigung könne man nur als „abstoßend, widerwärtig und menschenverachtend" bezeichnen.[331]

Abstoßend, widerwärtig und menschenverachtend sind vor allem die Vergewaltigungen im Krieg. Zwar ist jede Vergewaltigung, gleichgültig ob in Friedenszeiten oder ob durch feindliche Soldaten im Krieg begangen, als Angriff auf Körper und Seele der Frau für das Opfer subjektiv demütigend und objektiv ekelhaft; aber dennoch gibt es gravierende

329 Franca Rame/Dario Fo: Offene Zweierbeziehung. Eine Mutter. Die Vergewaltigung. Drei Stücke und eine Nachbemerkung zu Franca Rame. Aus dem Italienischen von Renate Chotjewitz-Häfner, Berlin 1985, S. 62.

330 [Anm. 329], S. 63.

331 Zitiert bei Ralf Nehmzow: Darf ein Verteidiger das tun? Vergewaltigung. Potenzielles Opfer sollte im Prozess sagen, ob es einen Orgasmus hatte, in: HA v. 9. März 2004, S. 14.

Unterschiede zwischen einer Vergewaltigung als krimineller Handlung in Friedenszeiten und der durch fremde Soldaten verübten Vergewaltigung im Kriege.

Zunächst: Die äußeren Umstände einer Vergewaltigung in Friedenszeiten einerseits und einer Vergewaltigung durch fremde Soldaten in Kriegszeiten andererseits könnten überhaupt nicht unterschiedlicher sein, als sie es tatsächlich sind. In Friedenszeiten muss der Vergewaltiger seine Tat – wie jede andere Straftat – heimlich begehen, weil er ständig befürchten muss, wegen seiner Tat angezeigt zu werden, womit ein Strafverfahren mit der Folge eines Strafurteils ausgelöst wird. Die in Friedenszeiten existierende staatliche Ordnung verpflichtet alle Staatsorgane, Vergewaltigungen wenn möglich zu verhindern, jedenfalls aber deren Begehung zu ahnden.[332] Eine spätere strafgerichtliche Verurteilung des Täters kann zwar das geschehene Leid des Opfers nicht beseitigen und das geschehene Unrecht nicht wiedergutmachen, aber die Verurteilung bedeutet immerhin für den Täter eine Sühne und für das Opfer eine gewisse Genugtuung.

Ganz anders stellt sich die Situation dar, wenn die staatliche Ordnung infolge der kriegerischen Besetzung durch fremde Truppen beseitigt worden ist und die Staatsmacht der Besatzungstruppen nicht gewillt oder nicht in der Lage ist, die Zivilbevölkerung des von ihren Truppen besetzten Gebietes vor Ausschreitungen zu schützen und sich nicht an die Regeln des Kriegsvölkerrechts zu halten. Dass dies nicht bei jeder militärischen Besetzung fremden Gebietes der Fall ist, zeigt nicht zuletzt die Geschichte des Zweiten Weltkriegs im Westen: Während Vergewaltigungen durch deutsche Soldaten in den dort von der Wehrmacht besetzten Gebieten und durch amerikanische und durch britische Soldaten in Westdeutschland nur verhältnismäßig selten vorkamen (häufiger allerdings durch französische Soldaten, so vor allem in Freudenstadt im Schwarzwald[333]), führte der Einmarsch der sowjetrussischen Truppen in Ostdeutschland zu Massenvergewaltigungen bisher unbekannten Ausmaßes.

332 Die geschärfte Unrechtsbewertung zeigt sich auch in der in Deutschland seit der durch das 33. Strafrechtsänderungsgesetz mit Wirkung vom 1. Juli 1997, wie auch in anderen Ländern, eingeführten Strafbarkeit der Vergewaltigung in der Ehe.

333 Ausführliche Darstellung der Vergewaltigungen durch französische Soldaten in Freudenstadt und in anderen Städten Südwestdeutschlands bei Giles Macdonogh [Anm. 67], S. 78 f. Zu von US-Soldaten in Frankreich und in Deutschland begangenen Vergewaltigungen siehe J. Robert Lilly: La face cachée des GI's. Les viols commis par des soldats américains en France et en Allemagne pendant la seconde guerre mondial, Paris 2003.

Die Besonderheit dieser Vergewaltigungen gegenüber einer Vergewaltigung in Friedenszeiten lag zunächst darin, dass für die Opfer meist weder ein Schutz noch eine Fluchtmöglichkeit bestand. Rut Brandt schildert dazu in ihren Erinnerungen ein eindrucksvolles Beispiel. Bei einem Treffen von einigen deutschen und russischen Politikern habe einer der russischen Gesprächsteilnehmer geäußert, er könne die Angst der Deutschen vor den Russen nicht verstehen. Rut Brandt, damals Ehefrau des West-Berliner Bürgermeisters Willy Brandt, entgegnete, dass sie diese Angst erst verstanden habe, als sie nach Berlin gekommen sei und von Vorfällen gehört habe, über die sie ihren russischen Gesprächspartner wie folgt informierte:

> Ich erzählte von Ingrid – dem jungen Mädchen im Nachbarhaus. Sie war von russischen Soldaten vergewaltigt worden, die immer wieder in das vergeblich verbarrikadierte Haus eingefallen waren. Sie fanden sie auf dem Boden, und sie fanden sie im Keller. Zusammen mit ihrer Mutter flüchtete sie in die Kirche, aber auch da waren sie nicht sicher.[334]

Anders als bei Vergewaltigungen in Friedenszeiten kann in Fällen der Vergewaltigung durch fremde Soldaten im Krieg das Opfer keinen Beistand erwarten. Hilferufe mögen gehört werden, sie werden aber nicht erhört – kurz: sie sind nutzlos. Kaum jemand wird es wagen, dem Opfer zu Hilfe zu kommen. Zwar wird im Zusammenhang mit den Massenvergewaltigungen durch sowjetische Soldaten berichtet, dass nicht selten deren Offiziere von der deutschen Bevölkerung um Schutz gebeten wurden und dass Offiziere daraufhin zuweilen auch einschritten; aber dieser Schutz griff – wenn überhaupt – meist erst, wenn Vergewaltigungen bereits begangen worden waren, also nur um weitere Vergewaltigungen zu verhindern. Keine Garantie für einen Schutz vor Vergewaltigungen bot auch der häufig gemachte Versuch, sich durch Verunreinigung des Gesichtes abstoßend zu zeigen oder jungen Mädchen die Haare abzuschneiden und sie als Jungen zu verkleiden[335] oder eine ansteckende Krankheit, z. B. Typhus, vorzutäuschen.[336] Antony Beevor berichtet darüber:

> Junge Frauen rieben sich das Gesicht mit Ruß und Asche ein, um Soldaten nicht aufzufallen. Sie banden sich Kopftücher tief ins Gesicht, hüllten sich in weite Gewänder ein, um ihre Figur zu verbergen und hinkten wie Krüppel die

334 Rut Brandt: Freundesland. Erinnerungen, 6. Aufl. Hamburg 1992, S. 170 f.

335 Ein Beispiel dafür nennt Ingeborg Jacobs [Anm. 28], S. 21.

336 Siehe dazu Antony Beevor [Anm. 16], S. 141: „Manche Frauen kamen auf die Idee, sich rote Flecken ins Gesicht zu tupfen, als hätten sie Typhus. Andere ermittelten das russische Wort für diese Krankheit und hingen Warnschilder mit kyrillischen Buchstaben an ihre Türen, um vorzutäuschen, das Haus sei infiziert."

> Straße entlang. Indem sie so ihre Jugend verbargen, waren sie aber nicht automatisch sicher. Auch viele ältere Frauen wurden vergewaltigt.[337]

Im Bericht eines Pfarrers aus dem Ermland über die Beerdigung eines getöteten Bauern ist zu lesen:

> Franziska und Johanna, die beiden Enkelkinder des alten Bauern, legten das Grab mit Zweigen von Immergrün aus. Die Mädchen, fast noch Kinder, hatten sich beide als alte Frauen verkleidet; sie trugen Kittel und Schürzen, die bis auf den Boden reichten, alte Babuschka-Schauertücher und hatten die Gesichter mit Ruß beschmiert.[338]

Vergewaltigungen in Friedenszeiten sind nicht immer, aber häufig so genannte Beziehungstaten. Signifikant ist dies im Fall der Vergewaltigung einer Tochter durch den leiblichen Vater oder durch den Stiefvater oder bei einer Vergewaltigung in der Ehe. Häufiger handelt es sich allerdings bei dem Vergewaltiger um eine Person aus dem Bekanntenkreis des Opfers oder um eine Zufallsbekanntschaft, etwa nach dem Besuch einer Diskothek. Ganz anders ist die Situation im Fall der Vergewaltigung von Frauen durch einmarschierende Soldaten in Kriegszeiten. Zwischen Opfer und Täter bestehen hier keinerlei persönliche Beziehungen – im Gegenteil: Die Vergewaltiger sind für das Opfer buchstäblich wildfremde Täter, mit denen auch wegen der fremden Sprache für die meisten Opfer keine verbale Verständigung möglich ist. War eine Frau dagegen in der Lage, sich mit den russischen Soldaten auf Russisch zu unterhalten, so konnte dies im Einzelfall eine Vergewaltigung verhindern: „Doch Mama und ich konnten Russisch, das hat mich gerettet."[339] Im Hinblick auf Vergewaltigungen ungarischer Frauen durch russische Soldaten berichtet Catherine Merridale, die Sprachbarrieren hätten „von Anfang an den Zorn der Sowjets noch gesteigert und dadurch Unheil über ungarische Frauen gebracht".[340] Ob diese Beobachtung zutrifft, mag hier dahingestellt bleiben. Jedenfalls aber sind Sprachbarrieren kein Hindernis für Vergewaltigungen: Ein russischer Soldat schrieb im Februar 1945 an einen Freund, dass die deutschen Frauen von Russisch „keine Spur verstehen", mache das (die Vergewaltigung, d. Verf.) „für

337 Antony Beevor [Anm. 16], S. 141. Zum vergeblichen Einreiben von Gesichtern mit Asche u. Ä. als Schutz gegen Vergewaltigungen siehe auch Giles Macdonogh [Anm. 67], S. 52, S. 180.

338 Zitiert bei Walter Kempowski VI, S. 75.

339 Zitiert bei Brigitte Neary [Anm. 29], S. 102. – Zum Nutzen verbaler Verständigung bei einer drohenden Vergewaltigung in Friedenszeiten zeigen kriminologische Forschungen, dass eine Vergewaltigung umso eher verhindert werden kann, wenn die davon Bedrohte „den Täter in ein Gespräch zu ziehen versucht". (O. Berndt Scholz [Anm. 86], S. 209)

340 Catherine Merridale [Anm. 42], S. 334.

uns noch einfacher".[341] Der Soldat verweist auf seinen „Nagant"[342] (seinen Revolver) – es ist die Sprache der Gewalt. In Friedenszeiten ist die Vergewaltigung einer Frau fast immer die Tat eines einzelnen Mannes; Vergewaltigung ein und derselben Frau durch zwei oder mehr Männer kommt zwar auch vor, ist aber in Friedenszeiten der Ausnahmefall. Im Unterschied dazu standen die sowjetischen Soldaten bei den von ihnen begangenen Vergewaltigungen deutscher Frauen nicht selten Schlange. Berichte über solche Mehrfachvergewaltigungen sind zahlreich, z.B. aus einem Dorf in Ostpreußen:

> Sie war in Wernsdorf in ein geschlossenes Auto geschleppt worden, das nur oben ein kleines Fenster hatte. Der Motor wurde angelassen, damit ihr Schreien nicht zu hören war, die Russen standen draußen Schlange[343];

... aus Königsberg:

> Eine Sechzehnjährige verblutete, nachdem sie nächtelang von Dutzenden Soldaten vergewaltigt worden war[344];

... aus Schlesien:

> Ich bog um die Ecke von Pfarrers Scheune, als ich sah, wie in ungefähr dreißig Meter Entfernung eine Gruppe von Russen sechs bis acht Frauen eingekreist hatte. Eine von ihnen wurde gerade von einem Soldaten in die Mitte gezerrt. Sie schrie. Die anderen Russen lachten und warteten, bis sie an die Reihe kämen[345];

... aus Berlin:

> Und dann geschah es doch: Irmgard kam mit ihrer kleinen Schwester an der Hand aus der Wohnungstür, als fünf Russen in den Hausflur drängten. „Ich habe noch gesagt: ‚zu jung, zu jung', ich meinte meine Schwester, und die haben sie dann laufen lassen." Irmgard, die Sechzehnjährige, aber schoben die Männer in die Wohnung zurück, sie warfen sie auf ein Bett, zogen sie aus und vergewaltigten das Mädchen einer nach dem anderen.[346]

Eine Frau aus Ostpreußen berichtet aus dem Dorf Rinderort:

> Hier habe ich nun das traurigste Kapitel meines Lebens durchmachen müssen. Auch hier ging es furchtbar zu. Ein 16-jähriges Mädchen, die Gastwirtstochter Baltrusch, hatten die Banditen entkleidet, in einem eiskalten Zimmer einge-

341 Zitiert bei Catherine Merridale [Anm. 42], S. 338.

342 Die Bezeichnung des aus einer belgischen Waffe entwickelten Revolvers ist bei Catherine Merridale nicht ganz korrekt geschrieben. Die richtige Schreibweise dieses Revolvers lautet „Nagant"; siehe Wladimir Gelfand [Anm. 200], S. 32 und S. 343, Anm. 17.

343 Zitiert bei Annemarie Kreutz [Anm. 24], S. 44.

344 Zitiert bei Ingeborg Jacobs [Anm. 28], S. 22.

345 Zitiert bei Katharina Elliger [Anm. 25], S. 127.

346 Zitiert bei Ingeborg Jacobs [Anm. 28], S. 167.

Sowjetische Infanteristen in Berlin, Mai 1945: Auf das Ende der Kämpfe folgte nicht selten die „Treibjagd auf Frauen“ (Thor Kunkel).

> sperrt. Während draußen einer Posten stand, waren 11 Mann im Zimmer und haben ebenfalls von morgens bis abends abwechselnd ihre Wollust mit dem armen Ding gehabt. Das Mädchen war so eingeschüchtert, daß sie sich selbst das Leben nehmen wollte.[347]

„Nur" drei Rotarmisten vergewaltigten eine Frau in Steinen (Schlesien):

> Russische Soldaten drohten ihr, ihre Kinder würden nach Russland geschickt. Sie selbst wurde wieder Opfer von Gewalt. Drei Rotarmisten trieben sie in einen Keller: „Dort zog einer nach dem anderen über mich her, und immer wieder guckte eine neue Fratze durch die Tür."[348]

In einem Frontbericht der NKWD-Brigade bei der 43. sowjetischen Armee (also nicht einem Bericht einer deutschen Armee) wird aus dem Verhör einer darin namentlich genannten deutschen Frau deren Aussage wie folgt zitiert:

> Am 3. Februar zogen die ersten Einheiten der Roten Armee in die Stadt ein. Sie kamen in den Keller, wo wir uns versteckt hatten, und führten mich und zwei weitere Frauen mit vorgehaltener Waffe in den Hof. Dort wurde ich von zwölf Soldaten nacheinander vergewaltigt. Andere taten meinen beiden Nachbarinnen das Gleiche an. In der nächsten Nacht brachen sechs betrunkene Soldaten in unseren Keller ein und vergewaltigten uns vor unseren Kindern. Am 5. Februar kamen drei Soldaten, am 6. Februar acht Betrunkene, die uns ebenfalls vergewaltigten und schlugen.[349]

Der russische Offizier Sachar Agranenko schrieb beim Einmarsch in Ostpreußen in sein Tagebuch:

> Sowjetische Soldaten halten nichts von Verhältnissen zu einzelnen deutschen Frauen. Neun, zehn, zwölf Mann zur gleichen Zeit – vergewaltigt wird im Kollektiv.[350]

In zahllosen Fällen erduldeten die betroffenen Frauen also nicht nur das Martyrium einer Vergewaltigung, sondern mehrerer Vergewaltigungen hintereinander.[351] Eine Frau aus Elbing erinnert sich:

---

347 Zitiert bei Walter Kempowski IV, S. 583.

348 Zitiert bei Günter Böddeker [Anm. 22], S. 140.

349 Zitiert bei Antony Beevor [Anm. 16], S. 42; auch zitiert bei Peter Kruse: Im Rausch der Rache. Kriegsgräuel 1945. Erstmals geben russische Geheimarchive preis, wie deutsche Frauen von Rotarmisten misshandelt wurden. Es war alles noch viel schlimmer, als bisher bekannt, schreibt der britische Historiker Antony Beevor in seinem neuen Buch, in: HA v. 12. August 2002, S. 3.

350 Zitiert bei Antony Beevor [Anm. 16], S. 41; auch bei Peter Kruse [Anm. 349].

351 Dazu z. B. Giles Macdonogh [Anm. 67], S. 136, mit der Erwähnung der Stadt Kolin, „where the younger women were raped by Russians, some of them as many as forty-five times in a night".

> Wir wurden jetzt noch einmal gemustert und nach Alter sortiert. Ich war damals 39 Jahre alt. Ein Zimmer von diesen Behelfsheimen war für die Vergewaltigungen hergerichtet, die nun erfolgen sollten. Zuerst kamen die jüngeren Frauen dran, ich erst gegen Morgen und wurde gleich von drei russischen Soldaten gebraucht. Diese Vergewaltigungen wiederholten sich täglich zweimal, jedesmal mehrere Soldaten, bis zum 7. Tag. Der 7. Tag war mein schrecklichster Tag, ich wurde abends geholt und morgens entlassen. Ich wurde am Geschlecht ganz aufgerissen und hatte armstarke Geschwulste vom Geschlechtsteil an beiden Oberschenkeln bis an die Knie. Ich konnte nicht mehr laufen und nicht liegen.[352]

Nicht einmal Krankenhäuser boten Zuflucht. Aus Königsberg wird berichtet: Auf einer Bank vor einem Zimmer

> saßen die Rotarmisten ‚Schlange' und warteten, bis sie an die Reihe kamen. Im Städtischen Krankenhaus werden die Frauen ebenso wie im Kopernikus-Bunker auf der Geburtshilflichen Station laufend vergewaltigt.[353]

Auf die Besonderheit der Vergewaltigung durch fremde Soldaten im Krieg, die darin liegt, dass das Opfer keine Genugtuung dadurch erfährt, dass der Vergewaltiger wegen seiner Tat zur Rechenschaft gezogen wird, ist bereits hingewiesen worden. Eine Ahndung dieser Vergewaltigungen wäre aber nicht nur wegen der Verletzung der Opfer geboten, sondern auch deshalb, weil Vergewaltigungen durch fremde Soldaten im Krieg häufig durch eine ganz besondere Brutalität gekennzeichnet sind.

Dass die Massenvergewaltigungen 1944/45 nicht frei von besonderer Brutalität – man könnte auch sagen: Bestialität – waren, darf ohne Übertreibung gesagt werden. Die besondere Brutalität ist evident in den bereits erwähnten Fällen, in denen ein und dieselbe Frau von mehreren Soldaten missbraucht wurde. Viele Frauen wurden viele Male vergewaltigt. Eine Überlebende der Besetzung der Stadt Striegau (Schlesien) berichtet:

> Es war eine Schreckensnacht ... Ich wäre beinahe erschossen worden, viele Frauen erlebten mehr als 30 Vergewaltigungen.[354]

Über mehrfache Vergewaltigungen in Elbing berichtet eine Ärztin:

> Tag und Nacht kamen die Russen und holten die Frauen heraus. Frau Ziegeleibesitzer Müller aus Damerau war mit einem 9 Monate alten Kind bei uns. Die arme Frau wurde dauernd vergewaltigt, sträubte sie sich, so wurde sie geschlagen und die Mutter musste am Bett knien ... Eine Frau Kämmer (Installateur, Mühlendamm) war mit einem 5 Monate alten Kind bei uns. Die 68-jährige

352 Zitiert bei Walter Kempowski III, S. 86.
353 Zitiert bei Ingeborg Jacobs [Anm. 28], S. 116.
354 Zitiert bei Günter Böddeker [Anm. 22], S. 135.

> Frau wurde 7 x hintereinander vergewaltigt, die Tochter Frau Fiedler 15 x. Sie bekamen noch eine Säure in die Geschlechtsteile gegossen.[355]

Eine Flüchtlingsfrau aus dem Kreis Friedeberg in Pommern schrieb über eine Nacht in einem Schafstall:

> Immer neue Sowjets kamen in den Stall, erst wollten sie nur die Uhren, dann zogen sie die Stiefel aus, dann trieben sie alle Männer aus dem Stall, dann umstellten sie die Frauen und Mädchen mit MG's (= Maschinengewehren, d. Verf.) ... Dann kamen sie und holten sich wahllos die Frauen und Mädchen. Immer neue Sowjets drängten in den Stall. Manche Frau, manches unglückliche Mädchen wurde in dieser Nacht, die kein Ende nehmen wollte, fünf-, manche sogar zehnmal geschändet.[356]

Giles Macdonogh informiert über das Schicksal einer Achtzehnjährigen, die in Kleinmachnow bei Berlin sechzig Mal vergewaltigt wurde, bevor ein russischer Hauptmann dafür sorgte, dass sie in Frieden gelassen wurde.[357] Selbst schwangere Frauen und Kinder wurden nicht verschont. Eine Bäuerin aus Pommern berichtet über die Vergewaltigung einer Hochschwangeren:

> Mehrmals am Tage visitierten uns Russen und ließen Uhren und Ringe und dergleichen Schmucksachen mitgehen ... Die Russen musterten uns genau, und schon am Abend kamen einige zu uns ins Zimmer, visitierten aufs neue und schoben uns einzeln, ob Mann oder Frau, zur Tür hinaus. Hinter mir wurde die Tür zugeknallt. Zwei junge Mädchen und eine junge Frau, hochschwanger, Flüchtlinge aus dem Wartheland, mußten zurückbleiben ... Aber nach ungefähr 30 Minuten durften wir wieder in das Zimmer zurück. Ich staunte sehr, als ich außer den Russen auch die zwei jungen Mädchen und die junge Frau im Zimmer sitzen sah. Eines der Mädchen kam zu mir und sagte: „Wir haben für euch gelitten. Ich hatte in dieser Zeit drei Russen." Ich konnte zuerst nicht recht verstehen. Aber als ich nach geraumer Zeit bemerkte, wie ein Russe eines der Mädchen aufforderte „Komm mit" und mit ihr in der Nebenkammer verschwand, wußte ich, was los war. So ging es dann die ganze Nacht. Die beiden jungen Mädchen und die junge Frau hatten besonders unter den Vergewaltigungen der Russen zu leiden. Die junge, schwangere Frau stand schon keuchend auf einen Sessel gestützt, eine Haarsträhne hing ihr ins Gesicht. Wer sollte sie schützen, ein jeder fürchtete dann die Brutalität der

---

355 Zitiert bei Walter Kempowski IV, S. 486.

356 Dokumentation [Anm. 1], S. 198. – Siehe auch den Bericht einer Flüchtlingsfrau aus dem Banat: „Uns gegenüber wohnte ein junges Mädchen, die war 18 Jahre alt. Ihr Vater war eingezogen und ihre Mutter war schon gestorben ... Sie war schutzlos, niemand hatte sie gewarnt. Die haben die Rotarmisten erwischt und vergewaltigt. Sie hat unheimlich geschrien, und zwar nur nach ihrer Oma, die vorne im Haus gewohnt hat. 13 Männer hat sie zählen können, dann ist sie ohnmächtig geworden." (zit. bei Brigitte Neary [Anm. 29], S. 126.)

357 Giles Macdonogh [Anm. 67], S. 101.

> Russen. Folgte man nicht ihrer Aufforderung, zögerten diese auch nicht, das Gewehr auf einen zu richten.[358]

Der Erlebnisbericht eines früheren Bürgermeisters aus dem Kreis Friedeberg in Pommern über das Überrolltwerden eines von ihm geführten Trecks in Berlinchen (Neumark) liest sich so:

> Alle in der Wohnung verbliebenen Flüchtlinge erlebten in der Nacht ebenfalls schreckliche Stunden. Es erschien ein Russe und suchte sich ein Mädchen von 13 Jahren aus. Das Kind schrie und sträubte sich, mitzugehen. Er lud seine Pistole, ließ alle antreten und drohte, uns zu erschießen, wenn wir das Mädchen nicht innerhalb von 5 Minuten in das Nebenzimmer brächten. Wir wussten genau, daß er von der Waffe Gebrauch machen würde, und mussten unter diesem Zwang sein Ansinnen erfüllen. Als sich erwies, daß das Mädchen zu schwach war, gab er es einem anderen Kameraden. Er selbst erschien wieder im Zimmer, wir mussten wieder antreten, und er holte sich jetzt die Mutter, die die Jüngste von den Frauen war. Die Mutter selbst wurde im Bett vergewaltigt, während die Tochter von dem anderen Russen vor dem Bett auf dem Fußboden Gewalttaten über sich ergehen lassen mußte.[359]

Ein Bewohner aus Belgard in Pommern schrieb nach missglückter Flucht aus der Stadt über den anschließenden Aufenthalt in einem nahegelegenen Dorf:

> Weiter konnten wir uns in dem Schnee und Kälte nicht wagen. Dort waren schon gegen 90 Menschen, meistens Frauen. Von Zeit zu Zeit kamen dann Russen und suchten sich die einzelnen Frauen raus und vergewaltigten sie. Ein Mädelchen von 14 Jahren, ihr Vater war bei ihr, holten diese Bestien ihm weg. Der Mann war zusammengebrochen. Schneeweiß kam das Kind nachher wieder rein.[360]

Vergewaltigung ist ein Verbrechen, das typischerweise[361] unter vier Augen verübt wird, nämlich unter denen des Täters und des Opfers. Der Grund dafür liegt einmal darin, dass der Täter willens sein wird, aus Angst vor Entdeckung und daraus resultierender Bestrafung sein Verbrechen ohne Zeugen zu begehen. Zum anderen entspricht es einem kulturellen Tabu jeder zivilisierten Gesellschaft, dass Menschen (im Unterschied zu Tieren) den Geschlechtsverkehr nicht „öffentlich" ausüben.[362]

358 Dokumentation [Anm. 1], S. 193 f.

359 Dokumentation [Anm. 1], S. 196.

360 Dokumentation [Anm. 1], S. 237.

361 Der Ausdruck „normalerweise" verbietet sich in diesem Zusammenhang aus verständlichen Gründen.

362 Siehe dazu die Feststellung des Anthropologen Christoph Antweiler: Heimat Mensch. Was uns alle verbindet, Hamburg 2009, S. 10: „Geschlechtsverkehr in der Öffentlichkeit beispielsweise wird in keiner Kultur als normal angesehen." Pornographische Filme sind kein Gegenargument, da die Darsteller in solchen Filmen und die Betrachter sich nicht „live" gegenüberstehen.

Die sowjetischen Soldaten, die 1944/45 deutsche Frauen vergewaltigten, hatten aber offensichtlich keinerlei Furcht vor anschließender Bestrafung: Die Täter brauchten eine Ahndung ihrer Taten nicht zu erwarten.[363] Was das erwähnte Tabu betrifft, so hatte dieses für viele sowjetische Soldaten seine Geltung verloren. Nicht selten, sondern sehr häufig wurden die Frauen in Gegenwart anderer von den Soldaten missbraucht. Kinder wurden vor den Augen ihrer Mütter vergewaltigt, Mütter vor den Augen ihrer Kinder, Ehefrauen vor den Augen ihrer Männer. Vergewaltigt wurde nicht nur in Zimmern, Kellern, Ställen, Scheunen sondern auch – vor vielen Augen – im Straßengraben oder auf freiem Feld. Die Vertreibung der Bevölkerung aus Striegau (Schlesien) erlebte eine Frau so:

> Berittene Russen trieben uns aus der Stadt. Unterwegs holten sie sich die jungen Frauen und Mädchen aus unserem Elendszuge heraus und vergewaltigten sie im Straßengraben oder auf offenem Feld.[364]

Eine Frau aus Elbing erinnert sich:

> Auf offenem Bahnhofsplatz sah ich, wie ein junges Mädchen, H. N., 15 Jahre alt, aus Elbing-Trettinkenhof, von russischen Soldaten vergewaltigt wurde.[365]

Über die Vertreibung aus ihrem Heimatort Rauscher in Schlesien informiert eine Frau, die damals als 13-Jährige vergewaltigt wurde:

> Dann wurden wir wie eine Viehherde auf einen Platz getrieben und wieder vergewaltigt.[366]

Weitere Beispiele für Vergewaltigungen vor den Augen anderer gibt es aus jener Zeit zuhauf. So wird – ebenfalls aus der Stadt Striegau – über die Vergewaltigung von Nonnen im Keller des dortigen Klosters berichtet:

> Die Rotarmisten, die im Kloster von Striegau den Keller entdeckten, in dem sich Nonnen mit Waisenkindern versteckt hatten, scheuten … keine Zeugen. Sie rissen den frommen Schwestern die Hauben vom Kopf und vergewaltigten sie vor den Augen der Kinder, die unausgesetzt um Hilfe schrien.[367]

363 Siehe dazu Birgit Beck [Anm. 128], S. 409 f.: „Die zwischen April und Juni 1945 erfolgten Vergewaltigungen von schätzungsweise 110.000 Frauen und Mädchen aller Altersstufen wurden vor allem zu Beginn der Besetzung von den zuständigen Militärstellen nicht unterbunden oder strafrechtlich verfolgt."

364 Zitiert bei Günter Böddeker [Anm. 22], S. 135. Erwähnung der Vergewaltigung von zwei Frauen in einem Straßengraben auch bei Anneliese Kreutz [Anm. 24], S. 140.

365 Zitiert bei Walter Kempowski III, S. 85 f.

366 Zitiert bei Brigitte Neary [Anm. 29], S. 48.

367 Günter Böddeker [Anm. 22], S. 135.

Das Schicksal eines Bauern und seiner Familie im Ermland schildert ein Pfarrer:

> Die Russen hatten ihn in seiner Scheune überrascht, mit den Kolben ihrer Gewehre übel zugerichtet, in sein Haus geschleppt, seine Frau und seine drei Töchter in seiner Gegenwart vergewaltigt und seinen Neffen Hugo erschossen.[368]

Über ein junges Mädchen wird berichtet:

> ... als sie schluchzend ihren Jammer ausschüttete. Sie konnte es nicht fassen, was diese zwölf russischen Soldaten ihr angetan hatten, einer nach dem anderen, als sie sie mitten in der Stube vor den Augen der Eltern und Geschwister zu Boden warfen und ihr die Kleider vom Leib rissen.[369]

Aus Pommern informiert der frühere Superintendent von Dramburg:

> Die durchmarschierenden Truppen vergewaltigten wahllos die Frauen. Ein mir bekannter Kirchenältester aus Quisbernow erzählte mir, er habe zusehen müssen, ohne seinen Töchtern helfen zu können.[370]

Ebenfalls aus Pommern berichtet ein Pfarrer (aus Lauenburg) über seine Erlebnisse im März 1945:

> Und nun kam eine furchtbare Zeit, in einer engen Wohnung, viele Personen zusammengepfercht, auf die Straße wagte man sich nicht, Lebensmittel waren kaum vorhanden, jede Nacht bummerten die Russen an die Tür und durchsuchten die Wohnung nach Frauen und vergewaltigten sie, mochten auch die eigenen Kinder der Frau und 20 andere Personen zuschauen.[371]

Eine Frau aus Danzig erinnert sich:

> Aber unser Elend wurde noch größer. Die zweite Garnitur Russen war jetzt losgelassen, keine Frau wurde verschont. Vor den Augen der Männer, die mit der Maschinenpistole in Schach gehalten wurden, wurden die Frauen vergewaltigt.[372]

Aus Stolpmünde berichtet ein Zeuge:

> Fast zwei Wochen mußten wir für die Russen am Hafen arbeiten. Während dieser Zeit wurden Nacht für Nacht von betrunkenen Soldaten die Häuser, in denen Deutsche waren, nach Frauen durchsucht und diese in Gegenwart der Angehörigen vergewaltigt.[373]

Eine Frau aus dem Kreis Elbing schreibt über ihre Fahrt auf dem Wagen eines Bauern:

368 Zitiert bei Walter Kempowski IV, S. 75.
369 Zitiert bei Walter Kempowski III, S. 587.
370 Dokumentation [Anm. 1], S. 203.
371 Dokumentation [Anm. 1], S. 267.
372 Dokumentation [Anm. 1], S. 298.
373 Dokumentation [Anm. 1], S. 265.

> Auf dem Wagen lag die Tochter des Bauern, die die Russen während der Fahrt und beim Halten in den Dörfern mehrfach vergewaltigt hatten, und ihr, als sie sich wehren wollte, in den Rücken geschossen hatten … Meine Schwiegertochter und die Frau eines Danziger Kaufmanns, die sich uns angeschlossen hatten, wurden während der Fahrt von aufspringenden, jungen russischen Soldaten mehrfach vergewaltigt und das in Gegenwart der sterbenden jungen Frau, der erwachsenen Tochter der älteren Danziger Dame und der anderen Personen.[374]

Jede Vergewaltigung ist nach den Erkenntnissen der Psychologie ein vom Täter gewollter „Akt der Unterwerfung, Demütigung und Zerstörung".[375] In der speziellen Form der Vergewaltigung einer Frau vor den Augen anderer demonstriert der Täter, dass er keine Grenzen kennt oder gar anerkennt. Die Vergewaltigung von Frauen in (von den Tätern erzwungener) Anwesenheit ihrer Männer deutet auf einen weiteren, nicht unbedeutenden Unterschied zwischen einer Vergewaltigung in Friedenszeiten einerseits und der Vergewaltigung in Kriegszeiten andererseits hin, nämlich auf die doppelte Opferrolle der durch fremde Soldaten im Krieg missbrauchten Frau. Während nämlich die Vergewaltigung einer Frau in Friedenszeiten „nur" eine Ausprägung des – um einen feministischen Begriff zu gebrauchen – „Geschlechterkampfes" ist, wird die von einem fremden Soldaten im Krieg vergewaltigte Frau gezwungen, ihren Körper zusätzlich hinzuhalten als Objekt eines Kampfes Mann gegen Mann. Nina Radtke beschreibt dies zutreffend so:

> Der Körper der Frau, der geschändete, als Waffe gegen den *feindlichen Mann*; denn die Eskalation erfolgt in mehreren Stufen. Das Eindringen, Sichaustoben, Besitzen des Körpers zeigt die Macht, Beschmutzung (und Vergeltung) und Verletzung mit dem eigenen Körper auch als Waffe sexuell ausgehungerter Soldateska. Darüber hinaus sind vergewaltigte Frauen gebrandmarkt für die *eigenen* Männer. Letztlich zerstört man die natürliche Sexualität der Frau und ihre Unbefangenheit jedem Mann gegenüber. So ist es über den ‚Umweg' ein Kampf Mann gegen Mann.[376]

Ähnliche Feststellungen lauten,

> dass die Vergewaltigung der Frauen des Kriegsgegners zu allen Zeiten auch der besonderen Demütigung und Demoralisierung des Gegners gegolten hat … die Gewalt gegen die Frauen der Besiegten erscheint bei dieser Sichtweise gegen die bekämpften Krieger als Männer gerichtet.[377]

374 Dokumentation [Anm. 1], S. 274.

375 Gabriele Mörth: Schrei nach innen. Vergewaltigung und das Leben danach, Wien 1994, S. 25; auch zit. bei Wolfram Dornik [Anm. 156], S. 456.

376 Mitteilung an den Verfasser.

377 Ute Richter: Frauen und Bundeswehr. Analyse der rechtlichen Möglichkeiten einer Frauenintegration in die Streitkräfte der Bundesrepublik Deutschland, Diss. Ham-

Vergewaltigungen gelten demnach

> als grausame Waffe nicht nur gegen die direkten Opfer (Frauen), sondern auch gegen die nicht direkt Betroffenen – den gegnerischen Männern wird damit über den Körper der Frau der ‚Siegesbeweis' verdeutlicht.[378]

Die von feindlichen Soldaten im Krieg vergewaltigte Frau wird also zu einem Opfer in einem Kampf, an dem sie aktiv überhaupt nicht beteiligt ist; diese Form der Vergewaltigung ist damit nicht nur Gewalt, die den Körper haben will („raptive Gewalt" nach der Begriffsbildung von Jan Philipp Reemtsma), sondern die so vergewaltigte Frau wird degradiert zu Munition in einem Stellvertreterkrieg.[379] Die durch fremde Soldaten vergewaltigte Frau wird mithin in doppelter Weise erniedrigt: als individuelles Objekt der sexuellen Begierde des Vergewaltigers und zusätzlich als kollektives Ersatzobjekt für den in den Augen des Vergewaltigers feindlichen Mann. Birgit Beck hat in ihrer Abhandlung „Massenvergewaltigungen als Kriegsverbrechen. Zur Entwicklung des Völkerrechts" die „mittlerweile zahlreichen Forschungsergebnisse" zum Thema Gewalt gegen Frauen im Krieg dahin zusammengefasst,

> daß Vergewaltigung im Krieg eine doppelte Funktion hat: Sexuelle Gewalt richtet sich nicht nur gegen die weiblichen Opfer, um diese massiv zu verletzen und zu demütigen. Sie soll auch den männlichen Angehörigen, den Ehemännern, Vätern, Brüdern und Freunden unmißverständlich demonstrieren, daß sie nicht mehr in der Lage sind, ihre Frauen, Töchter und Schwestern zu beschützen.[380]

Und Catherine Merridale stellt dazu fest:

> Obwohl Frauen die Hauptlast der Gewalt zu tragen hatten, traf es auch die deutschen Männer in gewissem Maße. Nicht zufällig fanden viele Vergewaltigungen im Beisein von Ehemännern und Vätern statt. Man führte ihnen vor Augen, wie machtlos sie waren. Sie mussten dabei zusehen und die Intimste aller Entwürdigungen erleiden.[381]

burg 1999, S. 252.

378 Wolfram Dornik [Anm. 156], S. 456. Siehe auch die Bemerkung der Anonyma, dass „das Besiegtsein unbedingt der Paprika auf dem Fleisch ist". (S. 89)

379 Nach Jan Philipp Reemtsma [Anm. 165, S. 114] „spricht zum Beispiel einiges dafür, dass in manchen Kriegen Vergewaltigungen nicht allein zugelassen werden und dazu dienen, die männlichen Krieger mit Sondergratifikationen zu versehen, sondern zusätzlich als Kriegsmittel zur Demütigung der gegnerischen Bevölkerung eingesetzt werden".

380 Birgit Beck [Anm. 128], S. 406 f.

381 Catherine Merridale [Anm. 42], S. 348, dort auch mit der Schilderung des Schicksals eines Rechtsanwaltes, „der seiner jüdischen Frau die ganze Nazizeit hindurch beigestanden und sich trotz der großen Risiken nicht von ihr hatte scheiden lassen. Als die Sowjets kamen, beschützte er sie erneut, bis diese ihn mit einem Schuss in die Hüfte

Zum gleichen Thema schreibt Renate Meinhof, dass „die Niederschlagung Hitlerdeutschlands allein die Ehre des sowjetischen Mannes nach der Entehrung der Sowjetunion als Nation durch Hitlers Rassenkrieg nicht hatte wiederherstellen können“:

> Nur durch die Vergewaltigung der Frauen des Feindes, durch den ‚finalen Akt der männlichen Vorherrschaft‘, wie die Historikerin Gerda Lerner es nennt, nur dadurch konnte der Sieg erst vollkommen werden. Vergewaltigung in der traditionellen Gesellschaft richtet sich immer gegen die Frauen und gegen die Männer gleichermaßen. Die Frauen werden entehrt und die Männer implizit symbolisch kastriert und gedemütigt. ‚Männer in patriarchalen Gesellschaften‘, sagt Lerner, ‚die die Reinheit ihrer Frauen ... nicht zu schützen vermögen, sind wahrhaft impotent und entehrt.‘ Das erklärt, warum Frauen und Mädchen, wie in vielen Kriegen davor und danach, oft vor den Augen ihrer Väter, Söhne oder Ehemänner vergewaltigt wurden.[382]

Kurz: Der siegreiche Mann demütigt auch den besiegten Mann mit der Vergewaltigung von dessen Frau. In den Tagebuch-Aufzeichnungen der Anonyma berichtet diese über das Empfinden des Mannes ihrer vergewaltigten Freundin:

> Er quält sich mit Selbstvorwürfen, weil er tatenlos im Keller zurückblieb, während die Iwans seine Frau zwischenhatten. Bei der ersten Vergewaltigung im Keller war er sogar in Hörweite. Es muß ein sonderbares Gefühl für ihn gewesen sein.[383]

Eine Frau aus Bartenstein in Ostpreußen schreibt:

> In einem Zimmer sind verschiedene Russen mit G's Tochter. Sie ist schwanger. Ihr Mann darf zusehen.[384]

Was die besondere Brutalität der Massenvergewaltigungen deutscher Frauen durch sowjetische Soldaten 1944/45 betrifft, ist es kein Trost, sondern deprimierend, dass auch noch später und in anderen Teilen der Welt bei kriegerischen Konflikten besonders brutale Vergewaltigungen von Frauen stattgefunden haben, dies nicht nur in Kriegen zwischen Staaten, sondern auch in Bürgerkriegen. So wird z. B. über den Bürgerkrieg im Kongo 2007 berichtet:

> Häufig werden die Frauen vor den Augen der ganzen Dorfgemeinschaft, ihren Ehemännern und Kindern vergewaltigt. Sie nehmen den Frauen ihren Körper

niederstreckten. Verblutend musste er mit ansehen, wie drei Männer seine Frau vergewaltigten“.

382 Renate Meinhof [Anm. 138]. Der Hinweis auf Gisela Lerner bezieht sich auf deren Buch: The Creation of Patriarchy (deutsche Übersetzung: Die Entstehung des Patriarchats), München 2002, S. 109, S. 110 f.

383 Anonyma [Anm. 31], S. 220.

384 Zitiert bei Walter Kempowski III, S. 819.

> und ihren Besitz – ihr sei nicht einmal eine Matte zum Schlafen geblieben, erzählt eine siebzig Jahre alte Frau, an der sich die Rebellen vergangen haben. Bei den Vergewaltigungen bedienen sie sich auch glühender Gegenstände, Bajonette, Äste und Flaschen mit abgebrochenem Hals.[385]

Im Bürgerkrieg in Liberia, der fast 14 Jahre dauerte und der mit äußerster Brutalität geführt wurde, sollen in den Kriegsjahren drei von vier Liberianerinnen vergewaltigt worden sein.[386] Grausame Vergewaltigungen werden auch aus dem ethnischen Konflikt im Sudan in der Region Dafour gemeldet.

---

385 Zitiert nach Karen Krüger: Ich habe Angst vor der Nacht. Vergewaltigungen gehören für die Frauen und Mädchen in der kongolesischen Region Süd Kivu zum Alltag. Die Dokumentarfilmerin Susanne Balbia hat einige der Opfer begleitet, in: FAZ Nr. 266 v. 15. November 2007, S. 46 (zum Fernsehfilm „Im Schatten des Bösen. Der Krieg gegen die Frauen im Kongo").

386 Hans-Christian Rößler: Land mit tiefen Narben. Liberia nach dem Bürgerkrieg, in: FAZ Nr. 233 v. 8. Oktober 2007, S. 6. Zu einem der ersten und schwersten Konflikte im postkolonialen Afrika, dem Krieg gegen Biafra 1967, und den darin begangenen Grausamkeiten siehe Chimamanda Ngozi Adichie: Die Hälfte der Sonne, München 2007. Zu den Eindrücken eines „Kindersoldaten" von Massakern und Vergewaltigungen in Afrika siehe Uzodinma Iweala: „Du sollst Bestie sein!" Aus dem Englischen von Markus Ingendaay, Zürich 2008.

VI. Erklärungen

Jeder Krieg ist eine Gewaltveranstaltung, oft sogar eine Orgie von Gewalt. Dies war bei den Kriegen im Altertum und bei den Kriegen im Zeitalter der Ritter nicht anders als heute. Zugenommen haben jedoch die Vernichtungskraft der Waffen und die Leiden der Zivilbevölkerung im Krieg. Zwischen Pfeil und Bogen als Waffe der Reiter und der Atombombe der „Fliegenden Festungen“ liegt ein Quantensprung. Die Verluste unter der Bevölkerung im deutsch-französischen Krieg von 1870/71 sind mit denen im Ersten Weltkrieg (Hungerblockade!) nicht vergleichbar und diese wiederum sind weitaus geringer als die Verluste unter der Bevölkerung im Zweiten Weltkrieg: Das Konzept des „totalen Krieges“[387] hatte blutige Folgen. Intensiver als je zuvor war auch die psychologische Kriegführung mit den diversen Mitteln der Propaganda. Rassismus war ein Teil dieser Propaganda.

Der Krieg als Orgie von Gewalt und die Verrohung der Soldaten der Kriegsmächte erklärt allein nicht die Massenvergewaltigungen deutscher Frauen durch die russischen Soldaten – Vergewaltigungen, die in Quantität und Brutalität selbst im Zweiten Weltkrieg vorher so nicht vorgekommen sind. Unter den Gründen für die Verübung dieser Gewalttaten sind Gefühle von Rache, Vergeltung und Hass bei den Vergewaltigern nicht nur vorhanden gewesen, sondern auch von der offiziellen sowjetischen Kriegspropaganda[388] genährt und verstärkt worden. Was die politisch-psychologische Motivierung der sowjetischen Soldaten betrifft, so sind in der damaligen Zeit zwei Tendenzwechsel zu registrieren[389]: Der eine Tendenzwechsel betraf die ursprüngliche Kampflosung der Roten Armee, nämlich „die Befreiung der Sowjetheimat von den faschistischen deutschen Okkupanten“. Nach Erreichen dieses Kriegszieles und mit dem Vorrücken der Roten Armee auf deutsches Gebiet wurde diese Losung abgelöst von der neuen Kriegsziellosung „das faschistische Untier in seiner eigenen Höhle erledigen“. Der zweite Tendenzwechsel betraf die ursprünglich propagierte Unterscheidung zwischen der „Hit-

387 Zur Entstehungsgeschichte und zum Gebrauch des Begriffes „Totaler Krieg“ s. Ingo von Münch [Anm. 132], S. 61 f.

388 Ausführliche Darstellung bei Manfred Zeidler [Anm. 300], S. 682 ff. (Abschn. „Die politisch-psychologische Führung der Sowjetsoldaten im letzten Kriegsjahr“.)

389 Im Einzelnen dazu Manfred Zeidler [Anm. 300], S. 684 ff.

lerclique" einerseits und dem deutschen Volk andererseits. Während der häufig zitierte „Befehl Nr. 55 des Volkskommissars für Verteidigung" J. W. Stalin vom 23. Februar 1942 noch einen solchen Unterschied zwischen der „Hitlerclique" und „dem deutschen Volke" machte[390], wurde im Verlaufe der Fortdauer des „Großen Vaterländischen Krieges" diese Unterscheidung aufgegeben. Schon 1943 schrieb der bekannte Propagandist Ilja Ehrenburg in seinem Buch „Woina" (Der Krieg), dessen folgende Textauszüge auch in der Frontzeitung „Krasnaja Swesda" („Roter Stern")[391] und auf an die Soldaten verteilten Flugblättern nachgedruckt waren:

> Die Deutschen sind keine Menschen. Von jetzt ab ist das Wort ‚Deutscher' für uns der allerschlimmste Fluch. Von jetzt ab bringt das Wort ‚Deutscher' ein Gewehr zur Entladung. Wir werden nicht sprechen. Wir werden uns nicht aufregen. Wir werden töten. Wenn du nicht im Lauf eines Tages wenigstens einen Deutschen getötet hast, so ist es für dich ein verlorener Tag gewesen ... Wenn Du einen Deutschen getötet hast, so töte einen zweiten – für uns gibt es nichts Lustigeres als deutsche Leichen. Zähle nicht die Tage. Zähle nicht die Kilometer. Zähle nur eines: Die von dir getöteten Deutschen! Töte den Deutschen! – dies bittet dich deine greise Mutter. Töte den Deutschen! – dieses bitten dich deine Kinder. Töte den Deutschen! – so ruft die Heimaterde. Versäume nichts! Versieh dich nicht! Töte![392]

Als die sowjetischen Armeen auf die Grenzen Deutschlands vorrückten, schrieb Ilja Ehrenburg in der Soldatenzeitung „Unitschtoshim Wraga" („Vernichtet den Gegner") vom 17. September 1944:

> Die Deutschen werden die Stunde verfluchen, da sie unseren Boden betraten. Die deutschen Frauen werden die Stunde verfluchen, in der sie ihre Söhne –

390 Auszug (hier in deutscher Übersetzung): „Es ist sehr wahrscheinlich, daß der Krieg für die Befreiung des Sowjetbodens zur Vertreibung oder Vernichtung der Hitlerclique führen wird. Wir würden einen solchen Ausgang begrüßen. Es wäre aber lächerlich, die Hitlerclique mit dem deutschen Volke, mit dem deutschen Staate, gleichzusetzen. Die Erfahrungen der deutschen Geschichte besagen, daß die Hitler kommen und gehen, aber das deutsche Volk, der deutsche Staat bleibt ..." Text in: J. Stalin: Über den Großen Vaterländischen Krieg der Sowjetunion, 2. Aufl. Berlin 1951, S. 43 ff., S. 50; auch in: Ingo von Münch (Hrsg.): Dokumente des geteilten Deutschland, Stuttgart 1968, S. 4.

391 Zur Bedeutung der Frontzeitung eines militärischen Verbandes als „am meisten massenwirksame Tribüne seiner Politabteilung" s. Manfred Zeidler [Anm. 300], S. 687.

392 Zitiert nach A. de Zayas [Anm. 89], S. 85; in einem Auszug auch zitiert bei Antony Beevor [Anm. 16], S. 190, dort mit geringfügiger stilistischer Abweichung: „Zählt nur die Deutschen, die ihr getötet habt. Töte den Deutschen, betet deine Mutter. Töte den Deutschen, schreit die russische Erde. Zögere nicht. Kenne keine Gnade. Töte." Zur Person Ehrenburg s. Joachim Hoffmann: Stalins Vernichtungskrieg 1941–1945. Planung, Ausführung, Dokumentation, 8. Aufl. München 2001, S. 152 ff.

> Wüteriche – geboren haben. Wir werden nicht schänden. Wir werden nicht verfluchen. Wir werden nicht hören. Wir werden totschlagen.[393]

Unklar ist dagegen, ob der Text eines häufig zitierten Flugblattes, das zu Beginn der sowjetischen Oktoberoffensive 1944 an die Soldaten der Roten Armee verteilt sein soll, aus der Feder von Ilja Ehrenburg stammt:

> Tötet. Es gibt nichts, was an den Deutschen unschuldig ist, die Lebenden nicht und die Ungeborenen nicht. Folgt der Weisung des Genossen Stalin und zerstampft für immer das faschistische Tier in seiner Höhle. Brecht mit Gewalt den Rassenhochmut der germanischen Frauen! Nehmt sie als rechtmäßige Beute! Tötet, ihr tapferen Soldaten der siegreichen sowjetischen Armee![394]

Alfred M. de Zayas, der dieses Flugblatt zitiert, merkt dazu allerdings an, dass es ihm bisher nicht gelungen sei, das russische Original aufzufinden; Ilja Ehrenburg habe in seiner Autobiographie „Menschen, Jahre, Leben" bestritten, dieses Flugblatt verfasst zu haben.[395] Diese Einlassung von Ilja Ehrenburg selbst dürfte allerdings kein zweifelsfreier Gegenbeweis sein; denn zum Zeitpunkt des Erscheinens seiner Autobiographie (1965) wäre jener „sexistische" Text für den Autor keine Empfehlung mehr gewesen. Freilich meint auch Wolfgang Zeidler in seinen detaillierten Ausführungen zum Thema „Die Rolle der Militärpresse: Der Fall Il'ja Érenburg",

---

393 Bundesarchiv/Militärarchiv, Freiburg/Brg., Bestand H 3/493, Fremde Heere Ost; auch zit. bei Heinz Nawratil [Anm. 52], S. 96, und bei Alfred De Zayas: Die Nemesis von Potsdam, München 2005, S. 110 f.

394 Eine deutsche Fassung dieses Textes findet sich in: Karl Dönitz: 10 Jahre und 20 Tage, Frankfurt/Main 1967, S. 474; später auch bei: Heinz Nawratil [Anm. 52], S. 228. Vgl. De Zayas [Anm. 393], S. 302 f., Anm. 19.

395 Alfred M. De Zayas [Anm. 393], S. 302 f.; ders. [Anm. 89], S. 213. Dort auch der Hinweis auf die in deutscher Übersetzung 1965 erschienene Autobiographie Ehrenburgs mit der diesbezüglichen Äußerung in Bd. 3, S. 32 ff. Nach Antony Beevor [Anm. 16], S. 38, handelt es sich dabei um „eine Erfindung der Nazis". Auch Ingeborg Jacobs [Anm. 28] behauptet, ohne dafür Beweise zu erbringen, ein solches Flugblatt „hat es allerdings nie gegeben". (S. 155) Ehrenburg selbst hatte schon in der Zeitschrift „Krasnaja Zvezda" („Roter Stern") vom 25. November 1944 behauptet, solche Flugblätter seien perfide Fälschungen, siehe Manfred Zeidler [Anm. 300], S. 694. Vgl. dazu auch Sven Felix Kellerhoff [Anm. 103]: „Viel spricht dafür, dass es sich dabei um ein Gerücht handelt, obwohl eine Zeile wie diese dem sowjetischen Propagandisten Ilja Ehrenburg durchaus zuzutrauen gewesen wäre."
Nach De Zayas [Anm. 393], S. 303, finden sich sowohl in den Akten des Politischen Archivs des Auswärtigen Amts (Bestand Völkerrecht/Kriegsrecht und Kult. Pol. Geheim) als auch in den Akten des Bundesarchivs/Militärarchiv in Freiburg/Brg. (s. o. [Anm. 393]) viele andere Flugblätter aufhetzenden Inhalts von Ehrenburg und anderen russischen Autoren.

> daß er erklärtermaßen zur Vergewaltigung deutscher Frauen aufgerufen habe, darf man getrost als Legende oder als Produkt einer übelwollenden Propaganda betrachten.[396]

Immerhin fügt Zeidler an diese Entlastung Ehrenburgs die Feststellung an:

> Jedoch: Man konnte im Geiste von Érenburgs Frontartikeln Gefangene erschießen, man mußte es nicht; man konnte auch Frauen vergewaltigen, mußte es aber nicht tun. Man konnte ihn eben so verstehen, wie man es gerade brauchte.[397]

Eine solche relativierende, fast neutrale Bewertung der Ehrenburgschen Aufforderungen zu gewaltsamer und gnadenloser Rache dürfte jedoch die fanatischen und maßlosen Hassausbrüche des Ilja Ehrenburg kaum zutreffend deuten.[398] Auch Erklärungen wie die, es sei vielleicht „einer emotionalen Blockade oder einem Gutteil an intellektueller Blindheit geschuldet“, wenn Ehrenburg „phasenweise die Grenze zum Rassismus nicht nur gestreift, sondern überschritten habe“[399], klingen milde und verständnisvoll, ebenso wenn gemutmaßt wird,

> daß insbesondere seine Art der publizistischen Abrechnung mit dem deutschen Feind, nicht zuletzt sein gefährliches Wort von den ‚samki‘ (= weibliche Tiere) auch ein von Ehrenburg gebrauchtes, ein verhängnisvolles Signal setzte, das verheerende Folgen für viele Betroffenen heraufbeschwören mußte, mag ihm in seiner fatalen Massenwirkung selbst vielleicht nicht hinreichend bewusst gewesen sein.[400]

Das Gegenteil dürfte richtig sein. Ilja Ehrenburg hat mit den ihm eigenen intellektuellen und sprachlichen Fähigkeiten mit Sicherheit sehr wohl gewusst, was er bewirken wollte und wie er seinem Willen, dass die Sowjetsoldaten gnadenlos Rache üben sollten, Geltung verschaffen konnte. Schließlich publizierte Ehrenburg seine Aufrufe zum Töten und Zerstören nicht irgendwo, sondern vor allem in Zeitungen und Flugblättern der sowjetischen Armee, also in Publikationsorganen, die für die sie lesenden russischen Soldaten einen offiziellen Charakter hatten.

---

396 Manfred Zeidler [Anm. 300], S. 697. Der Autor verwendet hier die buchstabengetreue Transkription aus der russischen Sprache. Der vorliegende Text gebraucht dagegen die im Deutschen übliche Schreibweise.

397 Manfred Zeidler [Anm. 300], S. 697.

398 Zahlreiche Beispiele seiner Hassausbrüche zitiert Joachim Hoffmann [Anm. 392], S. 225 ff. Zutreffend ist auch die Feststellung von Renate Meinhof [Anm. 138], dass bei den Vergewaltigungen natürlich z. B. Ilja Ehrenburgs „rituelle Hassgesänge“ eine Rolle spielten.

399 Manfred Zeidler [Anm. 300], S. 697.

400 Manfred Zeidler [Anm. 300], S. 696.

Die Frage nach der Authentizität des Flugblatttextes, in welchem die sowjetischen Soldaten ausdrücklich zur Vergewaltigung deutscher Frauen aufgefordert wurden („Brecht mit Gewalt den Rassenhochmut der germanischen Frauen! Nehmt sie als rechtmäßige Beute!“) und der zu Recht oder zu Unrecht Ilja Ehrenburg als Verfasser zugeschrieben wird, kann hier nicht exakt geklärt werden. Jedoch besteht an der Autorschaft von Ilja Ehrenburg an zahlreichen anderen Artikeln und Flugblättern mit Hass schürendem Inhalt kein Zweifel[401], Traktaten, die meist keinen Unterschied zwischen deutschen Soldaten und Zivilisten machten und die ihn „zur zentralen und vor allem bei der Masse der Frontsoldaten zur mit Abstand populärsten Figur der sowjetischen Kriegspublizistik“ werden ließen.[402] Die deutschen Frauen bezeichnete Ehrenburg – wie bereits erwähnt – als „weibliche Tiere“, die „in uns“ (also den Russen) nur ein einziges Gefühl, nämlich das des Ekels auslösten:

> Wir verachten sie, weil sie die Mütter, Frauen und Schwestern von Henkern sind ... und brauchen keine blonden Hyänen. Wir gehen nach Deutschland wegen etwas anderem: wegen Deutschland selber, und mit dieser blonden Hexe wird es kein gutes Ende nehmen.[403]

Die Botschaft war unzweideutig: Die deutschen Frauen sind keine Menschen und brauchen deshalb von den sowjetischen Soldaten nicht wie Menschen behandelt zu werden. Nicht wenige Soldaten folgten dieser Botschaft, und bei den vergewaltigten Frauen kam sie an, auf grausame Weise: „Ich bin bloß Beute, muß es den Jägern überlassen, was sie mit der Beute tun wollen und wem sie verbleibt“[404], „rechtlos sind wir, Beute, Dreck“[405], „Unflat, der ich jetzt bin“.[406] Ilja Ehrenburg war zu jener Zeit gewiss nicht der einzige Propagandist, der auf die Stimmung der sowjetischen Soldaten einwirkte, aber offenkundig der einflussreichste.[407] Catherine Merridale schreibt in ihrem hinsichtlich der Befindlichkeit der russischen Soldaten sehr einfühlsamen Buch über die Rote Armee:

401 Beispiele bei Manfred Zeidler [Anm. 300], S. 689 ff.
402 So Manfred Zeidler [Anm. 300], S. 688.
403 Zitiert bei Manfred Zeidler [Anm. 300], S. 694.
404 Anonyma [Anm. 31], S. 140.
405 Anonyma [Anm. 31], S. 90.
406 Anonyma [Anm. 31], S. 86.
407 Antony Beevor [Anm. 16], S. 38. Siehe auch Manfred Zeidler [Anm. 300], S. 688: „Die Resonanz seiner Artikel war außerordentlich und wurde von keinem seiner Schriftstellerkollegen erreicht – Konstantin Simonov vielleicht ausgenommen. Viele Frontsoldaten nannten ihn in ihren Briefen den ‚Marschall unserer Literatur‘ oder den ‚Marschall der Publizistik‘ und verglichen seine Feder mit ihren berühmten ‚Katjušas‘ (Stalinorgeln).“

> Ehrenburg hatte mit seiner Botschaft vom unerbittlichen Hass auf die Deutschen als Nation das Denken der Armee über Vergeltung geprägt. Erst im Frühjahr 1945 bremste ihn Stalins Propagandachef G. F. Alexandrow.[408] Bis dahin galten Ehrenburgs Schriften in der Truppe als so heilig, dass die Männer das Papier seiner Druckschriften als eine Ausnahme von wenigen nie zum Zigarettendrehen benutzten. Das aus seiner Feder fließende Gift passte zur Kriegsstimmung der Soldaten, und diese verschärfte sich beim Vormarsch auf preußischem Boden noch.[409]

Zur Wirkung von Ehrenburgs Appellen zitiert Antony Beevor:

> ‚In unserer Kantine war eine große Losung an die Wand gemalt‘, erinnert sich eine Chiffreurin aus dem Hauptquartier der 1. Weißrussischen Front. ‚Hast Du schon einen Deutschen getötet? Töte einen!‘ Wir standen unter dem starken Einfluss von Ehrenburgs Appellen, und wir hatten viele Gründe für Vergeltung.

Ihre Eltern waren in Sewastopol getötet worden. „Der Hass war so groß“, so zitiert Beevor weiter, „dass man die Soldaten kaum im Zaum halten konnte.“[410]

Interessant ist in diesem Zusammenhang auch die Äußerung des Rotarmisten Janek Tyrczynski zur Vergewaltigung deutscher Frauen:

> Außerdem hatte man uns zum Haß gegen die Deutschen erzogen. In Flugblättern, die wir an der Front bekamen, stand immer wieder: ‚Tötet die deutschen Männer und schändet die deutschen Frauen. Brecht ihren rassischen Hochmut!‘ Es war uns also nicht verboten, sondern wir wurden dazu aufgefordert.[411]

Alexander Solschenizyn, selber ein Gegner jener Ausschreitungen, beschreibt im „Archipel Gulag“ die Stimmung in seinem Regiment beim Eindringen in Ostpreußen im Januar 1945:

> Ja! Seit drei Wochen fand der Krieg innerhalb Deutschlands statt und jeder von uns wußte, daß, wenn die Mädchen Deutsche waren, sie vergewaltigt und dann erschossen werden konnten. Das war fast so etwas wie eine Kampfauszeichnung …[412]

In einer beklemmenden Schilderung der Vergewaltigung von Frauen auf der Straße nach Anklam in Pommern ist zu lesen:

---

408 Kritik an Ilja Ehrenburgs polemischen Artikeln hatte schon Lew Kopelew (damals noch Politoffizier der sowjetischen Armee) geübt; s. dazu Antony Beevor [Anm. 16], S. 41 f. Zur Missbilligung seitens Georgi Alexandrow („Genosse Ehrenburg vereinfacht“), die dazu führte, dass Ehrenburg seinen Einfluss verlor, siehe Antony Beevor [Anm. 16], S. 221.

409 Catherine Merridale [Anm. 42], S. 330 f.

410 Antony Beevor [Anm. 16], S . 191 f.

411 Zitiert bei Walter Kempowski I, S. 717.

412 Zitiert bei Brigitte Neary [Anm. 29], S. 6.

> ... Schreie, in jeder Frau Hitler bezwingen, und die Kinder schrien, und die Alten bäumten sich nicht auf. Am Morgen fand man Körper wie Fallobst unter den Bäumen der Allee.[413]

Abgrundtiefer Hass bestimmte aber nicht nur die Aufrufe von Ilja Ehrenburg, sondern kennzeichnete auch das Denken von hohen militärischen Befehlshabern bis herunter zum nicht hochrangigen Rotarmisten. Von Marschall Georgij K. Schukow ist die Äußerung überliefert:

> Die Zeit ist gekommen, mit den deutsch-faschistischen Halunken abzurechnen. Groß und brennend ist unser Haß! ... Für den Tod, für das Blut unseres Sowjetvolkes sollen die faschistischen Räuber mit der vielfachen Menge ihres gemeinen schwarzen Blutes bezahlen.[414]

Armeegeneral Iwan Danilowitsch Tschernjachowski appellierte an seine Truppen am Vorabend der Januaroffensive von 1945 in Ostpreußen:

> Gnade gibt es nicht – für niemanden, wie es auch keine Gnade für uns gegeben hat. Es ist unnötig, von den Soldaten der Roten Armee zu fordern, daß Gnade geübt wird. Sie lodern vor Haß und vor Rachsucht. Das Land der Faschisten muß zur Wüste werden, wie auch unser Land, das sie verwüstet haben. Die Faschisten müssen sterben, wie auch unsere Soldaten gestorben sind.[415]

Die „Faschisten“ waren in den Augen der sowjetischen Heerführer (und nicht nur dieser) Barbaren. Damit ist an die Feststellung von Jan Philipp Reemtsma zu erinnern:

> Jemanden zum Barbaren zu erklären bedeutet, ihn einer Zone zuzuordnen, in der Gewalt – noch – erlaubt und oft geboten ist.[416]

In seinen „Aufzeichnungen eines Rotarmisten“ bezeichnet der damals als Leutnant in der Roten Armee dienende Wladimir Gelfand die Deutschen als „Tiere“:

> Deutschland steht in Flammen, und es stimmt einen irgendwie froh, diesem bösen Schauspiel beizuwohnen. Tod um Tod, Blut um Blut. Mir tun diese Menschenhasser, diese Tiere, nicht leid.[417]

Dass es sich dabei nicht um eine vereinzelte Sicht gehandelt hat, bestätigt auch Catherine Merridale mit der Bemerkung, dass die Rotarmisten die Opfer selbst „kaum als Menschen wahrgenommen haben“.[418] In dieses Bild gehört auch, dass beim Beginn der sowjetischen Offensive gegen Ostpreußen am 13. Januar 1945 Politoffiziere der Roten Armee

413 Renate Meinhof [Anm. 27], S. 119.
414 Zitiert bei Roland Thimme [Anm. 30], S. 197 f.
415 Zitiert bei Manfred Zeidler [Anm. 300], S. 698.
416 Jan Philipp Reemtsma [Anm. 165], S. 293.
417 Wladimir Gelfand [Anm. 200], S. 28.
418 Catherine Merridale [Anm. 42], S. 338

Schilder mit Texten wie „Soldat, jetzt betrittst du die Höhle der faschistischen Bestie“[419] aufstellten. Jener russischen Vorstellung von den Deutschen als Tiere entsprach die Wahrnehmung der deutschen Opfer, wie sie in der Klage eines Mädchens in den Worten zum Ausdruck kommt: „Sie behandeln uns, als ob wir Tiere wären!“[420] – oder in der Feststellung des kommunistischen (!) Bürgermeisters der thüringischen Stadt Zerbst von Anfang Juli 1945:

> Vergewaltigungen, Überfälle, Morde Schlag auf Schlag. Über hundert vergewaltigte Frauen wurden allein in unserer Schule betreut. Diese Frauen waren von den Russen in schrecklichster, tierischer Weise mißhandelt worden.[421]

In welchem Ausmaß die antideutsche Propaganda bei den russischen Soldaten Wirkung zeigte, also sie tatsächlich aufstachelte, braucht und kann hier nicht quantifiziert zu werden. Im vorliegenden Zusammenhang genügt die unbestreitbare Tatsachenfeststellung, dass viele russische Soldaten beim Einmarsch in Deutschland von Gefühlen des Hasses und des Wunsches nach Vergeltung und Rache gegenüber den Deutschen erfüllt waren. Dementsprechend finden die Massenvergewaltigungen deutscher Frauen durch Soldaten der Roten Armee in diesen Gefühlen zwar keine Entschuldigung oder Rechtfertigung, wohl aber eine Erklärung. Auch manche Opfer von Vergewaltigungen sahen die Erklärung dafür in jenen Rachegefühlen – so eine als 15-Jährige in Pommern vergewaltigte Frau:

> ... nachdem ich die Vergewaltigungen in der Kirche überlebt hatte, die ich als Rache der Sieger an uns Deutschen begriff ...[422]

Jedoch wäre es zu kurz gegriffen, wenn die Erklärung für jene Vergewaltigungen nur in den antideutschen Gefühlen gesucht würde. Zunächst einmal ist zu bemerken, dass Hass und Wut der russischen Soldaten sich nicht nur gegen die Deutschen, sondern auch gegen deren Verbündete richteten. Catherine Merridale stellt dazu zutreffend fest:

---

419 Antony Beevor [Anm. 16], S. 37.

420 Siehe das Zitat bei Rebecca Lutter [Anm. 285], S. 203. Die beim Einmarsch der russischen Truppen in Treuenbrietzen im April 1945 damals 21 Jahre alte Ingeborg Grabow berichtet, dass dort die Frauen und Mädchen „wie Freiwild“ behandelt wurden: „sie konnten missbraucht, gequält und zutiefst gedemütigt werden“. (zit. bei Michael Mielke: Das Massaker von Treuenbrietzen, in: Die Welt v. 2. Dezember 2008, S. 10).

421 Zitiert bei Hubertus Knabe [Anm. 14], S. 85.

422 Zitiert bei Ingeborg Jacobs [Anm. 28], S. 111. Dazu Ingeborg Grabow [Anm. 420]: „Wer Rache übt, kann sich nicht als Befreier feiern lassen, auch wenn er mitgeholfen hat, diesen unseligen Krieg zu beenden.“

> Auch wenn die Gewalt in Ostpreußen ihre furchtbarsten Ausmaße annahm. Vergewaltigungen traten überall auf, wo die Rote Armee über Feinde herfiel.[423]

Es kam aber sogar vor, dass selbst polnische Frauen von russischen Soldaten vergewaltigt wurden, also Angehörige des Landes, gegen das sich Hitlers Angriffskrieg zuerst richtete. So berichtet Lew Kopelew über ein in Allenstein von russischen Soldaten gejagtes Mädchen, „das verzweifelt schrie: ‚Ich bin Polin! Jesus, Maria, ich bin Polin.'"[424] Und Catherine Merridale schreibt darüber,

> wie in einigen ostpreußischen Städten fast alle Frauen vergewaltigt wurden. „Man hörte die Hilfeschreie der Opfer Tag und Nacht", berichtete eine Zeugin. In dieser polyglotten Grauzone kam es nicht darauf an, ob die Frauen Deutsche oder Polinnen – und damit Verbündete der Russen – waren.[425]

Sogar russische Mädchen, die als Zwangsarbeiterinnen nach Deutschland verbracht worden waren, konnten vor Vergewaltigungen durch Rotarmisten nicht immer sicher sein.[426] Ein Beispiel hierfür wurde aus Bunzlau in Schlesien gemeldet:

> So terrorisierten Rotarmisten der Kommandantur in Bunzlau (heute: Bolesławiec) im Februar 1945 tagelang etwa hundert Zwangsarbeiterinnen, die in einer Herberge auf ihre Rückführung in die UdSSR warteten. Nachts drangen die Männer in ihr Quartier ein und vergewaltigten sie. „Tag und Nacht habe ich gewartet, dass die Rote Armee kommt und uns befreit", hieß es in einer von mehreren Beschwerden der betroffenen Frauen. „Und jetzt werden wir von unseren eigenen Soldaten schlimmer behandelt als von den Deutschen. Am liebsten wäre ich tot." Zu ähnlichen Vorfällen kam es auch in der Kommandantur Öls (heute: Oleśnica), wo Rotarmisten im Februar 1945, teilweise unter Waffeneinsatz, zahlreiche Zwangsarbeiterinnen missbrauchten, die von den Deutschen in der Landwirtschaft eingesetzt worden waren.[427]

Die Welle sexueller Gewalt, schreibt Ingeborg Jacobs,

> brach nicht nur über die deutschen Frauen herein, sie traf auch ukrainische, russische und weißrussische Frauen, die zur Zwangsarbeit nach Deutschland verschleppt worden waren. Nicht einmal Jüdinnen wurden verschont.[428]

---

423 Catherine Merridale [Anm. 42], S. 348; dort auch (S. 334 f.) speziell Aussagen über Vergewaltigungen von ungarischen Frauen.

424 Zitiert bei Antony Beevor [Anm. 16], S. 44.

425 Catherine Merridale [Anm. 42], S. 341.

426 Antony Beevor [Anm. 16], S. 81. Zu Vergewaltigungen ehemaliger Zwangsarbeiterinnen durch sowjetische Soldaten in Österreich siehe Wolfram Dornik [Anm. 156], S. 462.

427 Hubertus Knabe [Anm. 14], S. 56, unter Berufung auf Pawel Polian: Deportiert nach Hause. Sowjetische Kriegsgefangene im „Dritten Reich" und ihre Repatriierung, Wien/München 2001.

428 Zitiert Ingeborg Jacobs [Anm. 28], S. 11.

Die Wahllosigkeit der Opferauswahl zeigt, dass die von den russischen Soldaten 1944/45 verübten Vergewaltigungen nicht ausschließlich politisch motiviert waren, sondern natürlich auch – wie fast jede Vergewaltigung – auf sexueller Begierde beruhten, also der Befriedigung des Geschlechtstriebes dienten. Catherine Merridale sieht dies offenbar anders, wenn sie meint, es sei bei den Vergewaltigungen „gar nicht in erster Linie um die Frauen selbst" gegangen, sondern die Opfer der Vergewaltigungen waren „nichts als Fleisch, verkörperten die Deutschen schlechthin und dienten damit als Zielscheiben der sowjetischen und der individuellen Rache". Angeblich hätten viele sowjetische Soldaten die deutschen Frauen „widerlich" gefunden.[429] Als der jugoslawische Partisanenführer Milovan Djilas in Jugoslawien begangene Ausschreitungen sowjetischer Soldaten zur Sprache brachte, hat Stalin – wie Djilas in seinen Memoiren berichtet – diese Kritik mit der Frage kommentiert:

> Kann er nicht verstehen, wenn sich ein Kämpfer, der durch Blut, Feuer und Tod gegangen ist, mit einem Weib einen Spaß erlaubt oder eine Kleinigkeit mitgehen lässt?[430]

Djilas kommt an einer anderen Stelle in seinen Memoiren noch einmal auf eine Reaktion Stalins auf die Kritik an der Roten Armee zurück; er zitiert Stalin dort wie folgt:

> Nun ja. Sie haben, versteht sich, Dostojewskij gelesen. Haben Sie nicht bemerkt, wie komplex die menschliche Seele, die Psyche des Menschen ist? Jetzt stellen Sie sich einen Mann vor, der von Stalingrad bis Belgrad gekämpft hat – über Tausende von Kilometern durch das eigene verwüstete Land, vorbei an den Leichen seiner Kameraden und seiner liebsten Angehörigen! Wie kann ein solcher Mann normal reagieren? Und was ist daran so schrecklich, wenn er sich mit einer Frau einen Spaß erlaubt, nach all dem Grauen? Sie haben sich die Rote Armee als eine ideale Armee vorgestellt; sie ist es aber nicht und kann es auch gar nicht sein, selbst wenn sie nicht eine Anzahl von Kriminellen enthielte – wir haben unsere Strafanstalten geöffnet und sämtliche Insassen in die Armee gesteckt ... Also ist die Rote Armee nicht ideal. Wichtig ist, daß sie die Deutschen schlägt – und sie schlägt sie gut; das übrige ist Nebensache ...[431]

429 Catherine Merridale [Anm. 42], S. 341; auch S. 457, Anm. 44: dort gegen die Behauptung von Alexander Werth: Russland im Krieg 1941–1945, München 1965, S. 644, die russischen Soldaten hätten in erster Linie deshalb vergewaltigt, weil sie „sexuell ausgehungert" waren.

430 Zitiert bei Milovan Djilas: Der Krieg der Partisanen, Memoiren 1941–1945, 2. Aufl. Wien–München–Zürich–Innsbruck, 1978, S. 548. Auch zit. bei Wolfram Dornik (Anm. 156), S. 457 f., und bei Giles Macdonogh [Anm. 67], S. 26.

431 Milovan Djilas [Anm. 430], S. 55.

Vergewaltigungen von Frauen und Mädchen als „Spaß“ und als „Nebensache“? Zynischer liest sich die bereits erwähnte Erklärung eines sowjetischen Offiziers, der von den von „unseren Jungs“ verübten Vergewaltigungen alter Frauen als „eine nicht unangenehme Überraschung“ für „viele Großmütter“ spricht.[432]

Die Hemmungslosigkeit wuchs noch, wenn die Täter – wie häufig – alkoholisiert waren.[433] Antony Beevor meint dazu sogar:

> Es war, als ob die sowjetischen Soldaten sich erst Mut antrinken mussten, wenn sie sich eine Frau griffen. Häufig soffen sie dann zu viel, und wenn sie nicht mehr in der Lage waren, den Akt zu vollziehen, benutzten sie die Flasche – mit schweren Folgen. Manche Opfer wurden schwer verstümmelt.[434]

Catherine Merridale vermutet – wohl zu wohlwollend – einen Trancezustand infolge des Alkoholtrinkens:

> Wenn viele in einer Art Trance handelten, so mag dies nicht zuletzt daran gelegen haben, dass sie sich aus verständlichen Gründen mit Alkohol betäubten. ‚Nicht zu trinken ist hier unmöglich‘, schrieb ein Soldat im Februar nach Hause. ‚Alles, was wir hier erleben, ist schwer zu beschreiben; wenn man getrunken hat, ist es einem leichter.‘[435]

Eine zusätzliche Erklärung sucht Catherine Merridale, die – ohne die Vergewaltigungen schönzureden – doch auch für Verständnis zu werben scheint. Die englische Historikerin sieht nämlich in dem russischen Soldaten als Vergewaltiger nicht nur den Täter, sondern auch selber ein Opfer, eine Sichtweise, die zur Überschrift „Armer Iwan. Geschundene Schinder: Catherine Merridale über die Soldaten der Roten Armee im Zweiten Weltkrieg“ einer von Cora Stephan verfassten Buchbesprechung geführt hat.[436] Catherine Merridale hat in ihrem Buch

432 Zitiert bei Antony Beevor [Anm. 16], S. 44.

433 Zur Rolle des Alkohols im Zusammenhang mit den Ausschreitungen siehe auch Antony Beevor [Anm. 16], S. 444, und Manfred Zeidler [Anm. 300], S. 721 f. Über Fälle, in denen russische Soldaten nach dem Trinken von Methylalkohol starben oder erblindeten, schreibt Alexander Solschenizyn in „Schwenkitten ’45“ [Anm. 319], S. 109.

434 Antony Beevor [Anm. 16], S. 44 f. Siehe auch Roland Thimme [Anm. 30], S. 205, der auf Norman M. Naimarks Werk „Die Russen in Deutschland. Die sowjetische Besatzungszone 1945 bis 1949“, Berlin 1997, verweist, demzufolge „die Trinksitten der Russen“ bei den Vergewaltigungen „eine ebenso signifikante Rolle“ gespielt hätten „wie ihr Rachedurst und ihr Deutschenhass“.

435 Catherine Merridale [Anm. 42], S. 342 f.; Manfred Zeidler [Anm. 300], S. 722.

436 Cora Stephan [Anm. 104]. Zu Kameradenschinderei („Dedowschtschina“) als Form der Machtausübung der „Alten“ über die „Jungen“ in der Sowjetarmee siehe auch Silke Satjukow: Besatzer. „Die Russen“ in Deutschland 1945–1994, Göttingen 2008, S. 120 ff. Über selbst in neuerer Zeit von Vorgesetzten und dienstälteren Soldaten (den so genannten „Großvätern“) gegenüber jungen Soldaten, insbesondere Rekruten (den so genannten „Geistern“), begangene Erniedrigungen und Gewalttaten berichten die

über „Iwans Krieg" dem Thema „Schändungen" ein eigenes Kapitel gewidmet.[437] Die Autorin beginnt darin mit den Stichworten Rache und Wut:

> Sie (die Rotarmisten, d. Verf.) legten alles, von den gefallenen Freunden bis zu den abgebrannten Städten, von den hungernden Kindern der Heimat bis zur Sorge über einen weiteren Granathagel, alles – sogar den bourgeoisen Wohlstand – den Deutschen zur Last.[438]

Jedoch ergänzt Catherine Merridale diese Feststellung mit der Aussage:

> Ob bewusst oder nicht, viele Rotarmisten machten bald auch einem Ärger Luft, der sich im Lauf der Jahrzehnte durch die staatliche Unterdrückung und endemische Gewalt angestaut hatte. Als sie schließlich Ende Januar 1945 ins Feindgebiet überwechselten, konnte sich dieser Ärger praktisch an alles heften.[439]

Zu der „Wut vom Krieg gestresster, erschöpfter, verängstigter, aufgewühlter, überdrehter Männer, denen immer neues Leid stark zugesetzt hatte"[440], kam die Überzeugung hinzu, „das Volksgericht" über die Deutschen zu verkörpern.[441]

Catherine Merridale sieht die Ursache der sexuellen Ausschreitungen der Rotarmisten aber nicht nur in deren Wut auf die Deutschen, sondern auch in der „Prüderie", die in der Sowjetunion schon lange vor dem Krieg entstanden sei und sich nicht auf die Armee beschränkt habe.[442] Sexuelle Leidenschaft habe unter dem Stalinismus als „ein Laster der Bourgeoisie" gegolten.[443] Catherine Merridale zitiert in diesem Zusammenhang den Satiriker Ilja Ilf, der sich darüber mokierte, dass

---

vom Krieg in Tschetschenien handelnden Bücher von Arkadi Babtschenko: Die Farbe des Krieges. Aus dem Russischen übersetzt von Olaf Kühl, Berlin 2007, und von Anna Politkovskaja: Tschetschenien – Die Wahrheit über den Krieg, Köln 2003. Zu einem Urteil des Obersten Gerichts Russlands betr. an Soldaten verübten Misshandlungen siehe Michael Ludwig: Ein Herz für russische Deserteure. Straffreiheit nach Misshandlungen, in: FAZ Nr. 86 v. 12. April 2008, S. 5.

437 Catherine Merridale [Anm. 42], S. 328 ff.

438 Catherine Merridale [Anm. 42], S. 329.

439 Catherine Merridale [Anm. 42], S. 330.

440 Catherine Merridale [Anm. 42], S. 331.

441 Catherine Merridale [Anm. 42], S. 331.

442 Catherine Merridale [Anm. 42], S. 344.

443 Catherine Merridale [Anm. 42], S. 344. Siehe dazu auch Antony Beevor [Anm. 16], S. 46: „Die meisten Soldaten der Roten Armee hatten eine niedrige Bildung, in der es an jeglicher Aufklärung über Sex und den Umgang mit Frauen fehlte. Das Streben des Sowjetstaates, die geschlechtlichen Belange des Volkes zu unterdrücken, führte zu dem, was ein russischer Schriftsteller ‚Kasernenerotik' nannte: zu etwas viel Primitivem und Gewalttätigerem, als die schmutzigste ausländische Pornografie es sein konnte'."

Die Folgen russischer Trinkgelage bekamen deutsche Frauen und Mädchen häufig direkt zu spüren: „Es kamen Russen am laufenden Band, schlimme Brüder, und dann betrunken suchten sie Mädels, Frauen, wie Tiere gingen sie drüber her!“ (Augenzeugin in Potsdam, 1945)

selbst die Venus von Milo inzwischen als „pornographisch“ gelte.[444] Eine solche – wir würden heute sagen: verklemmte – Atmosphäre muss das natürliche Verhältnis zwischen Mann und Frau beeinträchtigen. Hinzu kam, dass während des Krieges die Soldaten von ihren Frauen getrennt waren (in der sowjetischen Armee, so wird berichtet, gab es keinen Heimaturlaub), was bei den an der Front stehenden russischen Soldaten Anlass zu Misstrauen hinsichtlich der ehelichen Treue ihrer Frauen bot.[445] Catherine Merridale zitiert hierzu aus einem Brief eines Rotarmisten, in welchem „strenge gesetzliche Maßnahmen gegen diese Betrügerinnen, die ihre Männer hintergehen und beleidigen“, gefordert werden.[446] Und weiter:

> Solche Spannungen zwischen den Soldaten und ihren Angehörigen trugen zur großen Kluft zwischen Kombattanten und Zivilisten bei. Sie waren jedoch auch ein Symptom des männlichen dominierten Armeelebens. In einer misogynen Welt erregen Frauen Verdacht und gelten als Fremdkörper.[447]

Jede Armee folgt, insbesondere im Kriege, eigenen Gesetzen. Das, was etwas pathetisch eine verschworene Schicksalsgemeinschaft genannt wird, ist eine Männergemeinschaft[448], die im positiven Sinne von Kameradschaft, im negativen Sinne von Kumpanei bestimmt wird. Im Kollektiv einer kämpfenden Truppe ist für Individualismus und damit auch für besonders Sensible wenig Platz. Ob die Öffnung des Militärs für weibliche Soldatinnen[449] einen mäßigenden Einfluss auf Gewaltbereitschaft männlicher Soldaten hat, lässt sich (noch) nicht exakt sagen. Die Erfahrungen mit Soldatinnen der Roten Armee sprechen nicht unbedingt dafür. Giles Macdonogh berichtet von einem Fall, in dem eine weibliche russische Soldatin in Berlin bemerkte, wie zwei ihrer Kameraden eine deutsche Frau vergewaltigten; als sie sah, was ihre Kameraden machten, lachte sie nur[450]; und Antony Beevor informiert darüber, dass

> selbst junge Soldatinnen oder Sanitäterinnen der Roten Armee in diesem Tun ihrer männlichen Mitkämpfer nichts Verwerfliches sehen [konnten]. „Das

444 Catherine Merridale [Anm. 42], S. 344.

445 Catherine Merridale [Anm. 42], S. 345.

446 Catherine Merridale [Anm. 42], S. 345 f.

447 Catherine Merridale [Anm. 42], S. 345.

448 Siehe dazu allgemein Klaus Theweleit: Männerphantasien, Bd. 1 u. 2, Frankfurt a. M. 1977, 1978.

449 In der Bundesrepublik Deutschland ist der freiwillige Dienst von Soldatinnen an der Waffe jedenfalls seit der klarstellenden Verfassungsänderung vom 19. Dezember 2000 mit der Änderung des Art. 12 a Abs. I Satz 4 (BGBl. 2000 I, S. 1755) zulässig. Zu rechtlichen Möglichkeiten einer Frauenintegration in die Streitkräfte der Bundesrepublik Deutschland schon vorher: Ute Richter [Anm. 377].

450 Giles Macdonogh [Anm. 67], S. 99: “When she saw what they were doing she merely laughed.”

> Verhalten unserer Soldaten gegenüber den Deutschen, vor allem gegenüber deutschen Frauen, ist vollkommen richtig", erklärte eine 21-Jährige aus Agranenkos Aufklärungseinheit. Einige schienen es sogar amüsant zu finden. Kopelew geriet in Wut, als eine Mitarbeiterin seiner Politabteilung darüber Witze machte.[451]

Jede Armee besteht aus vielen Einheiten – unmilitärisch gesprochen: aus Gruppen. Die Gruppe gewährt dem einzelnen Soldaten Schutz und Beistand. Gemeinschaftliches Handeln in der Gruppe mag, weil eben „alle es machen", beim Einzelnen Skrupel – sofern vorhanden – in Bezug auf ein bestimmtes Tun beseitigen; in einer Gruppe befindet sich der einzelne Täter in der Deckung der Anonymität. Was die Vergewaltigungen deutscher Frauen durch Soldaten der sowjetischen Armee betrifft, so ist nicht nur das riesige Ausmaß dieser Vergewaltigungen bemerkenswert (von Massenvergewaltigungen zu sprechen ist insoweit keine Übertreibung), sondern eben auch die Tatsache, dass die Vergewaltiger häufig nicht allein handelten, sondern gemeinschaftlich mit anderen. Zutreffend weist Catherine Merridale darauf hin, dass die Rote Armee „viele ihrer schrecklichen Racheaktionen" „in Banden" verübt habe[452]:

> Hier kam es nicht auf die Beziehungen zwischen den Männern und ihren deutschen Opfern an. Im Vordergrund stand das Verhältnis zwischen den Kumpanen, das durch ihre gemeinsamen Erinnerungen an das Grauen geprägt war.[453]

Die Kollektivität der Gruppe war es, so Catherine Merridale, aus der „die Einzelnen die nötige Anonymität und kriminelle Energie schöpften".[454] Alexander Solschenizyn beschreibt in seinem Gedichtband „Ostpreußische Nächte" die Vergewaltigung einer Frau in Neidenburg durch eine ganze Kompanie oder einen Zug von Soldaten:

> Zweiundzwanzig, Höringstraße.
> Noch kein Brand, doch wüst, geplündert.
> Durch die Wand gedämpft – ein Stöhnen:
> Lebend finde ich noch die Mutter.
> Waren's viel auf der Matratze?
> Kompanie? Ein Zug? Was macht es!
> Tochter – Kind noch, gleich getötet.

451 Antony Beevor [Anm. 16], S. 43 f.

452 Catherine Merridale [Anm. 42], S. 338. Der Ausdruck „Bande" (vermutlich eine Übersetzung des englischen Wortes „Gang" passt in diesem Zusammenhang m. E. weniger gut als der Ausdruck „Gruppe"). Um Missverständnisse zu vermeiden: „Gruppe" bedeutet hier nicht unbedingt eine homogene Gemeinschaft von Tätern mit denselben Gefühlen. Es gab auch Fälle von Gruppendruck, der einen Soldaten zum „Mitmachen" veranlasste, der eigentlich nicht „mitmachen" wollte.

453 Catherine Merridale [Anm. 42], S. 338.

454 Catherine Merridale [Anm. 42], S. 348.

Alles schlicht nach der Parole:
NICHTS VERGESSEN! NICHTS VERZEIH'N!
BLUT FÜR BLUT! – und Zahn für Zahn.
Wer noch Jungfrau, wird zum Weibe,
und die Weiber – Leichen bald.
Schon vernebelt, Augen blutig,
bittet: ‚Töte mich, Soldat!'[455]

Einer der russischen Offiziere, der sein eigenes Erleben von Gruppendruck bei einer Vergewaltigung öffentlich bekannt hat, ist Leonid Rabitschew, der als junger Offizier der in Ostpreußen vorrückenden sowjetischen Armee angehörte. Catherine Merridale zitiert aus seinem Tagebuch: Als Rabitschew und seine Leute

> in einem Gebäude die Leichen von Frauen fanden, die man nacheinander vergewaltigt, verstümmelt und jeweils mit einer leeren Weinflasche in der Vagina zurückgelassen hatte, verloren Rabitschews Leute doch die Fassung. Das Problem lag jedoch darin, dass die Führung Mitleid mit Feindfrauen aktiv bekämpfte; auch verschmolz der Gruppendruck die Männer im Verbrechen miteinander.[456]

Und weiter:

> Als man Rabitschew bei einem anderen Anlass einlud, sich ein deutsches Mädchen aus einem Pulk von verängstigten Gefangenen auszusuchen, kam als Erstes eine Befürchtung in ihm auf: Seine eigenen Männer könnten ihn für einen Feigling halten, falls er ablehnte; schlimmer noch erschien vielleicht, dass sie ihn als impotent einschätzen mochten.[457]

Eine besonders drastische und grausame Erinnerung des Leonid Rabitschew an die Situation, als die sowjetischen Truppen den Strom der Flüchtlinge aus Insterburg und Goldap einholten, referiert Catherine Merridale wie folgt:

> „Frauen, Mütter und ihre Kinder liegen rechts und links an der Straße", schrieb er, „und vor jeder Einzelnen stehen raue Mengen von Männern mit heruntergelassenen Hosen ... Die blutenden oder ohnmächtigen Frauen schafft man zur Seite", fährt Rabitschew fort, „und unsere Männer erschießen all jene, die ihre Kinder zu retten versuchen. Unterdessen stand eine Gruppe von Offizieren ‚grinsend' dabei, und einer von ihnen leitete – nein, regelte das Ganze, um sicherzustellen, dass ausnahmslos jeder Soldat daran teilnahm."[458]

---

455 Alexander Solschenizyn [Anm. 45], S. 35. Auch zit. bei Norman M. Naimark [Anm. 14], S. 96. Auszugsweise englische Übersetzung bei Giles Macdonogh [Anm. 67], S. 48.
456 Catherine Merridale [Anm. 42], S. 339.
457 Catherine Merridale [Anm. 42], S. 339.
458 Catherine Merridale [Anm. 42], S. 339.

VII. Offiziere

Die Schilderung des russischen Offiziers Leonid Rabitschew, derzufolge bei einer Massenvergewaltigung deutscher Frauen und Mädchen eine sowjetische Gruppe von Offizieren „das Ganze regelte, um sicherzustellen, dass ausnahmslos jeder Soldat daran teilnahm“[459], leitet zu der Frage über, welche Rolle die Vorgesetzten der Soldaten, insbesondere also die russischen Offiziere, bei diesen Gewalttaten einnahmen. Soweit ersichtlich, ist diese Frage bisher noch nicht zusammenhängend behandelt worden. Bei der Suche nach einer Antwort muss man deshalb aus den vorhandenen Berichten über Vergewaltigungen durch Angehörige der sowjetischen Armee diejenigen Fälle heraussuchen, in denen überhaupt russische Offiziere vorkommen, und dann versuchen, diese Fälle wie einzelne Puzzleteile zu einem zusammenhängenden Ganzen zusammenzusetzen. Mit Sicherheit lässt sich hinsichtlich dieses Gesamtbildes zunächst nur soviel sagen, dass die Antwort auf die Frage nach der Rolle der russischen Offiziere bei den Vergewaltigungen 1945/46 eine differenzierende sein wird: Es gab Offiziere, die mitgemacht haben; es gab Offiziere, die weggesehen oder weggehört haben; es gab Offiziere, die die von ihren Soldaten begangenen Vergewaltigungen billigten, und andere (vermutlich wenige), die die Vergewaltigungen missbilligten; es gab Offiziere, die Schutz vor Vergewaltigung boten (dies entweder ohne oder gegen „Gegenleistung“ der schutzsuchenden Frauen); berichtet wird auch von vereinzelten Fällen, in denen Vergewaltiger wegen ihrer Tat von einem Offizier bestraft wurden. Schließlich war gewiss auch der Dienstgrad des Offiziers von Bedeutung: Je höher der Dienstgrad, umso geringer waren insoweit – davon kann man wohl ausgehen – Bedürfnis und Versuchung, sich an den Frauen des Feindes zu vergreifen, durften doch die höheren Offiziere der Sowjetarmee sich so genannte russische „Frontfrauen“ („Frontehen“) leisten[460]: Sich eine „Frontfrau“ „zu halten“, hatte Stalin den Offizieren erlaubt, wobei diese zumeist jungen Geliebten der hohen Offiziere vor allem beim Nachrichtenper-

459 Leonid Rabitschew, zit. bei Catherine Merridale [Anm. 42], S. 339.
460 Dazu Manfred Zeidler [Anm. 300], S. 720.

sonal, als Schreibkräfte oder als Krankenschwestern in den Stäben beschäftigt waren.[461]

Deshalb überrascht es nicht, dass in Berichten über von Offizieren begangene Vergewaltigungen hinsichtlich der Täter auffallend oft niedrige Offiziersränge, insbesondere Leutnante, genannt werden. Giles Macdonogh erwähnt einen Fall aus der schlesischen Stadt Steinau, in dem eine vergewaltigte Frau mit ihrer hochschwangeren Schwester Schutz bei einem russischen Arzt suchte, beide Frauen aber von ihm und von einem Leutnant vergewaltigt wurden:

> Later she went with her heavily pregnant sister to see a Russian doctor, believing that he would be a civilized man. They were both raped by the medic and a lieutenant, even though she herself was menstruating.[462]

Auch Gabi Köpp wurde von einem Leutnant vergewaltigt und empfand ihn als den schlimmsten ihrer Peiniger. Ein anderer russischer Leutnant vergewaltigte eine damals 19-Jährige in der schlesischen Stadt Striegau unter besonders schrecklichen Umständen: Nachdem er sie bereits einmal vergewaltigt hatte, wollte ihre Mutter sie schützen:

> Der Leutnant erschoß meine Mutter mit einem Schuß in die rechte Schläfe. Sie war sofort tot und sank mir als Leiche in die Arme; ihr Blut floß über mich und das Bett. Der Leutnant warf die Leiche meiner Mutter auf den Fußboden und vergewaltigte mich nochmals.[463]

Otto Hemp, seinerzeit Bürgermeister im Kreis Friedeberg in Pommern, dessen Flüchtlingstreck in der Nähe der Stadt Berlinchen von russischen Truppen eingeholt und festgesetzt worden war, berichtete:

> Meine Nichte wurde von vierzehn russischen Offizieren im Nebenzimmer vergewaltigt.[464]

Es konnte auch vorkommen, dass ein Offizier eine verängstigte Frau zunächst unter Hinweis auf seinen Rang beruhigte und sie dann dennoch vergewaltigte. Einen solchen Fall schildert Günter Böddeker:

> Die Frau, die das Massaker auf dem Heuboden überlebt hatte, lief zu einem Bach, der hinter ihrem Hof floß, um sich zu ertränken. Jemand zog sie heraus und brachte sie in eine fremde Wohnung. Frau M. N. legte sich dort in ein Bett. Sie wurde wach, als die Strahlen einer Taschenlampe über ihr Gesicht glitten. Vor ihr stand ein russischer Soldat. Die Frau: ‚Da stand mit einem Mal mein ganzes Elend wieder vor meinen Augen. Ich schrie und weinte und flehte ihn

---

461 Antony Beevor [Anm. 16], S. 42, spricht insoweit von „jungen Soldatinnen, die statt dem üblichen Schiffchen ein Barett keck auf dem Hinterkopf trugen".

462 Giles Macdonogh [Anm. 67], S. 57.

463 Der Bericht des Mädchens ist zitiert bei Günter Böddeker [Anm. 22], S. 134 f.

464 Günter Böddeker [Anm. 22], S. 106.

an, er möge mich erschießen.' Der Russe zeigte auf die Rangabzeichen an seiner Uniform und beruhigte die Frau: Er sei ein Offizier der Roten Armee und sie brauche keine Angst zu haben. Der Soldat nahm ein Handtuch und begann, die vom Wasser des Baches völlig durchnässte Frau abzutrocknen. Er sah die Spuren des Strickes an ihrem Hals und fragte nach der Ursache. Frau M. N. erzählte ihm, was geschehen war. Der Russe schnitt ihr mit dem Bajonett die feuchte Unterwäsche vom Körper und trocknete die Frau weiter ab. Dann zog er ihr den Ehering vom Finger und vergewaltigte sie. Dann ging er und schickte vier betrunkene Kameraden herein. Frau M. N.: ‚Da habe ich kennengelernt, was ein Mensch aushalten kann, ich konnte nicht mehr sprechen, nicht mehr weinen, ja nicht einmal mehr einen Laut von mir geben.'[465]

Soweit Offiziere selbst an Vergewaltigungen aktiv teilnahmen[466], so können dafür grundsätzlich die Erklärungen gelten, die als Grund für die Vergewaltigungen durch die Soldaten genannt worden sind. So wirkte die deutschfeindliche Propaganda, wie z. B. der Inhalt der bereits erwähnten Artikel von Ilja Ehrenburg mit seinen Aufrufen zu Hass und Vergeltung, nicht nur auf die Soldaten ein, sondern ebenfalls auf die Offiziere, wenn auch vielleicht in unterschiedlicher (nämlich geringerer) Intensität. Wenn die von den Soldaten begangenen Vergewaltigungen damit erklärt werden, dass die Soldaten von ihnen erlittene Demütigungen seitens ihrer Vorgesetzten mit den Gewalttaten gegen Frauen abreagierten, so kann darauf hingewiesen werden, dass solche Demütigungen auch im Verhältnis von Offizieren untereinander, nämlich von höherrangigen gegenüber niederrangigen Offizieren, nicht ausgeschlossen waren. Wladimir Gelfand, damals Leutnant in der Roten Armee, berichtet in seinem Tagebuch von häufigen Schikanen, die er selbst erleiden musste, auch solchen mit antisemitischem Hintergrund: Gelfand wurde mehr als einmal von vorgesetzten Offizieren mit dem Erschießen bedroht, beschimpft, beleidigt und sogar verprügelt.[467] In einem Brief an seine Mutter beklagt Gelfand sich über „die Armee" mit ihrem „verhasste(n) militärische(n) Drill, der in mir den Verstand und alles Menschliche abtötet".[468]

Glaubt man Wladimir Gelfand und anderen, so war auch unter den russischen Offizieren übermäßiger Alkoholkonsum keine Seltenheit.[469]

465 Zitiert bei Günter Böddeker [Anm. 22], S. 105.

466 Siehe z. B. die Erfahrung einer Frau aus Carlsrode in Ostpreußen: „Mit meinen eigenen Augen mußte ich feststellen, daß nicht nur der einfache Soldat sondern auch höhere Offiziere mit 4 bis 5 Sternen sich an diesen Vergewaltigungen beteiligten." Zitiert bei Walter Kempowski I, S. 718; zum Ganzen auch Joachim Hoffmann [Anm. 392], S. 316 ff.

467 Wladimir Gelfand [Anm. 200], S. 25, S. 48 f., S. 57.

468 Wladimir Gelfand [Anm. 200], S. 251.

469 Wladimir Gelfand [Anm. 200], S. 18, S. 23.

Auch insoweit gab es also eine Parallele zwischen dem Verhalten der einfachen Soldaten und dem Verhalten ihrer Offiziere; dies ist im vorliegenden Zusammenhang deshalb von Belang, weil übermäßiger Alkoholgenuss erfahrungsgemäß häufig eine Ursache für Gewalttaten gegenüber Frauen war und ist. Hinsichtlich der inneren Geneigtheit und der äußeren Umstände bei den Vergewaltigungen durch Angehörige der sowjetischen Armee bestanden also zwischen den Offizieren und den einfachen Soldaten sowohl Gemeinsamkeiten wie Unterschiede. Was das Ausmaß der Vergewaltigungen deutscher Frauen durch russische Offiziere betrifft, so sind verlässliche Zahlenangaben nicht vorhanden. Jedoch lässt sich begründet annehmen, dass die von russischen Offizieren begangenen Vergewaltigungen nicht nur in absoluten Zahlen gemessen erheblich seltener geschahen (was schon deshalb selbstverständlich ist, weil es in der Sowjetarmee wie in jeder anderen Armee viel weniger Offiziere als Mannschaften gab), sondern dass die russischen Offiziere auch prozentual gemessen weniger Vergewaltigungen als die einfachen Soldaten verübt haben, ja zuweilen sogar Frauen geschützt haben. Es wird auch berichtet, dass in vielen Fällen die deutsche Bevölkerung gerade bei den politischen Kommissaren Schutz vor Übergriffen gesucht haben, da diese sich durchwegs besser als die übrigen Angehörigen der Truppe benommen hätten[470] – angesichts der Tatsache, dass Hitler mit dem berüchtigten „Kommissarbefehl" die Erschießung aller gefangen genommener Kommissare angeordnet hatte, ein (falls zutreffend) bemerkenswertes Faktum.

Die in der Belletristik wohl bekannteste Schilderung eines von einem russischen Offizier gewährten Schutzes einer Frau vor Vergewaltigung durch russische Soldaten findet sich in der von Heinrich von Kleist (nach einer, wie er schreibt, „wahren Begebenheit") verfassten Novelle „Die Marquise von O." aus dem Jahre 1807: Nach der Eroberung einer Festung durch russische Truppen geriet die Marquise von O. in die Gewalt eines Trupps feindlicher Scharfschützen.

> Vergebens rief die Marquise, von der entsetzlichen, sich untereinander selbst bekämpfenden, Rotte bald hier, bald dorthin gezerrt, ihre zitternden, durch die Pforte zurückfliehenden Frauen, zu Hülfe. Man schleppte sie in den hinteren Schlosshof, wo sie eben, unter den schändlichsten Misshandlungen, zu Boden sinken wollte, als, von dem Zetergeschrei der Dame herbeigerufen, ein russischer Offizier erschien, und die Hunde, die nach solchem Raub lüstern

470 Zitiert bei Manfred Zeidler [Anm. 300], S. 721.

> waren, mit wütenden Hieben zerstreute. Der Marquise schien er ein Engel des Himmels zu sein.[471]

Im Jahre 1945 sah die Wirklichkeit anders aus, selbst dann, wenn vereinzelt russische Offiziere Vergewaltigungen verhinderten. In einem Erlebnisbericht über das Ende des Zweiten Weltkrieges in Potsdam erwähnt eine Augenzeugin Hilfe:

> Es kamen Russen am laufenden Band, schlimme Brüder, und dann betrunken suchten sie Mädels, Frauen, wie Tiere gingen sie drüber her! Fünfmal bin ich gelaufen ums Leben und habe Hilfe bei Offizieren gefunden.[472]

Hilfe von den – an ihren breiten Achselklappen, ihren Mützen und ihren Mänteln erkennbaren – Offizieren war aber für die verängstigten, gepeinigten und misshandelten Frauen ein seltener Ausnahmefall. So konnte es vorkommen, dass – jedenfalls Anfang 1945, als noch nicht überall „Kommandanturen" errichtet waren – weit und breit kein russischer Offizier zu sehen war. Es geschahen aber auch Vergewaltigungen in Sichtweite von Offizieren, eine Tatsache, die der zur kämpfenden Truppe abkommandierte russische Schriftsteller Wassili Grossmann in seinen Erinnerungen kritisch registrierte:

> Eine junge Mutter wurde in einer Scheune mehrfach missbraucht. Ihre Verwandten kamen und baten die Soldaten, eine Pause zu machen, damit sie ihr Kind stillen könne, das unablässig schrie. All das passierte ganz in der Nähe des Hauptquartiers unter den Augen der Offiziere, die eigentlich für Disziplin zu sorgen hatten.[473]

Warum schritten die russischen Offiziere bei von ihren Soldaten begangenen Vergewaltigungen nicht ein, warum waren sie – die Offiziere – zwar meist nicht aktiv, aber doch jedenfalls passiv an den Massenvergewaltigungen beteiligt? Die Frage muss gestellt werden, weil in jeder

471 Die Pointe der Novelle liegt darin, dass die Marquise nach ihrer Rettung bewusstlos niedersinkt, der rettende „Engel" sie in diesem Zustand schwängert (was – dramaturgisch geschickt – Kleist an dieser Stelle nicht erwähnt), die Marquise später per Zeitungsannonce den ihr unbekannten Vater ihres Kindes sucht, der russische Offizier sich daraufhin als Vater zu erkennen gibt, und schließlich – nach einigen Verwicklungen – die Geschichte der Marquise von O. mit einer Hochzeit mit dem Offizier ein glückliches Ende findet.

472 Eleonore von Heeringen: Die Russen in Sanssouci. Das Ende des Zweiten Weltkrieges in Potsdam. Aufzeichnungen aus dem Park von Sanssouci 1945, hrsg. von Gerhard Knoll, Bremen 2004, S. 31 ff., S. 39; auch zit. bei Roland Thimme [Anm. 30], S. 217. – Weiteres Bsp. bei Renate Meinhof [Anm. 29], S. 48.

473 Zitiert bei Antony Beevor [Anm. 16], S. 83. Die Slawistin Franziska Thun-Hohenstein merkte in ihrem Nachwort zu dem Buch „Tiergarten" (Berlin 2008, S. 304), das Erzählungen von Grossmann enthält, an: „Ohne zu beschönigen sprach er [Grossmann] über die Verbrechen der eigenen Kämpfer gegen die deutsche Zivilbevölkerung, über die Plünderungen und die Vergewaltigungen deutscher Frauen."

Armee der Welt die Offiziere für die Handlungen der ihnen unterstellten Soldaten die militärische Verantwortung tragen. Da die Massenvergewaltigungen deutscher Frauen – wie Vergewaltigungen im Krieg überhaupt – von keinerlei Geboten der Kriegsnotwendigkeit getragen waren, sondern unzweifelhaft nicht zu rechtfertigende Gewaltexzesse darstellten, hätten die Offiziere diesem Tun Einhalt gebieten müssen, notfalls durch Androhung von Strafen.[474]

Über einen Fall der Bestrafung von Vergewaltigern wird aus der Gegend von Görlitz berichtet: Dort waren dreißig Frauen in eine Scheune getrieben und von den Soldaten vergewaltigt worden; eine Frau, die sich wehrte, wurde erschossen. Als der örtliche sowjetische Befehlshaber von der Gräueltat erfuhr, soll er sich zu der Scheune begeben und vier seiner eigenen Leute erschossen haben.[475] Eine derartige drakonische Bestrafung war aber, wenn sie denn tatsächlich erfolgt sein sollte, wie überhaupt die Bestrafung von Vergewaltigern zu jener Zeit, unter den gegebenen Umständen eine absolute Ausnahme.

Versucht man sich der Frage nach den Gründen für die aktive oder passive Beteiligung (letztere: durch Nichteinschreiten) der Offiziere an den Vergewaltigungen zu nähern, so erscheint ein kurzer historischer Rückblick angebracht. In der Zeit der Weimarer Republik gab es eine gewisse verborgene Zusammenarbeit zwischen Reichswehr und Roter Armee: Um die Bestimmungen des Versailler Vertrages über die Abrüstung der deutschen Streitkräfte zu unterlaufen, wurden z. B. neue Waffen der Reichswehr unter der Aufsicht von russischen Offizieren in der Sowjetunion erprobt. Insofern existierte eine Art Waffenbrüderschaft zwischen deutschen und russischen Offizieren. Im Jahre 1937 fiel ein großer Teil des russischen Offizierskorps einer umfassenden politischen Verfolgung durch Stalin zum Opfer. Marschall Michail Tuchatschewski und andere hohe Militärs wurden wegen angeblicher Spionage und Hochverrats vor Gericht gestellt, zum Tode verurteilt und hingerichtet.[476] Das gleiche Schicksal erlitten zahlreiche andere Offiziere der Ro-

474 Bemerkenswert ist in diesem Zusammenhang, dass schon (oder sollte man sagen: noch) im Jahre 1807 eine solche Bestrafung als selbstverständlich galt; siehe dazu die Schilderung in Heinrich von Kleists „Die Marquise von O.“: Ein russischer General ließ einen der „Frevler“ „durch eine Wache herbeiführen, ein kurzes Verhör über ihn führen; und die ganze Rotte, nachdem jener sie genannt hatte, fünf an der Zahl zusammen, erschießen. Dies abgemacht, gab der General, nach Zurücklassung einer kleinen Besatzung, Befehl zum allgemeinen Aufbruch der übrigen Truppen“.

475 Giles Macdonogh [Anm. 67], S. 56.

476 Im Jahre 1955 bzw. 1957 hob das Oberste Militärgericht der UdSSR die Urteile auf. Die Beschuldigungen gegen die Angeklagten waren, wie festgestellt wurde, grundlos gewesen und die Geständnisse durch Folter erpresst; s. Hans-Henning Schröder:

ten Armee. Gegen wieder andere Offiziere wurde die Strafe der Entlassung aus der Armee verhängt. Eine im Jahre 1955 zum Zwecke der Rehabilitation eingesetzte Untersuchungsgruppe stellt dazu fest, dass allein von Mai 1937 bis September 1938 u. a. die Hälfte der Regimentskommandeure, fast alle Brigade- und Divisionskommandeure, alle Korpskommandeure und alle Oberbefehlshaber von Wehrkreisen „der Repression" unterlagen.[477] Als Resultat dieser Maßnahmen bestand bei Ausbruch des Krieges im Sommer 1941 nicht nur ein erhebliches Defizit an Offizieren[478], sondern die politischen Kommissare der KPdSU erlangten in der sowjetischen Armee noch mehr Gewicht als vorher.

Mit dem Nichtangriffsvertrag zwischen dem Deutschen Reich und der Sowjetunion vom 23. August 1939 (dem so genannten Hitler-Stalin-Pakt; tatsächlich war der Vertrag unterschrieben von den Außenministern von Ribbentrop und Molotow), dem beiderseitigen Grenz- und Freundschaftsvertrag vom 28. September 1939 und den verschiedenen Zusatzprotokollen zu diesen Verträgen[479] erfolgte noch einmal eine deutsch-russische Annäherung. Deutsche und sowjetische Truppen trafen sich schließlich nach der Okkupation Polens; Fotos zeigen, wie deutsche und russische Offiziere sich die Hände geben. Der Händedruck endete mit dem Angriff Hitlers auf die Sowjetunion am 22. Juni 1941.[480] Der Krieg gegen die Sowjetunion begann zunächst mit schweren Niederlagen der sowjetischen Armee, insbesondere in den so genannten Kesselschlachten, entartete später teilweise zu verbrecherischen Aktionen (wie vor allem der Ermordung russischer Juden, begangen vor allem von „Einsatzgruppen" der SS), was ihm die Bezeichnung „Ver-

„Weiße Flecken" in der Geschichte der Roten Armee. Die sowjetischen Militärs diskutieren den „Stalinismus", in: Osteuropa 39. Jg. (1989), S. 459 ff.

477 Angaben nach B. Wiktorow, dem Leiter der mit der Rehabilitation befassten Untersuchungsgruppe 1955–1957, zit. bei Hans-Henning Schröder [Anm. 475], S. 461. Vgl. dazu auch die Zahlenangaben bei Ingeborg Jacobs [Anm. 28], S. 62.

478 „Nach eigenen Schätzungen fehlten dem Offizierkorps am Vorabend der deutschen Invasion mindestens sechsunddreißigtausend Mitglieder, und als die Kriegsmobilisierungen begannen, stieg das Defizit auf fünfundfünfzigtausend": Catherine Merridale [Anm. 42], S. 86 f.

479 Abdruck des Nichtangriffsvertrages in: RGBl. 1939 II, S. 968 ff., des Grenz- und Freundschaftsvertrages in: RGBl. 1939 II, S. 4; auch – mit Protokollen – abgedr. in: Ingo von Münch: Ostverträge I (Deutsch-sowjetische Verträge), Berlin–New York 1971, S. 48 ff. Siehe dazu auch Helmut König: Das deutsch-sowjetische Vertragswerk von 1939 und seine Geheimen Zusatzprotokolle, in: Osteuropa 39. Jg. (1989), S. 413 ff. (mit Faksimileabdrucken der Dokumente).

480 Zu der Frage, ob Stalin seinerseits einen Angriffskrieg gegen das Deutsche Reich geplant hatte (so z. B. Joachim Hoffmann [Anm. 392], S. 23 ff., S. 49 ff.), kann hier keine Stellung bezogen werden.

nichtungskrieg“ eintrug, und wurde, insbesondere im Partisanenkrieg[481], von beiden Seiten mit größter Härte geführt. Die Wende des Krieges im Osten erfolgte mit der Schlacht um Stalingrad und endete mit dem Siegeszug der Roten Armee in das Herz Berlins.

Die riesigen Menschenverluste unter den sowjetischen Truppen, die schweren Leiden der russischen Bevölkerung, z.B. bei der Belagerung von Leningrad, und das große Ausmaß der Zerstörungen russischer Städte und Dörfer[482] bot reichlich Stoff für Gefühle des Hasses, des Wunsches nach Vergeltung und der Gelüste nach Rache nicht nur bei den einfachen russischen Soldaten, sondern auch bei deren Offizieren. Auch das Erinnern an das von der Roten Armee befreite Konzentrationslager Majdanek prägten das Denken und das Verhalten der Rotarmisten nicht nur gegenüber den Soldaten des verhassten Feindes, sondern auch gegenüber der deutschen Zivilbevölkerung, wie der Brief eines russischen Soldaten aus Ostpreußen nach Hause zeigt:

> Wir hassen Deutschland und die Deutschen. In einem Hause z. B. haben unsere Jungs eine ermordete Frau mit 2 Kindern gesehen. Auch auf den Straßen sieht man oft ermordete Zivilisten. Und die Deutschen haben dies Gräueltaten verdient, mit denen sie angefangen haben. Man braucht nur an ‚Majdanek' zu denken ... Gewiss, es ist unwahrscheinlich grausam, die Kinder zu töten, aber die deutsche Kaltblütigkeit in Majdanek ist hundertmal schlimmer gewesen.[483]

Die Grausamkeit der Massenvergewaltigungen deutscher Frauen konnten die russischen Soldaten so vor sich selbst damit rechtfertigen, dass sie eben nicht nur kämpften, sondern gleichzeitig „das Volksgericht“ über den Feind verkörperten[484] und jedenfalls in den ersten Monaten bis zum Frühjahr 1945 „noch unter dem Befehl, Rache zu üben“[485], kämpften.

Dass es sich bei diesem „Befehl“ nicht um einen echten militärischen Befehl im technischen Sinne des Wortes handelte, sondern nur um

481 Zum Partisanenkrieg im Osten siehe z. B. Bogdan Musial (Hrsg.): Sowjetische Partisanen in Weißrußland. Innenansichten aus dem Gebiet Baranovići 1941–1944. Eine Dokumentation, München 2004. Zum Partisanenkrieg allg. auch Ingo von Münch [Anm. 132], S. 65 ff.

482 Die Zahlenangaben über die Höhe der Menschenverluste sind von russischer Seite mehrmals korrigiert worden; s. dazu Ingeborg Jacobs [Anm. 28], S. 90 f.

483 Zitiert bei Catherine Merridale [Anm. 42], S. 330. Weitere Erwähnungen von Majdanek dort auch auf S. 325 und S. 351.

484 Catherine Merridale [Anm. 42], S. 331.

485 Catherine Merridale [Anm. 42], S. 350. Nach dieser Zeit wurden strengere Maßnahmen ergriffen; Beispiel einer Ahndung: Catherine Merridale [Anm. 42], S. 350. Ab 1947 waren die sowjetischen Soldaten in Deutschland kaserniert; ab 1949 wurden von ihnen begangene Vergewaltigungen schwer bestraft, so Roland Thimme [Anm. 30], S. 198 f.

Die sowjetische Propaganda, wie sie auf diesem Bild zum Ausdruck kommt, hatte mit der harten Wirklichkeit russischer Besatzung kaum etwas zu tun: Der sowjetische Stadtkommandant von Berlin, Generaloberst Nikolai E. Bersarin, im Gespräch mit deutschen „Trümmerfrauen“.

eine emotionale Kategorie im Sinne von innerem Zwang, ist evident. Was „echte" Befehle zum Thema Vergewaltigungen betrifft, so lässt sich weder ein Befehl nachweisen, deutsche Frauen zu vergewaltigen, noch – jedenfalls bis Frühjahr 1945 – ein eindeutiger Befehl, solche Vergewaltigungen zu unterlassen. Hinsichtlich eines in einem deutschen Geheimdienstbericht erwähnten, von einem russischen Kriegsgefangenen angeblich genannten Stalin-Befehls, demzufolge unter anderem die „Vergewaltigung von Frauen und jungen Mädchen" aus Rache genehmigt sei, räumt jener deutsche Bericht selbst ein, dass eine Bestätigung für einen solchen Befehl Stalins nicht vorliege.[486] Man wird in der Tat davon ausgehen können, dass ein solcher spezifischer Befehl nicht ergangen ist.[487] Umgekehrt sind aber auch keine spezifischen Befehle der sowjetischen Führung bekannt, die Anfang 1945 die Soldaten der Roten Armee von den von ihnen begangenen Massenvergewaltigungen abgehalten hätten. Ein in Veröffentlichungen über das Ende der Kampfhandlungen und die anschließende Besatzungszeit erwähnter Stalin-Ukas betrifft „Beziehungen zu einheimischen Frauen" datiert offenbar erst vom April 1945. Catherine Merridale schreibt darüber:

> Der Stalin-Ukas, wie er bei den Männern bald hieß, forderte mehr Zurückhaltung. Man las ihn den Soldaten bei politischen Sitzungen vor, und deutsche Frauen beriefen sich darauf, um die Iwans mit einem Zauberwort abzuschrecken.

Catherine Merridale zitiert in diesem Zusammenhang das Tagebuch der Anonyma:

> „Als ein Offizier seine Leute anhielt, doch den Ukas des Genossen Stalin im Sinn zu behalten", so die Anonyma, „zwinkerte er ihnen verschmitzt zu, und die Männer grinsten zurück."[488]

Auch ein Befehl von Marschall Rokossowski (Befehl 006), der für „Plünderung, Gewalt, Raub und unnötige Zerstörung" harte Strafen androhte, hatte kaum Wirkung.[489] Antony Beevor meint dazu, es habe „weitere einzelne Versuche" gegeben,

> eine gewisse Ordnung durchzusetzen. So hieß es, der Kommandeur einer Schützendivision habe ‚persönlich einen Leutnant erschossen, der seine Männer vor einer deutschen Frau antreten ließ, die sie mit gespreizten Armen und

486 Zitiert nach Catherine Merridale [Anm. 42], S. 340.
487 Zutreffend Catherine Merridale [Anm. 42], S. 340.
488 Catherine Merridale [Anm. 42], S. 361. Giles Macdonogh [Anm. 67], S. 98 f., erwähnt einen Fall, in dem ein russischer Offizier einen seiner Soldaten unter Hinweis auf den Stalin-Ukas wegen einer von dem Soldaten begangenen Vergewaltigung tadelte; der Soldat habe erwidert, die Deutschen hätten seine Schwester vergewaltigt.
489 Antony Beevor [Anm. 16], S. 43.

> Beinen zu Boden geworfen hatten'. Aber entweder taten die Offiziere selbst mit, oder sie hielten es wegen der verbreiteten Disziplinlosigkeit für zu riskant, bewaffnete und betrunkene Soldaten zur Ordnung zu rufen.[490]

Die deutschen Frauen bemerkten denn auch bald die mangelnde Autorität der russischen Offiziere gegenüber den Soldaten – in den Beobachtungen der Anonyma:

> Im übrigen merkwürdig geringe Wirkung der Offizierssterne auf die Mannschaften ... die uns vertraute preußisch-militärische Rangordnung gilt hier offenbar nicht.[491]

Probleme mit Disziplinlosigkeit ihrer Soldaten hatten vor allem die jungen russischen Nachwuchsoffiziere, die als Folge der „Säuberungen" von 1937/38 zum Ausgleich der Dezimierung des Offizierskorps der Roten Armee – oft nur unzureichend ausgebildet – rekrutiert worden waren:

> Wenn sie es dann mit einem Regiment von Dreißigjährigen zu tun hatten, schlug ihnen oft statt Ehrfurcht nur blanke Verachtung entgegen.[492]

Lew Kopelew berichtet, dass wenn einzelne Offiziere Bedenken wegen Ausschreitungen ihrer Soldaten äußerten, der zuständige Politoffizier diese Bedenken zerstreute.[493] Unbestreitbar ist jedenfalls die Feststellung, dass die Anwendung sexueller Gewalt gegen deutsche Frauen Ende 1944/Anfang 1945 von der militärischen Führung der Sowjetarmee zumindest toleriert worden ist.[494] Von den wenigen bekannt gewordenen Fällen abgesehen, in denen einzelne sowjetische Offiziere gegen Vergewaltigungen vorgegangen sind[495], gibt es für das Nichteinschreiten also nur eine Erklärung: Entweder wollten die Offiziere nicht einschrei-

490 Antony Beevor [Anm. 16], S. 43. Für den hier von ihm erwähnten Fall der Erschießung eines Leutnants bezieht Beevor sich auf Lew Kopelew: No Jail for thought, London 1977, S. 56.

491 Anonyma [Anm. 31], S. 80.

492 Catherine Merridale [Anm. 42], S. 87; dort auch: „Zu den häufigsten Disziplinarverstößen in der Armee vor 1941 gehörten Grobheiten und Ungehorsam gegenüber Nachwuchsoffizieren."

493 Zitiert bei Catherine Merridale [Anm. 42], S. 340.

494 Roland Thimme [Anm. 30], S. 198.

495 Beispiele für Fälle, in denen russische Offiziere die Disziplin wiederherstellten, nennen Roland Thimme [Anm. 30], S. 199, S. 201, S. 278, S. 361, und Catherine Merridale [Anm. 42], S. 349.

ten[496], oder sie konnten nicht.[497] Schließlich rechtfertigten sogar hohe Armeeführer öffentlich die Gewalttaten; noch im Juni 1945 erklärte Marschall Sokolowski:

> Jeder unserer Soldaten hat Dutzende seiner Kameraden verloren. Jeder von ihnen hat seine persönliche Rechnung mit den Deutschen zu begleichen, und im ersten Rausch des Sieges empfanden unsere Soldaten eine gewisse Genugtuung, wenn sie es den Frauen dieses ‚Herrenvolks' zeigen konnten.[498]

---

496 Beispiel eines solchen Falles bei Giles Macdonogh [Anm. 67], S. 99: Auf die Klage einer Frau, sie sei mehrmals von seinen Soldaten vergewaltigt worden, antwortete der Offizier, ihr sei kein Schaden zugefügt worden und alle seine Männer seien gesund. ("They had not done any harm to her, and all his men were healthy, he said.")

497 Beispiel hierfür bei Antony Beevor [Anm. 16], S. 141: „Der sowjetische Kommandant von Lauenburg beklagte sich bei Hauptmann Agranenko, es sei ‚absolut unmöglich, die Gewalt zu stoppen'." Zum Versagen militärischer Vorgesetzter allg. hinsichtlich der Verhinderung von Kriegsverbrechen schon im Ersten Weltkrieg siehe Alan Kramer: Dynamic of Destruction. Culture and Mass Killing in the First World War, Oxford 2007.

498 Zitiert bei Hubertus Knabe: Als die Russen kamen. Aus Anlass des „Anonyma"-Films über die sowjetischen Massenvergewaltigungen in Deutschland, in: BZ Nr. 251 v. 25./26. Oktober 2008, S. 27.

VIII. Widerstand zwecklos

Die Massenvergewaltigungen deutscher Frauen und Mädchen 1944/45 werfen die Frage auf, ob – und wenn ja: wie – Widerstand gegen diese Gewalttaten möglich gewesen wäre, oder auf welche Weise überhaupt diese Vergewaltigungen hätten verhindert werden können. Keiner näheren Begründung bedarf in diesem Zusammenhang die Feststellung, dass die einzige Macht, die nach dem Einmarsch der sowjetischen Truppen jene Gewalttaten hätte verhindern können, die sowjetische militärische Führung war, letztlich also Stalin. Dass von sowjetischer Seite aber keine Bemühungen erfolgten, die Massenvergewaltigungen von vornherein zu verhindern oder sie später zu unterbinden, sondern dass im Gegenteil die sowjetische politisch-psychologische Kriegführung[499] mit ihrer Hasspropaganda gegen die Deutschen (eben nicht nur gegen „die Faschisten“ oder gegen „die deutschen Soldaten“) den Boden für die Gewalttaten bereitete, ist bereits dargestellt worden.[500] Es bleibt deshalb nur die Frage, ob von deutscher Seite, insbesondere von den Vergewaltigungsopfern selbst und/oder von deren Angehörigen, die Vergewaltigungen hätten verhindert oder wenigstens in deren Ausmaß hätten eingedämmt werden können.

Nicht alle, aber viele der vergewaltigten Frauen und Mädchen waren auf der Flucht von den russischen Truppen eingeholt worden. Ursache dafür war, dass unsinnige Durchhalteparolen, verlogene Beschwichtigungen und in vielen Fällen ein Organisationschaos der NS-Parteiführung, aber auch Anordnungen der Wehrmacht die rechtzeitige Evakuierung der vom sowjetischen Vormarsch bedrohten Städte und Dörfer vereitelt hatten.[501] Eine die Realität der deutschen Niederlage zur Kenntnis nehmende, rechtzeitige Evakuierung der Zivilbevölkerung hätte vielen Flüchtlingen viel menschliches Leid erspart. Auch bei Berücksichtigung von unentschuldbaren Versäumnissen und Fehlern auf deutscher Seite bleibt allerdings die Tatsache, dass eine komplette Eva-

499 Dazu Manfred Zeidler: Die politisch-psychologische Führung der Sowjetsoldaten im letzten Kriegsjahr, in: Das Deutsche Reich und der Zweite Weltkrieg [Anm. 300], Bd. 10/1, S. 682 ff.

500 Oben S. 117 ff., insbes. auch zur diesbezüglichen Rolle von Ilja Ehrenburg.

501 Siehe dazu, insbes. auch zum Versagen der Wehrmacht: Heinrich Schwendemann: Tod zwischen den Fronten, in: Stefan Aust/Stephan Burgdorff [Anm. 12], S. 71 ff. (S. 75 ff.).

kuierung der gesamten deutschen Bevölkerung der 1944/45 von den sowjetischen Truppen besetzten Gebiete damals weder organisatorisch noch technisch möglich war. Es war also, auch wegen des z. T. überraschend schnellen Vormarsches der Sowjetarmeen mit zahlreichen Durchbrüchen durch die deutschen Verteidigungslinien und der Bildung von Kesseln, nicht zu verhindern, dass Millionen von Menschen schon vor der Kapitulation der deutschen Wehrmacht am 8./9. Mai 1945 und vor der endgültigen Einrichtung der Besatzungszonen unter sowjetische Besatzung gerieten.

Was Frauen unter sowjetischer Besatzung passieren konnte, war den späteren Vergewaltigungsopfern nicht unbekannt. Die grausigen Funde der Leichen nicht nur von Männern, sondern auch von vergewaltigten Frauen und Kindern in Nemmersdorf in Ostpreußen[502], dem ersten (am 21. Oktober 1944) von sowjetischen Truppen besetzten Ort auf deutschem Gebiet, waren durch die Goebbels-Propaganda im ganzen „Reich", soweit dieses noch vorhanden war, mit Fotos der Toten verbreitet worden. Diese und andere Zeitungs- und Rundfunkberichte über Gräueltaten der Rotarmisten sollten vor allem den Verteidigungswillen der Deutschen stärken und den Durchhalteparolen Sinn geben. Neben dieser Propaganda gab es aber auch Augenzeugenberichte von Flüchtlingen, die den Einmarsch russischer Soldaten und von diesen verübte Gewalttaten erlebt hatten – Flüchtlinge, denen es gelungen war, danach in noch unbesetztes Gebiet zu gelangen.

Auf welchem Wege auch immer die Informationen unter die Leute gebracht wurden, so stand jedenfalls für die meisten der vom Vorrücken der sowjetischen Truppen bedrohten Deutschen fest: Nur nicht in die Hände der Russen fallen.[503] Die später von russischen Soldaten

502 Siehe dazu Hubertus Knabe [Anm. 14], S. 38 ff.: „Nemmersdorf wurde zum Symbol für die brutale Vergeltungspolitik der Sowjetunion bei der Besetzung Ostdeutschlands. Kaum ein anderes sowjetisches Kriegsverbrechen ist so gut dokumentiert wie dieses." (S. 39); Manfred Zeidler: Kriegsende im Osten. Die Rote Armee und die Besetzung Deutschlands östlich von Oder und Neiße 1944/45, München 1996, S. 74; Einzelheiten über die Leichenfunde in dem Bericht in: Dokumentation [Anm. 1], S. 8. Abwegig ist die von Bernhard Fisch: „Nemmersdorf 1944 – nach wie vor ungeklärt" (in Gerd R. Ueberschär [Anm. 40], S. 154 ff.) behauptete „Möglichkeit", es „hätten subversiv arbeitende SS- oder Wehrmachtseinheiten diese ‚Arbeit' bereits erledigt haben können" (S. 164); dagegen schon Alfred de Zayas: Die Nemesis von Potsdam. Die Anglo-Amerikaner und die Vertreibung der Deutschen, S. 302, Anm. 12. Unglaubwürdig ist auch die von Ingeborg Jacobs [Anm. 28], S. 164, zitierte Behauptung eines deutschen Soldaten, in Nemmersdorf „ist auch keine deutsche Frau vergewaltigt worden".

503 Beispiele für Äußerungen aus jener Zeit: „Meine Mutter sagte immer zu uns Kindern: ‚Wenn die Russen kommen, wird es ganz, ganz schrecklich.'" (zit. bei Ingeborg Jacobs [Anm. 28], S. 204), und: „... also wollten wir auf gar keinen Fall in russische Hand kommen." (zit. bei Brigitte Neary [Anm. 29], S. 84.)

vergewaltigten Frauen waren deshalb voller Sorge und Angst, was auf sie zukommen könnte. Auch wenn das Ausmaß und die Bestialität der Massenvergewaltigungen noch nicht vorhersehbar war – man (besser: frau) befürchtete und ahnte Schlimmes. Weniger oder gar nicht darauf „vorbereitet" waren die jungen Mädchen und Kinder, weshalb sie ihre Vergewaltigung dann als umso schlimmer erfuhren.

Wenn irgend möglich, suchten die Frauen und ihre Angehörigen sich vor den einrückenden Sowjetsoldaten zu verstecken. In ländlichen Gegenden zogen ganze Dorfgemeinschaften in nahe Wälder und biwakierten dort; Parallelen zu ähnlichen „Fluchtburgen" der Landbevölkerung im Dreißigjährigen Krieg waren unverkennbar.[504] Andere Verstecke suchte die Landbevölkerung in Scheunen, Viehställen und Stroh- oder Heuhaufen. Eine Frau aus dem Kreis Neustettin in Pommern berichtet von ihrem und ihrer Schwester Verstecke auf einem Bauernhof:

> Am nächsten Tage bauten wir uns eine Höhle auf dem Heustall zwischen vermodertem Stroh und zwischen Rattennestern. Aber besser Ratten als Russen![505]

Die meisten Zufluchtsorte wurden jedoch von den Rotarmisten, die vor allem nach versprengten deutschen Soldaten suchten, schnell entdeckt. Verstecken nutzte nichts – das war denn auch die leidvolle Erfahrung vieler Vergewaltigungsopfer. Der Erlebnisbericht einer Flüchtlingsfrau aus Breslau über den Einmarsch der russischen Soldaten in Löwenberg schreibt dazu:

> Die nächsten, die dann kamen, fielen über alle Frauen her, ob jung, ob alt, ganz gleich wo sie versteckt waren, ob unterm Bett oder im Kamin oder im Keller. Sie fanden alle! ...[506]
>
> Von dort kamen alle Nächte Mongolen von Haindorf, ja sogar von Greiffenberg her und überfielen die armen Frauen und verprügelten und vergewaltigten sie. Verstecken nutzte überhaupt nichts, sie fanden jede. Die schrillen Angstschreie horte man aus großen Entfernungen ...[507]
>
> Die Ludwigsdorfer Frauen hörte man Tag und Nacht schreien, obwohl sie sich so gut tief in Heu und Stroh versteckt hatten. Die Russen suchten überall und fanden sie auch überall.[508]

Berichtet wird auch, dass die Sowjetsoldaten bei dieser ihrer Suche mit ihren Bajonetten in Heuhaufen stachen („Rosemarie liegt starr im Heu,

504 Siehe dazu auch Antony Beevor [Anm. 16], S. 141: „Solche Überlebenskünste müssen wohl bereits im Dreißigjährigen Krieg (1618–48) praktiziert worden sein."

505 Dokumentation [Anm. 1], S. 206.

506 Dokumentation [Anm. 1], S. 470.

507 Dokumentation [Anm. 1], S. 475.

508 Dokumentation [Anm. 1], S. 471.

wenn sie die Stimme der Soldaten hört. Weicht aus, wenn lange, spitze Stangen sich von unten durchs Heu bohren, als wollten sie einen Kuchen prüfen, ob er durchgebacken ist“[509]) oder Ställe und Scheunen einfach anzündeten.

In den Städten versuchten viele Frauen, sich in Kellern oder auf Dachböden zu verbergen. Der erste Nachkriegsbürgermeister des Bezirks Berlin-Charlottenburg vermerkt dazu:

> Keine Frau konnte der Vergewaltigung entgegen, es sei denn, sie blieb in einem Versteck und rührte sich nicht.[510]

Die Möglichkeiten, ein sicheres Versteck zu finden, waren allerdings begrenzt, zumal in den größeren Städten viele Häuser durch Luftangriffe und in den kleineren Städten viele Häuser durch Artilleriebeschuss zerstört waren. Über das Kriegsende in Berlin ist zu lesen:

> Viele Frauen suchten verzweifelt nach sicheren Verstecken. Einige verbargen sich wochenlang auf Dach- oder Hängeböden, in Gärten oder Kleiderschränken ... Manche hofften darauf, dass sich die meist bäuerlichen Soldaten vor den hohen Berliner Häusern fürchten würden, und suchten nach einem Schlupfwinkel in den oberen Etagen.[511]

Nur selten hatte eine Frau oder ein Mädchen das Glück, nicht gefunden zu werden, wie eine junge Frau aus Danzig-Langfuhr, die über den Einmarsch der Russen in Danzig berichtet:

> Und dann begann für die Mädchen und Frauen die furchtbarste Zeit. Ich war damals 19 ½ Jahre alt. Als ich sah, wie unter Schreien und Weinen die Frauen in einen Keller gezerrt wurden, flüchtete ich auf den Hof. Hier wimmelte es von Russen ... Im Nu war ich umringt von diesen Horden, ich sah keinen Ausweg, es gab einfach nirgends ein Versteck für mich. Hilflos jagte ich hin und her, überall verfolgt. Und dann sah ich eine der grauen Schwestern, die im Nachbarhaus eine kleine Kapelle und ein Altersheim hatten. Sie nahm mich mit, versah mich mit einem alten langen Mantel und versteckte mich bei den Alten aus dem Heim. Nur selten drangen in diesen Keller Russen ein, mit Lampen leuchteten sie die Alten an und gingen dann meist ... Als es Nacht geworden war, mußten wir den Keller verlassen und uns im Kellergang aufhalten. Meine Mutter hatte mich inzwischen dort gefunden. Sie hatte mich mit alten Decken und Kissen zugedeckt, und sich schützend vor mich gestellt. Es

509 Renate Meinhof [Anm. 27], S. 88.

510 Zitiert bei Hubertus Knabe [Anm. 14], S. 81 f.

511 Hubertus Knabe [Anm. 14], S. 82 f. Zum Versteck auf Dachböden und in oberen Stockwerken siehe. auch Anonyma [Anm. 31], S. 151: „Tatsache ist nämlich (wir haben es ziemlich spät gemerkt), daß die Russen ungern Treppen steigen. Sie sind zumeist Bauernjungen und Parterre, der Erde nahe, aufgewachsen, sind keine gelernten Treppenkletterer. Auch haben sie wohl das Gefühl, daß sie so hoch droben abgeschnitten sind, daß der Rückzug vier Treppen hinab eine Weile dauert.“

> kam eine grausame Nacht. Stundenlang hörte ich aus dem Keller die Hilferufe der Frauen, Mädchen und Grauen Schwestern. Unentwegt schoben sich die Russen den Kellergang entlang, immer neue Opfer suchend. Meine Mutter wich nicht von mir, obgleich sie gestoßen und geschlagen wurde. Nur ihr habe ich zu verdanken, daß ich nicht gefunden wurde.[512]

Die damals junge Frau schildert dann, wie sie in einem langen Menschenzug in Richtung Oliva (einem Vorort von Danzig) mitmarschieren musste:

> Wir kamen später nach Oliva zurück und blieben eine Woche in irgendeinem Keller, der stockfinster und bereits überfüllt war. Tag und Nacht hier dasselbe, Vergewaltigungen und Plündern der letzten Habe. Ich blieb wieder verschont, da ich mich tagsüber in einem Kohlenkeller unter den Kohlen versteckt hielt. In der letzten Nacht fand man mich. Meine Mutter versuchte mit den letzten Kräften den Russen von mir abzubringen, dafür schlug und würgte er sie ...[513]

Mehr Glück hatte ein junges Mädchen in der Nähe von Fischhausen in Ostpreußen:

> Ich musste mich gleich auf die Erde legen, schwere, schmutzige Kohlensäcke wurden auf mich gepackt. Meine Mutter hat sich draufgesetzt, und so hat sie mich gerettet vor der Vergewaltigung.[514]

Wenn eine Frau – wie meist – kein sicheres Versteck fand, versuchte sie, sich unansehnlich zu machen, um so einer Vergewaltigung zu entgehen. Viele Frauen schwärzten ihr Gesicht.[515] Hildegard Knef schnitt sich beim Einmarsch der Russen in Berlin ihre Kopfhaare kurz und trug Männerkleidung, um nicht als Frau erkannt zu werden.[516] Andere Frauen versuchten alt auszusehen, was jedoch auch kein absoluter Schutz gegen Vergewaltigungen war. Eine Frau aus Cranz in Ostpreußen berichtet dazu:

> Nun begann eine furchtbare Zeit für uns. Tag- und Nachtüber ging das ein und aus. Ein Trupp von 5–6 Mann ging, ein neuer kam. Wir wurden dauernd untersucht und ausgeplündert, niemand schützte uns, wir waren ganz einfach Freiwild für diese besoffenen Horden. Einer Vergewaltigung entging ich dadurch, daß ich mein Gesicht mit Zigarettenasche beschmierte, das Haar unordentlich hielt, eine Brille trug und durch Verkleidung wie eine alte Oma aussah.[517]

512 Dokumentation [Anm. 1], S. 303.
513 Dokumentation [Anm. 1], S. 304.
514 Zitiert bei Ingeborg Jacobs [Anm. 28], S. 115.
515 Beispiele bei Katharina Elliger [Anm. 25], S. 148, und bei Renate Meinhof [Anm. 27], S. 122.
516 Hildegard Knef [Anm. 36], S. 76; auch zit. bei Hubertus Knabe [Anm. 14], S. 82 f.
517 Zitiert bei Walter Kempowski IV, S. 459.

Ebenfalls aus Ostpreußen berichtet eine andere Augenzeugin:

> Die Frauen wurden besinnungslos geschlagen, um sie gefügig zu machen, sogar alte Frauen über 80 Jahre waren dabei.[518]

In der Regel waren alte Frauen aber nicht die bevorzugten Opfer der Vergewaltiger. Verstellten Frauen sich als Alte, so konnte es die jungen Mädchen treffen, wie ein Flüchtling aus Pommern schildert:

> Am Dienstagabend begann dann das Martyrium für unsere Frauen. Nach Eintritt der Dunkelheit kamen mehrere Russen und leuchteten mit Taschenlampen. Mit vorgehaltener Pistole suchten sie sich ihre Opfer aus. „Frau, komm mit" hieß es, und jeder Widerstand wäre Selbstmord gewesen. Da mehrere junge Mädchen anwesend waren, kamen unsere Frauen, die sich durch Kopftücher alt gemacht hatten, mit dem Schrecken davon.[519] (Man muss wohl hinzufügen: die jungen Mädchen kamen eben nicht mit dem Schrecken davon; d. Verf.)

Im Erlebnisbericht einer Frau aus dem Samland vom Januar 1945 heißt es:

> Zu Fuß im tiefsten Schnee kamen wir nach Fuchsberg, dort war es wie überall, vergewaltigt wurden fast alle Frauen, besonders die jungen.[520]

An eine ungewöhnliche „Verkleidung" ihrer Mutter denkt deren Tochter zurück, die mit ihrer Mutter im Mai 1945 in einer heruntergekommenen Scheune in der Nähe von Görlitz Unterschlupf gefunden hatte:

> ‚Nachts kamen Soldaten und holten sich die Frauen', erinnert sich die damals Neunjährige. ‚Meine Mutter klammerte sich an mich und legte sich meine langen Zöpfe so über die Schulter, als seien es ihre. Da sie klein gewachsen war, sah sie aus wie ein Mädchen. Sie hatte Glück, sie wurde nie geholt.'[521]

Weniger Glück hatte eine andere Frau bei Danzig; denn wenn russische Soldaten eine Tarnung seitens einer Frau vermuteten, so gingen sie ihrem Verdacht erbarmungslos nach. Eine Flüchtlingsfrau aus Westpreußen berichtet darüber, wie sie in einem Lager in der Nähe von Danzig die Wäsche der Rotarmisten reinigen musste. Drei Wochen fand sie dort keinen Schlaf, weil jede Nacht Soldaten kamen, denen sie rettungslos ausgeliefert war:

> Nie werde ich das Wehgeschrei einer jungen Lehrersfrau vergessen, die unterwegs ihr erstes Kind geboren hatte und an der Brust operiert worden war. Im-

518 Zitiert bei Hubertus Knabe [Anm. 14], S. 54.

519 Dokumentation [Anm. 1], S. 234.

520 Zitiert bei Manfred Zeidler [Anm. 300], S. 709 f., Fn. 116. Zur Suche nach jüngeren Frauen siehe auch Anneliese Kreutz [Anm. 24], S. 28, und Brigitte Neary [Anm. 29], S. 107.

521 Lucia Brauburger: Abschied von Lübchen. Bilder einer Flucht aus Schlesien. Mit Fotografien von Hanns Tschira, 3. Aufl. Berlin 2005, S. 25.

> mer wieder rissen ihr die Russen den Verband ab, da sie Tarnung vermuteten, trotzdem die Schwiegermutter kniefällig um Gnade bat.[522]

Nicht wenige Frauen versuchten, sich die russischen Soldaten dadurch vom Leibe zu halten, dass sie ansteckende Krankheiten vortäuschten[523], z. B. Typhus oder Syphilis. Eine Frau aus Danzig berichtet:

> Da sagte der eine Russe zu mir: „Chory?“ (krank?, d. Verf.) Ich bejahte dies, und er ließ mich in Ruhe aus Angst vor Ansteckung. Von da ab war das immer meine Ausrede ...

Das Problem der meisten Frauen war jedoch, dass sie keine russischen Sprachkenntnisse hatten und sich deshalb nicht auf Russisch ausdrücken konnten.[524] Da auch die meisten russischen Soldaten kein Deutsch sprachen, war deshalb mangels gemeinsamer Sprachkenntnisse eine verbale Verständigung zwischen Opfern und Tätern nicht möglich. Hinsichtlich der Vergewaltigungen war dies auch deswegen so schlimm, weil schon bei sexuellen Angriffen auf Frauen in Friedenszeiten die Sprache des Opfers dessen einzige Hilfe ist, schon um Zeit zu gewinnen oder um zu versuchen, eine emotionale Annäherung zu erreichen. Eine Studentin, die beim Joggen in Hamburg von einem Mann angefallen worden war, erzählte mir, dass sie durch pausenloses Auf-ihn-Einreden den Mann von seiner offenkundigen Absicht, sie zu vergewaltigen, abbringen konnte. In unzähligen anderen Fällen allerdings hat das Sprechen des Opfers nicht geholfen. Susan J. Brison, eine amerikanische Dozentin, die auf einem Spaziergang in Südfrankreich vergewaltigt wurde, hat in ihrem eindrucksvollen Buch „Vergewaltigt. Ich und die Zeit danach. Trauma und Erinnerung“ die Ohnmacht der Sprache geschildert:

> Am 4. Juli 1990 machte ich um 10.30 Uhr vormittags einen Spaziergang auf einer friedlich wirkenden Landstraße in einem Dorf bei Grenoble in Frankreich ... Etwa anderthalb Stunden später lag ich mit dem Gesicht auf dem Boden in einem schlammigen Bachbett am Grund einer dunklen Schlucht und rang mit dem Tod. Ich war von hinten gepackt und ins Gebüsch gezerrt, geschlagen und sexuell mißbraucht worden. In meiner Hilflosigkeit und dem Gefühl, meinem Angreifer auf Gedeih und Verderb ausgeliefert zu sein, hatte ich mit ihm geredet, ihn mit ‚Sir‘ angesprochen. Ich hatte versucht, an seine Menschlichkeit zu appellieren und, als dies nichts half, an seine Eigensucht. Er nannte mich Hure und befahl mir, den Mund zu halten. Obwohl ich ihm gesagt hatte, daß ich alles tun würde, was er verlangte, setzte ich mich instinktiv zur Wehr, als die

522 Zitiert bei Hubertus Knabe [Anm. 14], S. 54.
523 Dokumentation [Anm. 1], S. 300.
524 Erst mit länger dauernder Besatzungszeit verbesserten sich die Kenntnisse der Sprache der Besatzer.

> Vergewaltigung begann, was meinen Angreifer so wütend machte, daß er mich würgte, bis ich das Bewußtsein verlor.[525]

Die Massenvergewaltigungen deutscher Frauen und Mädchen durch russische Soldaten erfolgten nicht auf einem Spaziergang. Schon in Friedenszeiten ist der vergewaltigende Mann der vergewaltigten Frau in der Regel körperlich überlegen, so dass Widerstand in dieser Situation zwar nicht immer, aber meist zwecklos ist. Bei den Massenvergewaltigungen von 1944/45 kommt noch hinzu, dass die in Ostdeutschland und in Berlin vergewaltigten Frauen in der Endphase des Krieges und in der ersten Nachkriegszeit durch vorangegangene Flucht, Bombenangriffe, Artilleriebeschuss, Sorge um ihre Kinder, Hunger und zu wenig Schlaf erschöpft (heute würde man sagen: gestresst) waren. Viele Frauen waren damals physisch und psychisch am Ende ihrer Kräfte. Den erschöpften, entkräfteten, wehrlosen Frauen standen Soldaten gegenüber, fremde Soldaten, Soldaten des Feindes, bewaffnet, mit Hass- und Rachegefühlen, die deutschen Frauen verachtend, oft alkoholisiert – die Sieger. Auch kamen die Vergewaltiger beim „Frau, komm“ meist nicht einzeln, sondern zu mehreren; jedenfalls waren stets andere russische Soldaten in der Nähe, die im Fall eines Widerstandes ihre Kameraden gewiss unterstützt hätten.

> Die langen Nächte sind angefüllt mit wilden Schießereien und ständiger Menschenjagd. Oft hört man das Schreien von Frauen und das Weinen von Mädchen.[526]

Weinen war nutzlos; dazu Gabi Köpp in ihrem Tagebuch:

> Das Mädel muß auch mit raus … Ihre Mutter will mitgehen. Da wird der Russe wütend. Das Mädel weint furchtbar und fängt ganz laut an zu beten. Das Weinen können sie aber schon gar nicht leiden und werden dann bloß noch wütender.[527]

Hilfeschreie der vergewaltigten Frauen und Mädchen verhallten:

> Bis zum Dunkelwerden wanderten wir, in einer Scheune legten wir uns nieder. Aber auch hier fanden wir keine Ruhe, Russen kamen und suchten Frauen und Mädchen heraus, unsere Hilfeschreie erstarben in der endlosen Verlassenheit, es gab nirgends Schutz oder Rettung. (Erlebnisbericht einer Frau aus Danzig-Langfuhr)[528]

525 Susan J. Brison [Anm. 59], S. 15.
526 Erlebnisbericht einer Flüchtlingsfrau aus dem Kreis Osterode in Ostpreußen; Dokumentation [Anm. 1], S. 27.
527 Gabi Köpp, Tagebuch (unveröffentlicht).
528 Dokumentation [Anm. 1], S. 304.

Eine damals 19-Jährige aus Königsbach (Bukowiec) im Kreis Lodz erinnert sich:

> Mit einmal ging die Tür offen, und man holte mich raus. Meine Mutter schrie, das half aber nichts; ich wurde vergewaltigt.[529]

Zwischen einem (ausnahmsweise) rettenden Schrei und einem todbringenden Schrei konnten nur Augenblicke liegen, wie dies eine Frau aus dem Kreis Lauenburg in Pommern erlebt hat:

> Plötzlich kam eine Nachbarin schreiend angelaufen, die Russen wollten sie mitnehmen. Da kamen auch schon zwei Russen bei uns rein und sagten: „Frau komm!“ und griffen zwei Frauen bei den Händen. Diese schrien und baten soviel, so daß die Russen sie losließen und weitergingen. Gleich darauf kam ein großer Russe rein. Er sagte kein Wort, guckte sich im Zimmer um und ging bis nach hinten durch, wo alle jungen Mädchen und Frauen saßen. Er winkte nur einmal mit dem Finger nach meiner Schwester. Als diese nicht gleich aufstand, trat er dicht vor sie hin und hielt seine Maschinenpistole gegen ihr Kinn. Alle schrien laut auf, nur meine Schwester saß stumm da und vermochte sich nicht zu rühren. Da krachte auch schon der Schuß. Ihr Kopf fiel auf die Seite, und das Blut rann in Strömen. Sie war sofort tot, ohne nur einen Laut von sich zu geben. Der Schuß war vom Kinn aus bis zum Gehirn gegangen, die Schädeldecke war völlig zertrümmert. Der Russe guckte uns alle an und verließ, ohne ein Wort zu sagen, das Zimmer. Auf dem Friedhof in Gr. Damerkow haben wir meine Schwester zur letzten Ruhe gebettet.[530]

Widerstand war zwecklos, und die meisten der bereits vergewaltigten Frauen hatten ohnehin keine Kraft mehr, gegen die ihnen körperlich überlegenen Soldaten Widerstand zu leisten – das ist der Tenor der Augenzeugenberichte aus jener Zeit. So schildert eine Frau aus Danzig ihre Erlebnisse während der Eroberung der Stadt durch die Rote Armee:

> Wenn wir aber dachten, etwas Ruhe zu finden, so irrten wir uns. In Gruppen von fünf bis sechs Russen kamen die Soldaten und nahmen uns unser bißchen Essen und was ihnen sonst noch gefiel, und dann hieß es wieder: „Frau komm!“ Wer nicht gleich mitging, wurde grausam geschlagen und letzten Endes doch gezwungen mitzugehen, meistens im Treppenflur oder auf der Treppe oder auch in den oberen zerstörten Stockwerken wurden die Frauen mißbraucht, tierisch die Brüste zerbissen und furchtbar gequält, gleich immer von vielen hintereinander.[531]

529 Dokumentation [Anm. 1], S. 348. Siehe auch den Bericht über ein Lager im Landkreis Demmin in Mecklenburg-Vorpommern: „Nachts haben sie immer die Mädchen angeschleppt und haben sie vergewaltigt. Das war dann auch ein Schreien um Hilfe, das war ganz schlimm.“ Zitiert bei Brigitte Neary [Anm. 29], S. 101.

530 Dokumentation [Anm. 1], S. 268.

531 Dokumentation [Anm. 1], S. 299.

Hans Graf von Lehndorff, der als Arzt die Besetzung Königsbergs durch die Russen in einem Krankenhaus erlebte, notiert am 11. April 1945 in seinem Tagebuch, Schwestern, Ärztinnen und Patientinnen würden immer wieder brutal vergewaltigt:

> Bald hatte keine von den Frauen mehr Kraft zum Widerstand. Innerhalb weniger Stunden ging eine Veränderung mit ihnen vor sich, ihre Seele starb, man hörte hysterisches Gelächter, das die Russen nur noch wilder machte.[532]

Und am folgenden Tag schreibt Lehndorff über die weiterhin andauernden Gewalttaten der russischen Soldaten:

> Diese Teufelei wird wohl nie aufhören. ‚Davai suda! Frau, komm!' ... Es stört sie gar nicht, dass sie halbe Leichen vor sich haben.[533]

Die Opfer hatten keine Macht; selbst Ohnmächtige wurden nicht verschont, wie das Beispiel einer von einem russischen Soldaten in Berlin-Wilmersdorf vergewaltigten Frau zeigt:

> Plötzlich bekam ich einen Schlag über den Kopf, und dann weiß ich nichts mehr. Als ich wieder zu mir kam, lag ich auf dem Boden, mein Rock war runtergerissen, ich hatte eine Platzwunde am Kopf und blutete. Er war weg. Von der Vergewaltigung habe ich nichts mitbekommen.[534]

Letztes und jeden Widerstandsversuch brechendes „Argument" war die Pistole, der Revolver oder das Gewehr. Der bereits erwähnte Brief eines russischen Frontsoldaten vom Februar 1945, in dem er schreibt, dass der angesetzte Revolver ein Überreden zur Erledigung des „Geschäft(s)" überflüssig macht, zeigt dies mehr als deutlich.[535]

Der russische Offizier Wladimir Gelfand referiert in seinen Tagebuch-Aufzeichnungen vom März 1945 aus der Erzählung eines Feldwebels:

> Er wählte sich die Allerjüngste und nahm sie mit, um mit ihr zu schlafen. Doch als er sie bedrängte, sein grundlegendes Anliegen zu befriedigen, schüttelte sie den Kopf und flüsterte verschämt: „Das ist nix gut, ich bin doch noch Jungfrau." Die letzten Worte stachelten unseren Helden noch mehr an, er bedrängte sie noch stärker, seine Wünsche zu erfüllen. Sie weigerte sich noch eine ganze Zeit, bis er die Pistole zog. Da wurde sie still und zog zitternd ihre Gamaschenhose herunter.[536]

---

532 Hans Graf von Lehndorff: Ostpreußisches Tagebuch. Aufzeichnungen eines Arztes aus den Jahren 1945–1947, 26. Aufl. München 2001, S. 73. Auch zit. bei Hubertus Knabe [Anm. 14], S. 47.

533 Hans Graf Lehndorff [Anm. 532], S. 82. Auch zit. bei Hubertus Knabe [Anm. 14], S. 47.

534 Zitiert bei Ingeborg Jacobs [Anm. 28], S. 165.

535 Siehe oben, S. 21.

536 Wladimir Gelfand [Anm. 200], S. 62.

Antony Beevor schreibt über ein 18-jähriges deutsches Mädchen in Berlin,

> in der Nacht des 1. Mai habe ihr ein Offizier der Roten Armee seine Pistolenmündung in den Mund gesteckt und dort die ganze Zeit belassen, damit sie sich seinen Attacken nicht widersetzte.[537]

Ein Flüchtling aus dem Kreis Friedeberg in Pommern schrieb über die Nacht vom 26./27. Januar 1945:

> Wir erlebten nun die erste schreckliche Nacht ... Meine Frau wurde von einem Russen in die Scheune geschleppt und ebenfalls vergewaltigt. Nachdem wurde sie in einen Pferdestall gesperrt und am nächsten Morgen 5 Uhr mit vorgehaltener Pistole nochmals vergewaltigt.[538]

Im Erlebnisbericht eines Augenzeugen aus dem Kreis Arnswalde in Pommern ist zu lesen:

> Den nächsten Tag, am 15. Februar im Vormittag, kamen plötzlich sechs Mongolen angeritten, die wir noch nicht kannten. Sie zogen die Revolver, hielten den Frauen und Mädchen die Revolver vor die Brust, rissen ihnen die kleinen Kinder vom Schoß und schleppten sie mit raus und vergewaltigten sie.[539]

Eine Frau aus Potsdam schrieb in ihr Tagebuch am 27. April 1945:

> Weitere drei Patrouillen kommen zu uns, finden mich aber nicht in meinem Versteck. Dafür ist Frau A. nebenan ihr Opfer, sie wird von den widerlichen Kerlen mit gezogenem Revolver überwältigt.[540]

Eine Aktennotiz einer Behörde im Berliner Stadtteil Spandau vom 6. Mai 1945 vermerkt die von drei russischen Soldaten begangene Vergewaltigung von zwei 24-jährigen Frauen, von denen eine ein sechs Monate altes Baby neben sich liegen hatte, mit dem Zusatz:

> Sie drohten in dem Augenblick, wo die beiden Frauen schreien wollten, mit der Pistole.[541]

Wurde „nur" mit der Pistole gedroht oder der Revolver „nur" auf die Brust gesetzt, so konnte das Opfer noch von Glück reden; denn nicht selten, sondern sehr häufig wurden Frauen und Mädchen, die den Vergewaltigern nicht zu Willen waren, erschossen. Im Tagebuch des russischen Offiziers Juri Uspenski findet sich dazu der Eintrag:

537 Antony Beevor [Anm. 16], S. 445.
538 Dokumentation [Anm. 1], S. 196.
539 Dokumentation [Anm. 1], S. 201.
540 Zitiert bei Roland Thimme [Anm. 30], S. 352.
541 Zitiert bei Hubertus Knabe [Anm. 14], S. 81.

> Vor unseren Panzern hat ein Soldat eine deutsche Frau und ihren Säugling erschossen, weil sie sich weigerte, ihm zu Willen zu sein. Es ist fürchterlich.[542]

Eine Bäuerin aus Deutsch-Krone in Pommern berichtet über den Einmarsch der Russen im Januar 1945:

> Des Morgens zog dann dieser Trupp Russen ab. Da nun etwas Ruhe auf den Straßen war, benutzten wir schnell die Gelegenheit, um zu sehen, wie es wohl den anderen ergangen war. Bei meiner Schwägerin Erna Redemann hatte ein Russe ein Mädchen, das aus dem Warthegau zu ihr geflüchtet war, erschossen, da es nicht der Aufforderung des Russen gefolgt war.

Ein Pfarrer aus dem Ermland schreibt über den 7. Februar 1945, an dem eine berittene russische Vorhut eintraf:

> Die Soldaten forderten die üblichen Dinge und töteten, als sie nicht auf gütliche Weise ans Ziel kamen, die sechzehnjährige Tochter Maria und die Mutter mit einer Salve aus der Maschinenpistole.[543]

Über die Gewalttaten der russischen Soldaten in Ostbrandenburg ist überliefert: Im Ort Blumenfeld „töteten sie zwei junge Mädchen, Geschwister, die sich gegen eine beabsichtigte Vergewaltigung zur Wehr setzten". Der Vater, der den schrecklichen Anblick seiner ermordeten Kinder nicht ertrug, legte kurz darauf Hand an sich und schied aus dem Leben.[544] Aus dem Dorf Kleinitz wird berichtet:

> Frau Hedwig Grocholowski, die sich gegen ihren Vergewaltiger zur Wehr setzte, tötete ein Schuß in den Mund.[545]

Ein Pfarrer aus dem Ermland gibt den Augenzeugenbericht der Schwester einer Vergewaltigten so wieder:

> „Frau, komm!" habe der Soldat zu Ursula gesagt, als er sie auf den Boden hinaufzerrte. Die übrige Familie sei durch die gezückte Maschinenpistole eines anderen Russen im Flur in Schach gehalten worden. Kurz darauf hätten sie Ursula dreimal nach dem Vater schreien hören. Unmittelbar darauf seien zwei Schüsse gefallen. Der wütende Soldat sei dann die Treppen heruntergestürzt und habe mit einem scheußlichen Fluch auch den Vater niedergestreckt, der sich mit dem Rosenkranz in der Hand vor seine beiden anderen Töchter gestellt habe.[546]

542 Zitiert bei Manfred Zeidler [Anm. 300], S. 710.
543 Zitiert bei Walter Kempowski IV, S. 165.
544 Werner H. Krause: Totentanz im Oderland. Der Einmarsch der Roten Armee in Ostbrandenburg 1945. Erinnerung und Dokumente, Stegen/Ammersee 2008, S. 61.
545 Werner H. Krause [Anm. 544], S. 130.
546 Zitiert bei Walter Kempowski III, S. 828.

Aus dem Ort Rössel ist überliefert:

> Im Nachbarhaus liegen die Leichen der alten Damen Katranski. Die Soldaten haben ihnen mit dem Gewehrkolben die Schädel eingeschlagen, als sie sich, eng aneinandergeklammert, schützend vor die jüngere Schwester stellten.[547]

Im Erlebnisbericht einer Frau aus Danzig heißt es lakonisch:

> Frau Paaps Tochter, Frau Lemke, wurde von einem Russen überwältigt, ein alter Offizier wartete als nächster darauf. Als sie sich sträubte und ihre Mutter anflehte, erschoß sie der Russe, die Mutter kam mit einem Rückenschuss davon.[548]

Nicht immer kam ein Helfer so glimpflich davon wie diese Mutter, nämlich „nur" mit einem Schuss in den Rücken. Vielmehr wurden Väter und Mütter, die ihre Töchter, und Ehemänner, die ihre Frauen vor Vergewaltigung beschützen wollten, nicht selten einfach totgeschossen. Catherine Merridale zitiert den russischen Offizier Leonid Rabitschew, der hinsichtlich eines von sowjetischen Truppen eingeholten Flüchtlingsstromes aus Insterburg und Goldap in Ostpreußen bemerkte:

> Die blutenden oder ohnmächtigen Frauen schafft man zur Seite, und unsere Männer erschießen all jene, die ihre Kinder zu retten versuchen.[549]

Der Schweizer Journalist Max Schnetzer hielt in seinem Tagebuch Ereignisse aus der sowjetischen Eroberung Berlins fest:

> Da ist ein Vater, der sein Kind, ein junges Mädchen, schützen will. Mongolen stoßen ihm das dreikantige Bajonett in den Leib. Die Russen stehen dutzendweise Schlange vor den einzelnen Frauen. In ihrer Gier merken sie nicht, dass diese schon im Sterben liegen, weil sie Gift geschluckt haben oder an zerrissenen Organen verbluten. Manche Frauen beißen und kratzen, um sich zu schützen, aber sie werden mit Kolben über den Kopf geschlagen. Männer werfen sich auf die Soldaten und werden im Nu über den Haufen geschossen.[550]

Ein besonders tragischer Fall war das Schicksal des Walther Schmidt aus Potsdam-Rebbrücke, der wegen seiner Gegnerschaft zum Nationalsozialismus im Zuchthaus Brandenburg inhaftiert war:

> Er wurde am 24. April 1945 entlassen und erreichte zu Fuß am selben Tag Rehbrücke. Er war kaum zu Hause, als russische Soldaten in sein Haus eindrangen. Bei dem Versuch, seine beiden Töchter zu schützen, wurde er erschossen ...[551]

547 Zitiert bei Walter Kempowski III, S. 79.
548 Dokumentation [Anm. 1], S. 301.
549 Catherine Merridale [Anm. 42], S. 339.
550 Zitiert bei Hubertus Knabe [Anm. 14], S. 82, und bei Norman M. Naimark [Anm. 14], S. 107.
551 Roland Thimme [Anm. 30], S. 210.

Entsprechende Berichte von Zeugen sind zahllos. Beispiele hierfür sind:

> Sich gegen diese Vergewaltigungen zu wehren, war einfach sinnlos. Ich habe es in Cranz erlebt, daß ein Vater, der sich schützend vor seine Tochter stellte, erschossen wurde. Von überall her hörten wir Hilferufe, und niemand konnte diesen Unglücklichen helfen." (Frau aus Cranz in Ostpreußen)[552]
>
> In Deutmannsdorf kam uns ein 19jähriges Mädchen weinend entgegen. Die Russen hatten ihre Mutter, Frau Anna Heier, Ende der 50, erschossen, weil diese sich vor ihre Tochter gestellt hatte und nicht dulden wollte, daß sie diese vergewaltigten. (Frau aus Breslau)[553]
>
> Frau Brückmann wollte ihre Tochter von 12 Jahren nicht vor ihren Augen schänden lassen. Sie hielt ihre Inge, ein hübsches Mädel mit langem Kraushaar, im Arm. Der enttäuschte Russe knallte beide runter. (Frau aus Danzig)[554]
>
> Es verging kein Tag, wo es ruhig war. Die jungen Mädchen und Frauen lagen meistens die Nächte im Garten unter den Sträuchern. Setzte sich ein Mann für sie ein, wurde er erschossen oder erschlagen, wie Bauer Hermann Wende erschossen mit Frau und Tochter, Kaufmann Theodor Ruscher und Max Leesch, Max Peisker erschossen, Rentner Scholz mit Frau mit dem Spaten erschlagen. Ein 12 Jahre altes Mädchen wurde von der Mutter geschützt, Mutter erschossen, Mädchen gebraucht. (Bauer aus dem Kreis Brieg in Niederschlesien)[555]
>
> Der heraufdämmernde 30. April wird in der Geschichte der Stadt für immer als der schlimmste Tag des Schreckens dastehen. Die Stadt wurde, obwohl es militärischen Widerstand nicht mehr gab und die zurückgebliebenen Bewohner alles ruhig über sich ergehen ließen, für einige Tage von dem Kommandanten Rulenkow zur Plünderung freigegeben. In den Häusern spielten sich die entsetzlichsten Schreckensszenen ab; überall erscholl das Geschrei der vergewaltigten Frauen. Männer, die ihren Frauen oder Töchtern zu Hilfe kamen, wurden erschossen. (Bewohner der Stadt Neustrelitz in Mecklenburg-Vorpommern)[556]

Über die Ausschreitungen von Soldaten der 266. sowjetischen Schützendivision, denen ein Treck aus Friedeberg in die Arme gelaufen war, im Dorf Braunsfeld im Kreis Soldin wird berichtet:

> In den Planwagen fielen sie über Frauen jeden Alters her, verschonten auch Mädchen im Kindesalter nicht. Die Russen schlugen männlichen Dorfbewohnern, die sie von den Vergewaltigungen abbringen wollten, den Schädel mit Gewehrkolben ein[557],

552 Zitiert bei Walter Kempowski IV, S. 459.
553 Dokumentation [Anm. 1], S. 472.
554 Dokumentation [Anm. 1], S. 301.
555 Dokumentation [Anm. 1], S. 432.
556 Zitiert bei Walter Kempowski V, S. 257 f.
557 Werner H. Krause [Anm. 544], S. 61.

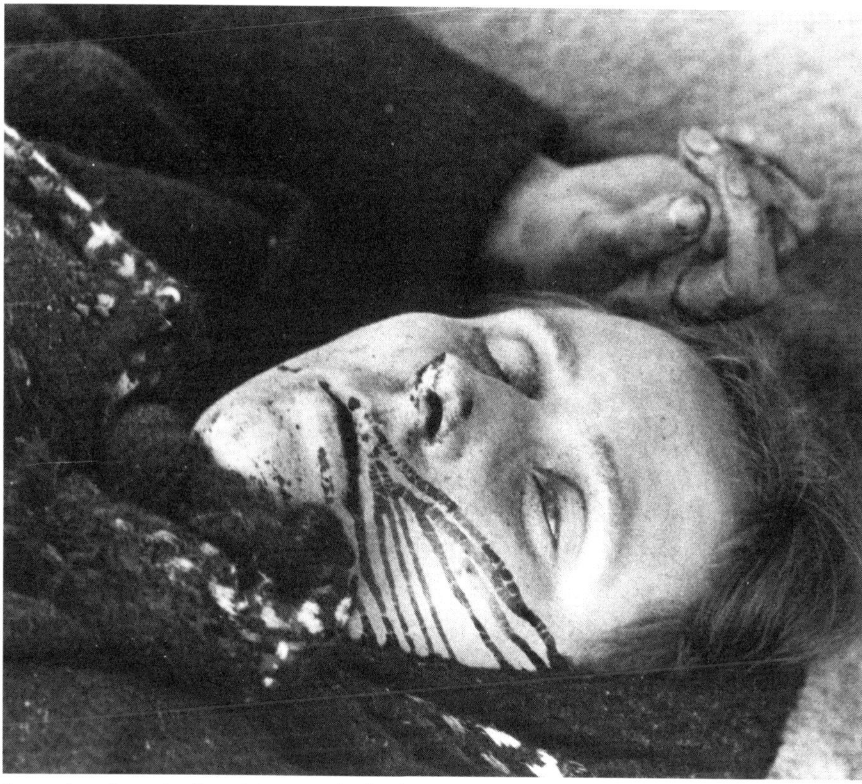

Ermordete deutsche Frau, Nemmersdorf, Oktober 1944

und vom Geschehen im Dorf Griesel im Kreis Crossen in der Mark Brandenburg:

> Ferdinand Jeschke, damals 65 Jahre alt, versuchte, seine Tochter Emma Witzke vor einer Vergewaltigung zu bewahren. Daraufhin wurden er, seine Frau, die Tochter sowie Pfarrer Süß, der 75jährige Peter von le Fort und das 12jährige Mädchen Helga Langer von den Russen in der sogenannten Wiesenscheune erschlagen.[558]

Eine Medizinstudentin aus Osterode in Ostpreußen erinnert sich an die Flucht und das Geschehen auf einem Gutshof:

> Wir kamen in den großen Kuhstall ... Qualvolle Stunden folgten, besonders für die Frauen. Von Zeit zu Zeit kamen Soldaten herein, auch Offiziere, und holten Mädchen und junge Frauen. Kein Schreien, kein Bitten, nichts half. Mit dem Revolver in der Hand faßten sie die Frauen um das Handgelenk und rissen sie mit. Ein Vater, der seine Tochter schützen wollte, wurde auf den Hof geholt und erschossen. Das Mädchen war erst recht die Beute dieser vertierten Menschen. Gegen Morgen kam sie wieder, Schrecken in den kindlichen Augen, sie war über Nacht um Jahre gealtert ... Traurigkeit, Mutlosigkeit überfiel alle.[559]

Übereinstimmend lautet deshalb das Urteil von Zeithistorikern, dass weder Ehemänner noch Verwandte oder andere Anwesende in der Lage waren, die Vergewaltigungsopfer vor ihrem Schicksal zu bewahren.

> Wer sich wehrte, wurde oft mit der Waffe oder brutaler Körperkraft überwältigt, nicht selten sogar getötet. Dasselbe Schicksal erlitten Ehemänner, Brüder oder Väter, wenn sie ihren Ehefrauen, Schwestern oder Töchtern zur Hilfe kommen wollten,

resümiert Hubertus Knabe.[560] Über das Gefühl eines damals 14-Jährigen wird berichtet:

> Es war das Gefühl totaler Ohnmacht. Was ließ sich tun, wenn Männer mit Gewehren kamen? Niemand konnte dann helfen. Die Eltern ihren Kindern nicht und die ihren Eltern noch weniger, ‚auch wenn man oft das Gefühl hatte, sie beschützen und beruhigen zu müssen‘.[561]

Die (wenigen) deutschen Männer – die meisten waren eingezogen oder bereits in Gefangenschaft oder gefallen –, die bei den Vergewaltigungen ihrer Frauen und Töchter anwesend waren, wurden deshalb von Gefühlen der Ohnmacht und der Machtlosigkeit beherrscht, wie dies der

558 Werner H. Krause [Anm. 544], S. 93 f.
559 Dokumentation [Anm. 1], S. 30 f.
560 Hubertus Knabe [Anm. 14], S. 52.
561 Überliefert von Hilke Lorenz [Anm. 286], S. 203.

Erlebnisbericht eines Mannes aus dem Kreis Arnswalde in Pommern vom Februar 1945 schildert:

> Wir durften die Türen Tag und Nacht nicht abschließen, und so hatten die Russen immer freien Eingang und Ausgang. So suchten sich die Russen die Frauen und Mädchen heraus, um zu vergewaltigen. Wir Männer waren machtlos und harrten der Dinge weiter ab. Wir versuchten doch noch, ob sich unsre jungen Töchter verschonen ließen, und doch ist es wenigen gelungen.[562]

Anneliese Kreutz erinnert sich an einen Flüchtlingstreck bei Gollau in Ostpreußen:

> In der Nähe war wieder Wald zu sehen, der Russe riß eine Frau von der Seite ihres Mannes und zog sie auf den Waldrand zu. Verzweifelt die Hände ringend blieb der Mann stehen und wartete, bis seine Frau zurückkam.[563]

„Die Selbstgewissheit der Männer war in ihren Grundfesten erschüttert", schreibt Ingeborg Jacobs und fährt fort:

> Sie hatten erlebt, wie das Haus beschossen wurde, mit angesehen, wie ein Nachbar an einem Bauchschuss verblutete, sie waren hilflos gewesen, als die Eroberer ihre Frauen wegschleppten. Die vermeintlich Unbesiegbaren hatten den Krieg verloren, die Familienoberhäupter waren ohnmächtig.[564]

Ein Beispiel bringt Ingeborg Jacobs mit der Schilderung einer bei Berlin vergewaltigten Studentin, die von zwei russischen Soldaten die Treppe hinauf in den ersten Stock eines Hauses gezerrt worden war:

> ... und da haben mich zwei Russen vergewaltigt. Mein Vater und meine Mutter waren im Keller. Es war für meinen Vater ganz schrecklich, dass er mich nicht hatte verteidigen können.[565]

Wie können die Männer, die trotz Anwesenheit am Ort des Geschehens nicht in der Lage waren, ihre Ehefrauen und Töchter vor den Vergewaltigern zu schützen, oder die später davon hörten, dieses Schockerlebnis innerlich verarbeiten? Wie wurden die Männer mit dieser tiefen Demütigung fertig? Antony Beevor schreibt dazu:

> Frauen mußten feststellen, daß die Männer die Sache, die sie zu bewältigen hatten, oft noch schwerer machten. Wer zur bewussten Zeit anwesend war, schämte sich, weil er sie nicht hatte schützen können. Hanna Gerlitz gab sich zwei betrunkenen sowjetischen Offizieren hin, um sich und ihren Ehemann zu retten. ‚Danach', schrieb sie, ‚musste ich meinen Ehemann trösten und wieder aufrichten. Er weinte wie ein Kind.'[566]

562 Dokumentation [Anm. 1], S. 199.
563 Anneliese Kreutz [Anm. 24], S. 31.
564 Ingeborg Jacobs [Anm. 28], S. 168.
565 Ingeborg Jacobs [Anm. 28], S. 170 f.
566 Antony Beevor [Anm. 16], S. 446.

Die Anonyma bemerkt in ihren Tagebuch-Aufzeichnungen zum Verhalten „unserer Männer" in jener Zeit:

> Die meisten sind vernünftig, reagieren mit dem Kopf, sind bemüht, ihre Haut zu retten, wobei die Frauen ganz auf ihrer Seite stehen. Kein Mann verliert sein Gesicht, weil er eine Frau, sei es die eigene, sei es eine Nachbarsfrau, den Siegern preisgibt. Im Gegenteil, man würde es ihm verdenken, wenn er die Herren durch Widerstand reizte. Trotzdem bleibt da ein ungelöster Rest.[567]

Ist es männliche Kollegialität, wenn man als Mann den von der Anonyma erwähnten Frauen in deren Einschätzung folgt, dass der Verzicht der Männer auf aktiven Widerstand „vernünftig" war, weil ein solcher Widerstand „die Herren" (d. h. die Sieger) nur gereizt hätte? Feststeht jedenfalls, dass Widerstandshandlungen eines unbewaffneten Mannes gegen bewaffnete Soldaten, die bereit und willens waren, von der Schusswaffe hemmungslos Gebrauch zu machen, vergeblich gewesen wären – zu Recht spricht Antony Beevor in diesem Zusammenhang von „sinnlosem Mut".[568] Letztlich hätte ein Sinn des „sinnlosen Mutes" nur in der Wahrung der männlichen Ehre erblickt werden können – ein angesichts der Korrumpierung des Ehrbegriffes in der NS-Zeit durchaus zweifelhafter Sinn.

Konnten und sollten also von den Ehemännern vergewaltigter Frauen und den Vätern vergewaltigter Töchter Heldentaten nicht unbedingt erwartet werden, so kann man andererseits nur fassungslos zur Kenntnis nehmen, dass es Männer gab, die ausdrücklich dazu aufforderten, dem unzweideutigen „Frau, komm!" Folge zu leisten. Hierzu berichtet die Anonyma, in der Menschenschlange an einer Wasserpumpe in Berlin 1945

> erzählt eine Frau, wie in ihrem Keller ein Nachbar ihr zugerufen habe, als die Iwans an ihr zerrten: „Nun gehen Sie doch schon mit, Sie gefährden uns ja alle!"[569]

Es war nicht nur eine Zeit der Gewalt, sondern auch eine Zeit des Egoismus. Antony Beevor schreibt zu den „endlosen Siegesorgien":

> Junge Töchter wurden in Abstellkammern versteckt. Mütter wagten sich nur am frühen Morgen auf die Straße, wenn die Sowjetsoldaten ihren Rausch aus-

567 Anonyma [Anm. 31], S. 144.

568 Antony Beevor [Anm. 16], S. 447.

569 Anonyma [Anm. 31], S. 86, mit der Nachbemerkung: „Kleine Fußnote zum Untergang des Abendlandes". Auch zitiert bei Felicitas von Lovenberg [Anm. 223]. Weiteres Beispiel bei Ingeborg Jacobs [Anm. 28], S. 210 f.: Eine sich in einem Krankenhaus in Goldberg bei Neustrelitz unter Tuberkulose-Kranken verbergende Krankenschwester wird von einem Deutschen denunziert: „Nun gibt es kein Entrinnen mehr. Ein Deutscher verkauft eine Deutsche."

> schliefen. Manchmal war die größte Gefahr eine Mutter, welche die Verstecke anderer Mädchen verriet, weil sie ihre eigenen Töchter verzweifelt zu schützen suchte.[570]

Auch die damals 15-jährige Gabi Köpp weiß von dem Verrat Erwachsener zu berichten.[571]

Wenn Widerstand sinnlos war, wenn Hilfe von Niemandem erwartet werden konnte und wenn sogar Verstecke verraten wurden, war das Erleiden von Vergewaltigungen für viele Frauen und Mädchen mithin nahezu unausweichlich. Der einzige Widerstand, den die sowjetischen Soldaten nicht (mehr) brechen konnten, und der für viele einzige Ausweg aus dieser verzweifelten Situation war die Selbsttötung der bereits einmal oder mehrmals vergewaltigten oder ihre bevorstehende Vergewaltigung befürchtenden Frauen. Diesen tödlichen Entschluss haben zahlreiche, genauer: viele tausende Frauen (und Männer) in jener Zeit gefasst.[572] Antony Beevor berichtet über die allein in Berlin 1945 an den Folgen von Vergewaltigung verstorbenen Frauen: „Die meisten begingen Selbstmord."[573] Ebenfalls über die Ereignisse in Berlin zu dieser Zeit schreibt Hubertus Knabe:

> Frauen und Mädchen werden in Gärten und Straßen und auf die Dächer verfolgt, und die Gehetzten stürzen sich hinab.[574]

Aus Breitenstein (Ostbrandenburg) ist überliefert:

> In Breitenstein veranstalteten die Russen eine regelrechte Jagd auf Mädchen und Frauen, zerrten sie vor aller Augen auf dem Boden der Dorfstraße entlang und vergingen sich immer wieder an ihnen. Durch den kleinen Ort gellten stundenlang die Schreie der Opfer. Später töteten sie 36 der so Geschändeten, sechs weitere wählten den Freitod.[575]

Im Tagebuch der Mutter von Renate Meinhof findet sich zu den Ereignissen in Ducherow in Pommern der Eintrag:

> Es kam wieder ein Russe in den Keller, leuchtete den Frauen und jungen Mädchen ins Gesicht und sagte: „20 Russen oben, 5 Frauen kommen mit." Da ergriffen die Großmütter je ein Kindchen und die jungen Mütter nahmen ihre Jüngsten aus dem Kinderwagen, stürzten in ihrer Angst und Verzweiflung in die Nacht hinaus und ertränkten sich im Bauernpfuhl. Eine junge Frau, ein junges

570 Antony Beevor [Anm. 16], S. 445.
571 Gabi Köpp [Anm. 10], S. 26.
572 Eindrucksvolle Schilderung mit erschreckenden Zahlen von Selbstmorden von Frauen und Männern in Städten und Dörfern Mecklenburgs bei Ingeborg Jacobs ([Anm. 28], S. 203), die vom „Virus Selbstmord" spricht (S. 208).
573 Antony Beevor [Anm. 16], S. 445.
574 Hubertus Knabe [Anm. 14], S. 82.
575 Werner H. Krause [Anm. 544], S. 61.

> Mädchen und ein Jungchen von 5 Jahren wurden noch lebend geborgen. Aber vierzehn unglückliche Menschen waren tot, acht ertranken und sechs haben ihrem Leben durch Erhängen ein Ende gemacht. O große Not![576]

Und weiter:

> Auch sonst haben während oder nach der ersten, schwersten Nacht vom 28. auf den 29. April und später noch einige Ducherower Selbstmord verübt, im ganzen wohl 20. In Anklam haben etwa 300 Personen ihrem Leben ein Ende gemacht, ein Beweis dafür, wie furchtbar die Russen in unserer Gegend gehaust und die jungen Mädchen und Frauen gequält haben. – Ach, ich könnte noch viele, viele so traurige Schicksale erzählen.[577]

Aus dem Städtchen Lauenburg in Pommern berichtet ein Pfarrer über das Eindringen der russischen Soldaten:

> In Rudeln standen sie vor jedem Haus ... 78-jährige Frauen, 9-jährige Kinder fielen ihnen zum Opfer. Es ist zu verstehen, wenn in jener schrecklichen Nacht etwa 600 Einwohner freiwillig in den Tod gingen.[578]

In ländlichen Gegenden war Sich-Erhängen oder Sich-Ertränken die häufigste Form des Suizids der gepeinigten Frauen. Sofern Gift vorhanden war, konnten Frauen sich vergiften; oder eine Frau konnte einen deutschen Mann bitten (sofern dieser noch eine Schusswaffe besaß), sie zu erschießen. So berichtet eine Flüchtlingsfrau aus Drossen im Kreis Westernberg in Brandenburg:

> Frau Dr. Walther erzählte mir, daß sie in Gegenwart ihres Mannes sechsmal hintereinander von Russen vergewaltigt worden sei und daß sie Gift nehmen würde, was sie auch später getan hat. Hundert Einwohner etwa nahmen sich im Gaswerk das Leben, viele andere durch Erschießen und Gift.[579]

In dem Erlebnisbericht einer Frau aus dem Kreis Elbing in Westpreußen über das Zusammentreffen mit sowjetischen Soldaten in einer Revierförsterei in Pommern kommen alle jene Suizidformen vor:

> Die Russen erschienen jeden Abend, holten sich mehrfach eine Anzahl Frauen und Mädchen bis zu den jüngsten herunter, die mehrfach täglich geschändet wurden. Am vierten Tag erschienen plötzlich vier deutsche versprengte Soldaten, die sich Lebensmittel holen und sich verbergen wollten. Unglücklicherweise kam zur gleichen Zeit eine russische Patrouille, die einen der Deutschen sofort erschoß und die andern gefangen nahm. Nun wurden die Russen noch rabiater, und die zahlreichen Frauen und Mädchen waren vor Angst vor den Gewalttaten der Russen halb irrsinnig. Ein Teil der jüngeren Frauen und Mädchen beging bereits Selbstmord. Dem Revierförster wurde, da er sich nach

576 Zitiert bei Renate Meinhof [Anm. 27], S. 54 f.
577 Zitiert bei Renate Meinhof [Anm. 27], S. 56.
578 Dokumentation [Anm. 1], S. 266.
579 Dokumentation [Anm. 1], S. 400.

> Ansicht der Russen stark spionageverdächtig gezeigt habe, mit Räumung des Hauses und Schlimmerem gedroht, so daß er alle Anwesenden aufforderte, die Försterei zu verlassen, zumal er und seine Familie beschlossen hätten, in den Tod zu gehen. Die eine Tochter, eine Ärztin, habe sich bereits mit ihren beiden Kindern vergiftet. Wer sich erschießen lassen wolle, für den sei eine Kugel auch da. Andernfalls müsse das Haus sofort geräumt werden. Es sind in der Försterei allein 62 Menschen von dem Gut und Dorf Occalitz daraufhin durch Ertränken in dem See, durch Erschießen durch den Revierförster Täger, durch Gift und durch Erhängen in den Tod gegangen.[580]

Oft wurden Frauen von ihrem Vorhaben, Suizid zu begehen, nur von Verwandten abgehalten. Eine Flüchtlingsfrau aus dem Kreis Neustettin in Pommern berichtet dazu über das Geschehen auf einem abgelegenen Bauernhof bei Rostock im März 1945:

> Am nächsten Morgen kam auch dort der Russe hin ... Dabei hatte er auch die jungen Frauen und Mädchen, etwa 30, entdeckt, die dort Schutz suchten. Es begann eine furchtbare Zeit der Frauenverfolgung. Jede Nacht erschienen besoffene Russen und durchsuchten das Haus. Ich hatte mich mit meiner Schwester und einem jungen Mädchen gleich am ersten Tage unter dem Dach eines Taubenschlages versteckt. Die Russen aber kamen in der Nacht, zerschlugen die Fensterscheiben, schossen über unser Dach, durchsuchten auch den Boden, wo wir zitternd kauerten und nicht zu atmen wagten. Meine Schwester wollte sich die Pulsadern öffnen. Ich hielt sie ab. Sie hatten zwei andere Frauen gefunden, waren nun zufrieden.[581]

In einer ganz besonderen Konfliktsituation befanden sich Väter und Mütter mit Kindern. Nicht wenige Mütter töteten aus Verzweiflung ihre Kinder und danach sich selbst. Der Bericht eines Bauern aus dem Kreis Brieg in Niederschlesien über Gewalttaten sowjetischer Soldaten nach dem Einmarsch und Verschleppung von Dorfbewohnern informiert, um ein Beispiel zu nennen, über den Suizid einer Mutter und die Tötung ihrer drei Kinder mit einem Satz:

> Frau Schneidermeister Pfeifer aus Jeschen erhängte aus Verzweiflung ihre drei Kinder im Alter von acht bis dreizehn Jahren und sich dann selbst.[582]

Der häufigere Fall war aber vermutlich der, dass eine Mutter mit Rücksicht auf ihre Kinder den Gedanken an Selbsttötung aufgab, so wie dies zwei Erlebnisberichte von Flüchtlingsfrauen schildern:

> Bald kamen die ersten Russen, machten auf dem Gehöft Rast, und dann wurde gesoffen. Die verschlossenen Türen erbrochen, die Fenster schlugen sie ein, und dann suchten sie sich ihre Beute. So ging es Tag und Nacht, und immer mußten

580 Dokumentation [Anm. 1], S. 274.
581 Dokumentation [Anm. 1], S. 206.
582 Dokumentation [Anm. 1], S. 432.

> welche dran glauben. Auch ich bin nicht verschont geblieben, trotz Bitten und Flehen. Ich war ja bereit, mich erschießen zu lassen, was sie auch tun wollten, aber ohne mein Kind. Das konnte ich nicht übers Herz bringen, sie allein der fremden Welt zu lassen, und so mußte ich diese allerfurchtbarste Erniedrigung über mich ergehen lassen. Es war manchmal zum Verzweifeln …[583]

Und weiter:

> Eines Abends spricht mich eine Flüchtlingsfrau (Anfang 50) an. Ich wundere mich, daß sie so undeutlich durch die Nase spricht … als die Russen sie vergewaltigten, wäre ihr Mann ihr zu Hilfe geeilt. Dafür hätten sie ihr das Nasenbein eingeschlagen. Auf der Kniebauerbrücke hätte sie gestern mit ihrem Mann gestanden. „Laß uns runterspringen, dann hat die Qual ein Ende", hat er sie gebeten. Doch der Gedanke an ihre Kinder hat es verhindert.[584]

Eine damals junge Studentin erinnert sich, dass ihr Vater, nachdem er in der Umgebung von Berlin von den Vergewaltigungen gehört hatte, zu seiner Familie sagte:

> „Also, das können wir nicht ertragen, wir nehmen uns alle das Leben." Doch meine Cousine und ich, wir waren zu jung dazu, außerdem hatte sie ein Baby, das ein Vierteljahr alt war. Ich sehe uns noch an diesem Wagen stehen, vor dem Kind. Und wir guckten uns beide an und sagten: „Nein, wir nehmen uns nicht das Leben, wir wollen leben!" Wir haben meinem Vater gesagt, dass wir keinen Familienselbstmord wollen.[585]

Es kam aber auch vor, dass nicht die Stimme der Vernunft einen Selbstmord verhinderte, sondern der Zufall:

> Meine Mutter hatte mit allem abgeschlossen, nach einer Massenvergewaltigung hatte sie jeden Lebensmut verloren und wollte sterben. Doch in den nächsten Tagen gingen alle Russen an ihrem Keller vorüber, und sie konnte wieder neue Kraft sammeln.[586]

Ein anderer Fall liest sich so:

> Nachdem der Russe meine Mutter vergewaltigt hatte, versuchte sie, sich draußen im Schnee die Pulsadern zu öffnen, doch zum Glück hat sie das – wie die meisten Menschen – nicht richtig gemacht und ist schießlich zur Besinnung gekommen.[587]

---

583 Dokumentation [Anm. 1], S. 181. (Bericht einer Frau aus dem Kreis Wirsitz in Westpreußen, deren Treck im Kreis Deutsch Krone von Russen überrollt wurde).

584 Dokumentation [Anm. 1], S. 341 (Bericht einer Bauersfrau aus dem Kreis Preußisch Eylau in Ostpreußen).

585 Zitiert bei Ingeborg Jacobs [Anm. 28], S. 158; siehe auch dort S. 171 und S. 213. Ähnliches Beispiel auch in: Treibgut des Krieges [Anm. 14], S. 99.

586 Zitiert bei Ingeborg Jacobs [Anm. 28], S. 208 f.

587 Zitiert bei Ingeborg Jacobs [Anm. 28], S. 57; weiteres Beispiel bei Anneliese Kreutz [Anm. 24], S. 37.

IX. Kinder

Die Täter waren Männer, die Frauen waren Opfer. Zum Thema Massenvergewaltigung deutscher Frauen 1944/45 gehören aber auch Kinder, diese in verschiedenen Rollen: Kinder konnten für ihre Mutter als Schutz vor Vergewaltigung dienen; Kinder waren, wenn dieser Schutz nicht griff, nicht selten Zeugen der Vergewaltigung der Mutter; im für die Kinder schlimmsten Fall wurden sie selber Opfer einer Vergewaltigung; schließlich wurden zahlreiche Frauen durch die von ihnen erlittenen Vergewaltigungen schwanger, mit der Folge, dass sie entweder abtrieben oder das Kind austrugen, womit das Thema „Besatzungskinder“ angesprochen ist.

Was Kinder als Schutzschild[588] für Mütter betrifft, so haben jedenfalls die damals noch kleinen Kinder zwar keine eigene Erinnerung an jene Geschehnisse; aber ihre Mütter haben ihnen später davon erzählt. Helga Müller-Serre, im Jahre 1945 noch ein Kleinkind, schreibt dazu:

> Als ich zwei Jahre alt und meine Mutter 29, wurde sie in Gleiwitz von den Russen zu Friedhofsarbeit verdonnert. Da sich die Kunde der Vergewaltigungen durch die russische Besatzung immer mehr verbreitete, hat sie mich im Kinderwagen (als Schutzengel!) mit zu ihrem Friedhofsarbeitsplatz gefahren ... Da lag ich nun, oder saß oder stand oder lief als Engel meiner Mutter. Ich habe aber keinerlei Erinnerungen, keine Bilder ... nichts.[589]

Ein Flüchtling aus dem Kreis Lauenburg in Pommern berichtet:

> ... beim Verlassen der Wohnung wollte ein betrunkener Russe meine hochschwangere Frau und meine älteste, damals acht Jahre alte Tochter vergewaltigen, mit Reitpeitsche und Pistole hielt er uns in Schach ... Etwas später kehrte ich zurück. Inzwischen hatte es jedoch meine Frau, die Kinder eng an sich geklammert, fertiggebracht, das Haus ungeschoren zu verlassen.[590]

588 Gemeint ist damit eine bloß Anwesenheit des Kindes, nicht ein aktiver Widerstand. Von solchen handgreiflichen Aktionen berichten Antony Beevor [Anm. 16], S. 447: „Der 13-jährige Dieter Sahl ... stürzte sich mit den Fäusten auf einen Russen, der seine Mutter in Gegenwart beider Kinder vergewaltigte. Damit erreichte er nur, dass sie ihn beinahe erschossen hätten“, und Giles Macdonogh [Anm. 67], S. 53: „Then they caught sight of a Frau Westphal and tried to drag her away. She was defended by her ten-year-old son with an axe, until the Russions finally desisted ...“ Vermutlich ist allerdings solchen Berichten gegenüber Skepsis angebracht.

589 Brief an den Verfasser.

590 Dokumentation [Anm. 1], S. 271.

Diese Erlebnisse mit Kindern als Schutzschild gegen drohende Vergewaltigungen stehen im Einklang mit nicht wenigen Äußerungen über ein besonders kinderfreundliches Verhalten russischer Soldaten. Im Tagebuch einer Frau aus Potsdam-Rehbrücke, die mehrmals vergewaltigt wurde, finden sich im April 1945 die Einträge: „Zu den Kindern sind alle Russen reizend, was ein großes Glück für uns ist“[591], und:

> Wir wissen nun, daß alle Russen Kinder gern mögen. Meine Söhne führen ein herrliches Leben, sitzen mit am Lagerfeuer, bekommen dort zu essen, helfen Pferde füttern und Wasser holen. Die Mädchen zwischen 11 und 15 könnten genau so leben, wenn sie wie Jungen aussähen.[592]

Giles Macdonogh erwähnt dafür mehrere Beispiele:

> Libussa von Krockow had recently given birth, and the baby at her breast proved a disincentive (eine Abhaltung, d. Verf.) to Russian attacks. The Russians were very often taken with the German children, hugging and kissing them and giving them things to eat.[593]

Und über eine andere Frau (aus der schlesischen Kleinstadt Steinau):

> When she was subjected to what she feared would be rape by an entire platoon, she remembered a Russian word for 'child'. The rapist got up and escorted her from the room, before the eyes of the others waiting their turn. The Steinau woman repeated the story – often told – that the Russians treated children with kindness. She had seen a tank come up to a child in the middle of a road and the driver climb out and pick up the boy and place him on the pavement.[594]

Die Besetzung von Kleinmachnow durch die russischen Soldaten im April 1945 schildert ein Bürger dieser Nachbargemeinde von Potsdam mit den Worten:

> Sie waren unberechenbar: brutal wie Hunnen und zutraulich wie Kinder. Man wußte nie, woran man mit ihnen war. Sie konnten ungerührt Menschen totschießen und Frauen vergewaltigen, Kindern Schokolade schenken und vor einem Stall mit jungen Kaninchen lachend und bewundernd hocken.[595]

Bereits erwähnt ist die in den Tagebuch-Aufzeichnungen der Anonyma enthaltene Erzählung, derzufolge russische Soldaten in Berlin beim Anblick eines schlafenden Kindes den Raum verließen.[596] Etliche andere

591 Marianne Vogt, in: Roland Thimme [Anm. 30], S. 351.
592 Marianne Vogt, in: Roland Thimme [Anm. 30], S. 353.
593 Giles Macdonogh [Anm. 67], S. 52.
594 Gilde Macdonogh [Anm. 67], S. 57 f.
595 Zitiert bei Roland Thimme [Anm. 30], S. 213.
596 Siehe oben, S. 54.

„Sie hatten Kinder gern“-Geschichten könnten im vorliegenden Zusammenhang gewiss noch genannt werden.[597]

Leider gibt es jedoch nicht wenige Gegenbeispiele, also Geschehnisse, in denen die sowjetischen Soldaten nicht nur Männer und Frauen, sondern auch Kinder brutal behandelten oder sogar töteten. Hubertus Knabe stellt dazu fest:

> Anders als das spätere Propagandabild vom freundlichen Rotarmisten vermittelte, konnten auch Kinder in dieser Zeit nur selten mit Mitleid oder Unterstützung rechnen.[598]

Im Tagebuch einer Frau aus Potsdam finden sich dafür gleich zwei Beispiele:

> ... als ich der alten Frau, die mit Mann und Töchtern und neugeborenem Enkelkind unter der Treppe auf Matratzen und Säcken lag, ihr offenes Bein verbinden wollte, kam ein total besoffener Russe, packte die Wöchnerin – ein bildhübsches, junges Ding. „Frau, komm mit!“ Dieses grauenhafte Wort, vor dem sich noch heute jeder entsetzt. Er nahm das Kind, das sie gerade nährte, warf's in einen Korb. Ich wollte sie schützen, und er gab mir einen Stoß, daß ich durchs Zimmer an die Wand flog, mir aber nichts weiter tat wie ein paar blaue Flecke. Die junge Frau nahm er auf den Boden mit.[599]

Und:

> In ganz kurzer Zeit wurden fünf Personen aus unserer Straße erschossen. Ein 12-jähriger Junge, einziges Kind, der nachmittags an unserer Tür vorbeiging und nicht gleich hörte, daß der Posten „Stoj!“ („Steh!“) rief. Der Junge war sofort tot, die Blutlache vor der Haustür hinterließ noch monatelang ihre Flecken.[600]

Auch Gabi Köpp berichtet in ihrem Tagebuch von der grundlosen Erschießung eines Jungen. Eine Augenzeugin aus Danzig schildert die Brutalität gegenüber Kindern bei der Eroberung der Stadt so:

> Eine junge Frau mit drei kleinen Kindern wollte noch schnell im Keller nebenbei verschwinden, als die Horde sie überwältigte. Die Kinder riefen: „Mutti, Muttilein!“ Da nahm der eine Russe die Kinder und schlug sie an die Mauer. Das Knirschen vergesse ich mein Leben lang nicht. Dann nahm der nächste die Frau vor. Sie kroch nachher in die Mottlau (Fluss, der durch die Altstadt

597 Siehe dazu das Beispiel bei Renate Meinhof [Anm. 27], S. 63, und das Zitat bei Ingeborg Jacobs [Anm. 28], S. 169: „Mit Kindern, das muss man ja sagen, sind sie freundlich umgegangen, die Russen, nicht aber mit deren Müttern.“

598 Hubertus Knabe [Anm. 14], S. 59, dort auch (S. 60) ein Beispiel für eine besondere Grausamkeit, begangen durch polnische Milizionäre.

599 Zitiert bei Roland Thimme [Anm. 30], S. 388.

600 Zitiert bei Roland Thimme [Anm. 30], S. 389.

> von Danzig fließt, d. Verf.), denn gehen, aufrechthalten konnte sie sich nicht mehr.[601]

Selbst wenn solche Grausamkeiten eher selten vorgekommen sein dürften, so steht jedenfalls fest, dass die häufig verübten Vergewaltigungen von Müttern vor den Augen ihrer Kinder auf keinen Fall „kinderfreundlich" waren.

Die Vergewaltigung von Müttern vor den Augen ihrer Kinder – eine ganz besonders grausame Form dieser Gewalttat – war kein Einzelfall. Vielmehr gibt es dafür zahlreiche Belege. Der Frontbericht der NKWD-Brigade bei der 43. sowjetischen Armee (also ein sowjetisches Dokument) mit der darin aufgezeichneten Aussage eines Vergewaltigungsopfers („In der nächsten Nacht brachen sechs betrunkene Soldaten in unseren Keller ein und vergewaltigten uns vor unseren Kindern") ist bereits erwähnt.[602] Aus der Umgebung von Königsberg berichtet eine Flüchtlingsfrau: „Eine Frau wurde inmitten ihrer Kinder vergewaltigt, entsetzt schrien die Kinder um Hilfe."[603] Ein damals neunjähriges Mädchen erinnert sich an die Flucht ihrer Familie aus Mohrungen in Ostpreußen und was auf dem Wege geschah: „Meine Mutter und andere junge Frauen wurden auf diesem Weg vor unseren Augen mehrmals vergewaltigt."[604] Ein Vergewaltigungsopfer aus Pommern schildert den Tathergang so: Es kamen

> mehrmals Horden von 7–10 Mann, und meine Schwester wurde auf der einen Seite der Wohnung im Beisein ihrer 7jährigen Tochter, ich auf der anderen Seite im Beisein der beiden anderen Kinder und meines Mannes, welchem man eine brennende Kerze in die Hand gedrückt hatte, unter viel Weinen und Schreien vergewaltigt.[605]

Gewalttaten nach der Eroberung von Rehbrücke bei Potsdam werden so beschrieben:

601 Dokumentation [Anm. 1], S. 298.

602 Siehe oben S. 106.

603 Anneliese Kreutz [Anm. 24], S. 29.

604 Zitiert in: Treibgut des Krieges [Anm. 14], S. 35. – Zur Erforschung von frühen traumatischen Belastungen von Kindern in Kriegszeiten siehe Ludwig Janus (Hrsg.): Geboren im Krieg. Kindheitserfahrungen im 2. Weltkrieg und ihre Auswirkungen, Gießen 2006. Zeitlich noch weitergehend: Anne-Ev Ustorf: Wir Kinder der Kriegskinder. Die Generation im Schatten des Zweiten Weltkriegs, 2. Aufl. Freiburg 2009. Bericht über eine Internet-Therapie für Kriegskinder bei Oliver Hoischen: Ich war doch noch ein Kind. Viele Deutsche leiden bis heute unter ihren schrecklichen Erinnerungen an den Krieg. Jetzt kann ihnen erstmals geholfen werden, in: FAS Nr. 18 v. 3. Mai 2009, S. 6.

605 Zitiert bei Alfred-Maurice de Zayas [Anm. 44], S. 82.

> Andere Offiziere verschafften sich Eintritt in Häuser, durchsuchten die Räume und, wenn nur Frauen anwesend waren, vergewaltigten sie diese. Die Anwesenheit von Kindern störte dabei nicht.[606]

Aus dem Kreis Bunzlau in Niederschlesien stammt die Erinnerung:

> Die bereits angeführten Massenvergewaltigungen erfolgten sehr oft im Beisein von Kindern aller Jahrgänge. Ich selbst, damals 13 Jahre, mußte in zahlreichen Fällen ebenfalls zusehen.[607]

Über die Vergewaltigung ihrer Mutter in Landsberg an der Warthe schrieb deren Tochter:

> Meine arme Mutter wurde sieben Mal vor meinen Augen von sowjetischen Soldaten vergewaltigt; wir waren damals doch noch Kinder und wußten gar nicht, was da vor sich ging.[608]

Ein besonders ergreifender Erlebnisbericht stammt aus dem Kreis Meseritz in Brandenburg:

> Gleich neben dem Eingang lag die 50-jährige Witwe Semisch mit ihrer 10-jährigen Tochter, die übrigen sieben Kinder waren ihr bei dem Durcheinander am Tage abhanden gekommen ... Es mag gegen 23 Uhr gewesen sein, da kamen zwei Russen in den Keller, zwanzigjährige Bengels, rissen die Frau hoch und sagten: „Mitkommen, kochen!“ Die Frau wehrte sich und schrie ... Die Soldaten zerrten Frau Semisch mit. Das Kind klammerte sich an die Mutter und weinte: „Meine Mutti!“ Nach einer Stunde kam die Frau laut weinend zurück, die Röcke waren ihr vom Leib gerissen, sie hielt sich den Leib mit beiden Händen und jammerte: „Mein Leib, mein Leib!“ Das Kind, das mitgewesen war, weinte: „Meine liebe Mutti, was haben die Soldaten mit Dir gemacht!“ Wir schwiegen ohnmächtig.[609]

Kinder waren auch anwesend, als eine Schwester von ihnen und ihre Mutter sich der Vergewaltigung widersetzten und deshalb erschossen wurden. Ein Pfarrer aus dem Ermland berichtet:

> Von unserm Standquartier aus zogen wir am nächsten Morgen auf das Gehöft der Nieswandts, das am Waldrand gelegen war. Nieswandts hatten neun Kinder. Vier von ihnen waren eben erst von einer schweren Diphtherie genesen, als eine berittene russische Vorhut eintraf. Die Soldaten forderten die üblichen

606 Roland Thimme [Anm. 30], S. 211.

607 Dokumentation [Anm. 1], S. 476. – Kurze, aber eindringliche Erzählung, wie ein Kind die Vergewaltigung seiner Mutter durch drei russische Soldaten mit ansieht, bei Julia Franck: Die Mittagsfrau, Roman, 3. Aufl. Frankfurt a. M., 2009, S. 18.

608 Aus einem Brief, zit. bei Werner H. Krause [Anm. 544], S. 157. Siehe auch Bertolt Brecht (Arbeitsjournal, Bd. 2, S. 850, zit. bei Hubert Knabe [Anm. 14], S. 92): „aber nach dem kampf durchzogen betrunkene horden die wohnungen, holten die frauen, schossen die widerstand leistenden männer und frauen nieder, vergewaltigten vor den augen der kinder, standen in schlangen an vor den häusern.“

609 Dokumentation [Anm. 1], S. 398.

> Dinge und töteten, als sie nicht auf gütliche Weise ans Ziel kamen, die sechzehnjährige Tochter Maria und die Mutter mit einer Salve aus der Maschinenpistole. Alle Kinder hatten die Szene mit angesehen. ...[610]

Warum vergewaltigten (und im schlimmsten Fall: töteten) russische Soldaten eine Mutter vor den Augen ihres Kindes? Dass der – in diesem Fall erzwungene – Beischlaf mit einer Frau in Anwesenheit anderer ein Tabu der menschlichen Gesellschaft bricht, ist bereits erwähnt worden. Jedoch bedeutete dieses Tabu offensichtlich für die Vergewaltiger kein Hindernis. Sieht man über diesen Tabubruch einmal hinweg, so ist jedenfalls die Frage leicht zu beantworten, warum die Soldaten Frauen in Anwesenheit von deren Männern vergewaltigten. Mit der Vergewaltigung der Frau vor den Augen ihres Mannes wird nicht nur die Frau gedemütigt, sondern auch deren Mann. Es ist die Zur-Schau-Stellung des totalen Sieges: Nicht nur die besiegte Frau ist unterworfen, sondern auch der besiegte Mann liegt (im übertragenen Sinne des Wortes) am Boden, mehr noch: Er liegt nicht nur am Boden, sondern er liegt im Staub. Der Sieger-Mann hat den besiegten Mann zwar am Leben gelassen, aber der Sieger hat den Besiegten moralisch kastriert:

> Schau Dir an, wie ich Deine Frau vergewaltige – Du kannst nicht einmal Deine eigene Frau davor schützen, daß ich sie mir gewaltsam nehme.

Natürlich kann ein solcher Atavismus nun, d. h. in der Moderne, nicht akzeptiert werden. Auch – und jedenfalls – versagt ein Rückgriff auf das Bild der Demütigung des besiegten Mannes durch den Sieger-Mann bei der Antwort auf die Frage, warum beim Einmarsch der sowjetischen Truppen so häufig Frauen in Gegenwart ihrer Kinder vergewaltigt wurden; denn es hatte ja kein Krieg gegen die Kinder stattgefunden, die Kinder waren also kein besiegter Feind, der vom Sieger gedemütigt werden konnte.

Den Tätern selber hat vermutlich nie jemand die Frage gestellt, und wenn dies geschehen wäre, hätten die Befragten vermutlich darauf nicht antworten wollen oder nicht antworten können. So müssen alle Überlegungen, die heute dazu angestellt werden, in Mutmaßungen oder Hypothesen enden. In das Dunkel jener Nächte 1944/45 in Kellern, Scheunen, Ställen, geplünderten Wohnungen, Dachböden usw. fällt insoweit kein erhellendes Licht. Einsichtig ist nur: Die Massenvergewaltigungen durch die Soldaten der Sowjetarmee erfolgten in einer Orgie der Gewalt, in einem Rausch geprägt von Hass, Wut, Verachtung, sexueller Gier, oft begangen in betrunkenem Zustand. In dieser Situation war das Weinen von Kindern oder auch nur ihre Anwesenheit für die Verge-

610 Zitiert bei Walter Kempowski IV, S. 164 f.

waltiger allenfalls lästig, aber kein Hindernis. „Schnell, schnell" sollte die zur Vergewaltigung ins Auge gefasste Frau mitkommen[611] – warum sollten die Vergewaltiger sich in dieser Situation noch Gedanken über die anwesenden Kinder machen oder allein wegen der Kinder nach einem „chambre séparée" suchen? Vielleicht lautet die richtige Antwort auf die Frage, warum die Soldaten Frauen vor den Augen ihrer Kinder vergewaltigten: Die Vergewaltiger dachten sich dabei nichts oder jedenfalls nicht viel. Es war wohl einfach Rücksichtslosigkeit oder Gefühllosigkeit oder beides zusammen. Und jedenfalls ist die Vergewaltigung einer Frau in Gegenwart ihrer Kinder unmenschlich – unmenschlich gegenüber der Frau und unmenschlich gegenüber den Kindern.

Hatten Kinder „Glück", wenn sie „nur" die Vergewaltigung ihrer Mutter mit ansehen mussten und nicht selber Opfer einer solchen Gewalttat wurden? Dass nicht nur erwachsene Frauen, sondern auch junge Mädchen von russischen Soldaten 1944/45 vergewaltigt worden sind, ist vielfach belegt. So wird über die Untersuchung der Opfer in Nemmersdorf/Ostpreußen durch die dorthin entsandte Ärztekommission in der Dokumentation festgestellt:

> Es wurden Scheunentore und Böcke herbeigeschafft, um die Leichen aufzubewahren, damit die Kommission sie untersuchen konnte. Einstimmig wurde dann festgestellt, daß sämtliche Frauen wie Mädchen von 8–12 Jahren vergewaltigt waren, auch die alte blinde Frau von 84 Jahren.[612]

Ebenfalls aus Ostpreußen stammt die Schilderung einer Frau über die Folgen der Vergewaltigung eines Kindes durch russische Soldaten:

> Im anderen Zimmer lag ein 10-jähriges Mädchen. Das kleine, zarte Ding hatten sie so zugerichtet, daß sie weder stehen noch gehen konnte. Sie mußte von der Mutter aus dem Bett gehoben werden.[613]

Die Oberin im Städtischen Krankenhaus Babelsberg berichtet in ihren Aufzeichnungen vom April/Mai 1945:

> Ich muß überhaupt noch schildern, daß Vergewaltigungen der Russen an der Tagesordnung waren. Und zwar schreckten manche vor kleinen Mädchen von 12 Jahren und alten Frauen über 60 nicht zurück.[614]

Ein Augenzeuge aus dem Kreis Brieg in Niederschlesien schreibt über den Einmarsch der sowjetischen Truppen in den Ort Lossen:

> Als die ersten russischen Panzer mit Infanterie ankamen, waren wir sofort Uhren, Ringe und andere Sachen los. Kurz darauf kam Infanterie an, und da

611 Anonyma [Anm. 31], S. 62.
612 Dokumentation [Anm. 1], S. 8.
613 Zitiert bei Walter Kempowski IV, S. 583.
614 Zitiert bei Roland Thimme [Anm. 30], S. 214.

> war der Teufel los. Sofort wurden die ersten Frauen vergewaltigt, von Kindern von 12 Jahren bis zur Greisin über 80 Jahre, was ich selbst aus nächster Nähe gesehen habe.[615]

Der Pfarrer des Ortes Saarmund bei Potsdam berichtet über die Suche russischer Soldaten nach jungen Mädchen:

> Je weiter der Abend vorrückte, desto mehr wurden wir durchsucht und ausgefragt. Schließlich wurden die jungen Mädchen festgestellt und unsere D. mit den Worten „gut für russische Soldaten" besonders aufs Korn genommen ... Bei Tagesanbruch stellte ich fest, daß der Marktplatz von Russen ziemlich frei war ... In dem Augenblick kam neue mongolische Infanterie in den Ort und durchsuchte Haus bei Haus nach jungen Mädchen. Ich werde deren Schreie und das Jammern der Eltern nicht vergessen.[616]

In den Tagebuch-Aufzeichnungen der Anonyma aus Berlin ist zu lesen:

> Hilde berichtete, daß bei ihnen im Keller in der Eile auch eine aufgeschossene Zwölfjährige ‚mit verschlissen' wurde. Zum Glück war ein Arzt in Reichweite, kam ihr nachher zu Hilfe.[617]

Ein Pfarrer aus Lauenburg in Pommern schreibt:

> Am Montagmorgen wanderten wir mit dem Rucksack aus, um den dauernden Misshandlungen zu entgehen. Unten vor dem Hause sagte ein Flüchtlingsbauer auf die Schreie, die aus dem Hause tönten: „Hören Sie? Sie haben meine 13-jährige Tochter heute Morgen schon zum fünften Male vor."[618]

Aus dem Ort Malkwitz bei Breslau wird berichtet:

> Die Soldaten bezogen für einige Tage in Malkwitz Quartier. Frauen und Mädchen waren ihnen ausgeliefert, selbst Neunjährige blieben nicht verschont.[619]

Eine Krankenschwester aus Goldberg in Mecklenburg erinnert sich, dass sie miterleben musste, „wie ein siebenjähriges Kind gebracht wurde, das schon am hellen, lichten Tage überfallen und vergewaltigt worden war".[620] Von Lew Kopelew schließlich stammt die Schilderung seiner Begegnung mit einer am Kopf blutenden Frau und deren weinenden dreizehnjährigen Tochter auf einer Straße in Allenstein (Ostpreußen):

> Das kurze Mäntelchen ist schmutzig, die hellen Strümpfe an ihren langen Fohlenbeinen sind blutig. Vom Bürgersteig her rufen Soldaten sie an, lachen ...[621]

615 Dokumentation [Anm. 1], S. 432.
616 Zitiert bei Roland Thimme [Anm. 30], S. 209.
617 Anonyma [Anm. 31], S. 249.
618 Dokumentation [Anm. 1], S. 266.
619 Ingeborg Jacobs [Anm. 28], S. 21.
620 Zitiert bei Ingeborg Jacobs [Anm. 28], S. 211.
621 Lew Kopelew [Anm. 126], S. 122; zitiert auch bei Ingeborg Jacobs [Anm. 28], S. 60.

Der Hölle entronnen: Ankunft eines Vertriebenentransportes 1946 in Anhalt; eine junge Frau, die von polnischen Bewachern vergewaltigt wurde, wird von Helfern gestützt.

Die Vergewaltigung von Kindern und jungen Mädchen traf die Opfer total unvorbereitet. Während die erwachsenen Frauen ahnten, was auf sie bei einem Einmarsch der russischen Truppen zukommen würde oder jedenfalls was auf sie zukommen könnte, waren die Kinder ahnungslos. Offenbar mochten die Mütter ihren Kindern keine diesbezüglichen Andeutungen machen, vermutlich, um die Kinder nicht in Angst und Schrecken zu versetzen, vielleicht auch in der Hoffnung, dass den Kindern hoffentlich nichts Schlimmes geschehen werde. Der Erlebnisbericht einer Frau und Mutter aus dem Kreis Osterode in Ostpreußen macht dies deutlich und bietet hierfür ein gutes Beispiel:

> Die Stadt scheint in den Händen der Russen zu sein, ich höre, wie sie im Vorderhaus mit den Kolben die Türen einschlagen. Alles hält den Atem an. Werden sie uns finden? Man fürchtet, sich durch den wilden Herzschlag zu verraten ... Ingrid und Jutta flüstern: „Mutti, die Russen, was werden sie mit uns machen?" – „Nichts", sage ich, während es mich schüttelt, „Nichts!", und lege meine Hand auf ihre Lippen.[622]

Die Ahnungslosigkeit junger Mädchen vor ihrer Vergewaltigung erwähnt auch Helke Sander:

> Es wurden sehr viele junge Mädchen vergewaltigt. Ich sprach mit vielen, die damals 13, 14 Jahre alt waren und keine Ahnung hatten, was mit ihnen geschah.[623]

Sehr anschaulich ist auch das in „Abschied aus Lübchen. Bilder einer Flucht aus Schlesien" wiedergegebene Erlebnis eines Mädchens, das nicht verstehen konnte, was vergewaltigten Frauen geschehen war:

> Eines Tages kam uns eine Gruppe von Frauen entgegen, die lediglich mit Unterröcken bekleidet waren. Von weitem sah es für mich aus, als trügen sie elegante Kleider mit Spitzen und schimmerndem Stoff, erst aus der Nähe erkannte ich ihre zerschlagenen Gesichter und die blutunterlaufenen Augen. Ich habe nicht verstanden, was da passiert war, und habe mich immer nur gewundert, warum sich alle Frauen um mich herum die Gesichter mit Dreck beschmierten und alles dafür taten, hässlich auszusehen. Erst viel später habe ich begriffen, was die Frauen durchgemacht haben.[624]

Wenn die jungen Mädchen selber buchstäblich am eigenen Leibe erfuhren, was den Frauen durch die russischen Soldaten geschah, war es für Aufklärung zu spät. Dem Erduldenmüssen der Gewalt ging als zusätzlicher Schock voraus, dass die jungen Mädchen in dieser Situation erleben mussten, dass nicht einmal ihre eigenen Eltern sie vor den

622 Dokumentation [Anm. 1], S. 24.
623 Helke Sander, in: Helke Sander/Barbara Johr [Anm. 42], S. 16.
624 Lucia Brauburger [Anm. 520], S. 25 f.

gewalttätigen Misshandlungen schützen konnten. Eine Schülerin aus dem Ort Verchen am Kummerower See berichtet darüber:

> Es ist gar nicht zu beschreiben, was für ein Geschrei auf den Straßen, in den Wohnungen herrschte. Mein Vater versteckte mich auf einem Heuboden, holte mich nach kurzer Zeit aber wieder herunter, weil er meinte, es sei auch dort gefährlich. Und wirklich: Zehn Minuten später kletterten die Russen hinauf und stießen auf der Suche nach Frauen mit den Bajonetten in das Heu. Es waren die Truppen, die wochenlang im Morast an der Oder gelegen hatten, jetzt stürzten sie sich auf uns wie wilde Tiere und reagierten sich ab, viele waren betrunken. Ich habe unbeschreibliche Ängste ausgestanden und selbst auch Schreckliches erlebt. Meine Eltern konnten mich nicht schützen.[625]

Kurz und knapp schreibt eine Frau aus der Volksgruppe der Donauschwaben: „Das 15jährige Mädchen Anna Burbach, die ich persönlich gut kenne, wurde vor den Augen ihrer Eltern geschändet."[626] Eine besonders widerwärtige Vergewaltigung, bei der zwei russische Soldaten ein zwischen ihren Eltern liegendes junges Mädchen missbrauchten, schildert eine Flüchtlingsfrau aus Breslau:

> Nachts kam eine russische Kontrolle: zwei Russen mit MPs (Maschinenpistolen, d. Verf.) hielten uns ein Streichholz vor die Nase und leuchteten jeden einzelnen ab. Uns gegenüber lag ein Bauer aus Steinau mit sieben kleinen Kindern. Die Älteste 15 Jahre alt. Auf sie hatten es die Russen abgesehen. Ein Russe setzte sich auf unsren mit vielen frischen Broten gefüllten Brotsack, die wir am Tage vorher beim Bäcker in Gröditzberg erstanden hatten. Der andere legte sich zwischen das Bauernehepaar, wo die 15jährige Tochter lag. Wir hörten das Wimmern und Weinen von dem Mädchen, und auch die Mutter weinte laut. Der Bauer und die andern Kinder mucksmäuschenstill, denn der zweite Russe hielt seine MP auf uns alle gerichtet. Als der erste Russe wegging, fiel der zweite Russe über sie her.[627]

Mit einer solchen schmerzlichen Erfahrung geht das bei jedem Kind vorhandene Urvertrauen in den elterlichen Schutz verloren. Dabei war es nicht so, dass Eltern nicht zumindest versucht hätten, ihr Kind vor Vergewaltigung zu bewahren. Entsprechende, meist allerdings erfolglose Bemühungen sind häufig dokumentiert.[628] Nicht selten bot sich sogar eine Mutter oder eine Großmutter selber den russischen Soldaten als Opfer anstelle des Kindes an, vergeblich, wie ein Zeitzeuge des Einmarsches der sowjetischen Truppen in Potsdam-Rehbrücke berichtet:

---

625 Zitiert bei Walter Kempowski V, S. 282.
626 Zitiert bei Alfred-Maurice de Zayas [Anm. 44], S. 145.
627 Dokumentation [Anm. 1], S. 472 f.
628 Siehe dazu die Hinweise oben, z. B. Prolog und S. 160.

> Als ein Soldat in der Waldsiedlung am Bahnhof Rehbrücke ein dreizehnjähriges Mädchen vergewaltigen wollte, boten sich die Mutter und die Großmutter ohne Erfolg an, um das Kind zu schützen, worauf sich alle drei das Leben nehmen wollten und die Pulsadern aufschnitten ...[629]

Eine Hausfrau aus Königsberg in Ostpreußen schreibt über das Geschehen in einer Ortschaft nahe der Stadt im April 1945:

> Die nächste Nacht, als wir in einer Ortschaft, die voll von Russen war, verbringen mußten, war furchtbar für uns Frauen und Mädchen gleich jeden Alters ... Das Opfer, das so manche Mutter für ihr unschuldiges Kind (10 Jahre und jünger) bringen wollte, war ein vergebliches Bemühen.[630]

Auch im Bosnien-Krieg versuchten Mütter vergeblich, vor ihren Augen begangene Vergewaltigungen ihrer Töchter zu verhindern, wie Slavenka Draculić erzählt:

> Irgendwo vom anderen Ende der Lagerhalle sagt eine Frau: ‚Mir haben sie vor meinen Augen die Tochter geschändet. Sie haben mich gezwungen zuzusehen. Ich habe ihnen Geld geboten. Das haben sie genommen. Ich habe ihnen meinen Goldschmuck angeboten, damit sie sie in Ruhe lassen. Sie haben das Gold genommen, aber die Tochter haben sie nicht in Ruhe gelassen. Es hat den ganzen Tag gedauert. Am Ende haben sie sie ... umgebracht.[631]

Allerdings kam es leider auch, wie bereits angedeutet, vor, dass junge Mädchen von Erwachsenen an russische Soldaten gewissermaßen ausgeliefert wurden, und zwar dann, wenn ein Soldat ein bestimmtes, von ihm ausgesuchtes Mädchen oder überhaupt ein weibliches Wesen haben wollte, und die anwesenden Erwachsenen angsterfüllt meinten, diesem Begehren nachkommen zu müssen. Ein diesbezüglicher Erlebnisbericht des früheren Bürgermeisters der Stadt Woldenberg im Kreis Friedeberg in Pommern ist bereits erwähnt worden[632]; aus diesem Bericht wird im vorliegenden Zusammenhang nur auszugsweise noch einmal zitiert:

> Es erschien ein Russe und suchte sich ein Mädchen von 13 Jahren aus. Das Kind schrie und sträubte sich, mitzugehen. Er lud seine Pistole, ließ alle antreten und drohte, uns zu erschießen, wenn wir das Mädchen nicht innerhalb von 5 Minuten in das Nebenzimmer brächten. Wir wußten genau, daß er von der Waffe Gebrauch machen würde und mußten unter diesem Zwang sein Ansinnen erfüllen ...[633]

629 Zitiert bei Roland Thimme [Anm. 30], S. 210 f.

630 Dokumentation [Anm. 1], S. 131.

631 Slavenka Draculić [Anm. 202], S. 62.

632 Siehe oben S. 109.

633 Dokumentation [Anm. 1], S. 196; auch erwähnt bei Günter Böddeker [Anm. 22], S. 106.

Die Massenvergewaltigungen in 1944/1945 hatten neben dem seelischen und körperlichen Leid der betroffenen Frauen und Mädchen auch zur Folge, dass unzählige Vergewaltigungsopfer schwanger wurden. Von den Vergewaltigern war weder Vorsicht noch Rücksichtnahme zu erwarten. Den vergewaltigten Frauen und Mädchen standen damals die heute üblichen Empfängnisverhütungsmittel nicht zur Verfügung. Da, wie bereits mehrfach erwähnt, viele Frauen und Mädchen nicht nur einmal, sondern mehrere Male vergewaltigt wurden und viele nicht nur von einem Täter, sondern von mehreren, stieg auch aus diesem Grunde das Risiko, geschwängert zu werden. Nicht selten hatte das Vergewaltigungsopfer, das eine Schwangerschaft befürchten musste, durch die Vergewaltigung Verletzungen erlitten. Die Tagebuch-Aufzeichnungen der Anonyma berichten über eine in Berlin vergewaltigte Studentin aus Breslau:

> Die blonde Hertha lag mit glührotem Kopf auf dem Sofa. Die Ärztin, die nebenan wohnt, hat auf Eierstockentzündung diagnostiziert. Zudem ist Hertha mit hoher Wahrscheinlichkeit schwanger. Sie bricht am Morgen das bißchen Trockenbrot aus. Der Mongole, der sie aufbrach, hat sie viermal hintereinander gehabt.[634]

Hatte ein Vergewaltigungsopfer schließlich die Gewissheit, dass die Vergewaltigung folgenlos geblieben war, so war dies Grund zu Beruhigung und Freude:

> Die kleine Gerti war heute äußerst vergnügt, sang und trällerte in einem fort. Sie ist so froh, weil sie seit heute weiß, daß es kein kleiner Rußki geworden ist, damals auf dem Sofa.[635]

Etliche der vergewaltigten Frauen wurden nur deshalb nicht schwanger, weil sie infolge der körperlichen Strapazen, insbesondere infolge von Hunger, ihren monatlichen Zyklus verloren hatten.[636] Wurde ein Vergewaltigungsopfer schwanger, so gab es nur die Alternative: Abtreibung oder Austragung des „Russenkindes".

Die meisten aus einer Vergewaltigung schwanger gewordenen Frauen suchten den Ausweg der Abtreibung; denn ihre Schwangerschaft war nicht nur ungewollt, sondern sie wurde von der schwangeren Frau als Auswirkung einer an ihr verübten schrecklichen Gewalttat empfunden. Der Erzeuger der Leibesfrucht war zumeist unbekannt. Auch fiel die Schwangerschaft in eine chaotische Zeit, geprägt von Hunger, Kälte, Entbehrungen, zerstörten Wohnungen, oft auch Verlust der Heimat

634 Anonyma [Anm. 31], S. 250.
635 Anonyma [Anm. 31], S. 245.
636 Siehe dazu Anneliese Kreutz [Anm. 24], S. 207.

und Verpflichtung zu Zwangsarbeit und jedenfalls völliger Ungewissheit über die Zukunft. Deshalb war die Entscheidung für eine Abtreibung nicht allein eine Entscheidung gegen das „Russenkind", sondern schlicht auch ein Ausdruck der Verzweiflung und der Hoffnungslosigkeit. Zu berücksichtigen ist zudem die Tatsache, dass in vielen Fällen, insbesondere in ländlichen Gegenden, eine medizinisch einwandfreie Durchführung der Abtreibung mangels Ärzten oder Kliniken nicht möglich war[637] und dass aus diesem Grunde viele schwangere Frauen an den Folgen eines unsachgemäßen Eingriffes starben.

Wie schon hinsichtlich der Vergewaltigungen selbst, so sind auch hinsichtlich der Abtreibungen wie auch der ausgetragenen Schwangerschaften keine exakten Zahlenangaben vorhanden. Barbara Johr geht in ihrem Beitrag „Die Ereignisse in Zahlen" aufgrund der existierenden Aufnahmebücher und Krankenakten der Charité und der Kinderklinik des Kaiserin-Auguste-Victoria-Krankenhauses in Berlin von der Grundannahme für ihre Hochrechnungen davon aus, dass 20 % der in Berlin damals vergewaltigten Frauen schwanger geworden sind, dass 90 % dieser Frauen eine Abtreibung haben vornehmen lassen und dass 10 % ihr Kind zur Welt gebracht haben.[638]

Wie viele Frauen ihr in einer Vergewaltigung durch russische Soldaten gezeugtes Kind ausgetragen haben, lässt sich wiederum – wie schon die Zahl der Abtreibungen – nicht exakt feststellen. Die vorhandenen Zahlenangaben sind höchst unterschiedlich. Erwähnt worden ist bereits die von Antony Beevor wiedergegebene Information, derzufolge der Komsomolchef einer sowjetischen Panzerkompanie damit geprahlt hat, dass die Rote Armee in Deutschland „zwei Millionen Kinder hinterlassen" habe.[639] Die Zahl zwei Millionen kann allerdings nur zutreffend sein, wenn sie auf die Vergewaltigungen selbst bezogen wird; sie ist aber mit Sicherheit zu hoch gegriffen, wenn sie auf die aus Vergewaltigungen durch russische Soldaten gezeugten Kinder bezogen wird. Eine niedrigere, aber immer noch sehr hohe Zahl nennt Hubertus Knabe, wenn er schreibt:

---

637 Siehe dazu Barbara Johr, in Helke Sander/Barbara Johr [Anm. 32], S. 17: „In Berlin war es relativ leicht, eine Abtreibung machen zu lassen, wenn auch meist ohne Narkose. Aus vielen Gesprächen und Unterlagen geht hervor, daß massenhaft abgetrieben worden sein muß. Auf dem Land war es mit Abtreibungen bedeutend schwerer, ebenfalls dürfte es für die vergewaltigten Flüchtlingsfrauen schwer gewesen sein."

638 Barbara Johr, in: Helke Sander/Barbara Johr [Anm. 32], S. 52; auch zit. bei Roland Thimme [Anm. 30], S. 202, und bei Ingeborg Jacobs [Anm. 28], S. 185. Antony Beevor [Anm. 16], S. 447, erscheint der Anteil von 90 % „allerdings extrem hoch".

639 Antony Beevor [Anm. 16], S. 44.

> Trotz zahlreicher Selbstmorde und illegaler Abtreibungen kamen in Deutschland vermutlich mehr als 290.000 Kinder sowjetischer Väter zur Welt.[640]

Giles Macdonogh zitiert eine Schätzung, derzufolge zwischen 150.000 und 200.000 „Russian babies“ geboren seien.[641] Auf eine noch niedrigere Zahl kommt man vermutlich, wenn man die von Barbara Johr anhand der Berliner Bevölkerungsstatistiken ermittelte Zahl der zwischen September 1945 bis August 1946 in Berlin geborenen Russenkinder (1.156, d. h. 5 % aller dort Geborenen[642]) auf Ost- und Mitteldeutschland hochrechnen würde.

Letztlich muss man sich wohl damit abfinden, dass eine auch nur annähernd genaue diesbezügliche Zahlenangabe nicht gemacht werden kann[643], dies auch deshalb, weil vermutlich nicht wenige der vergewaltigten Frauen sich über die Umstände der Entstehung ihrer Schwangerschaft nicht äußern mochten. Berichtet wird auch, dass viele Frauen, die ein Kind zur Welt brachten, das Neugeborene in der Klinik zurückließen, weil sie wussten, dass ihr Ehemann oder Bräutigam das Kind nicht akzeptieren würde.[644] Ob eine nach Vergewaltigung schwangere Frau sich statt zur Abtreibung zum Austragen der Schwangerschaft entschied, war natürlich ihre ureigene Entscheidung, die aber gewiss auch von vielen äußeren Umständen abhing. Die Schwangere konnte z. B. bei ihrer Familie oder bei Freudinnen Rat suchen und bekommen oder nicht bekommen; die Schwangere konnte jemanden finden oder nicht finden, der die gewünschte Abtreibung vornahm (es wurde bereits darauf hingewiesen, dass in ländlichen Gegenden und für Flüchtlingsfrauen in einer für sie fremden Umgebung die Möglichkeit einer Abtreibung schwieriger war als etwa in der Großstadt Berlin[645]); die Schwangere konnte vor einer Abtreibung Angst haben, vielleicht sogar Todesangst (eine übrigens leider nicht immer unbegründete Angst); die Schwangere konnte befürchten, dass das durch Vergewaltigung gezeugte Kind sie immer wieder an den Schrecken der erlittenen Gewalttat erinnern würde; die Schwangere konnte aber auch Verantwortung für das noch ungeborene Kind fühlen, das ja nicht nur ein Kind des Vergewaltigers, sondern auch ihr eigenes Kind war.

---

640 Hubertus Knabe [Anm. 14], S. 56.
641 Giles Macdonogh [Anm. 67], S. 102.
642 Barbara Johr, in: Helke Sander/Barbara Johr [Anm. 32], S. 54.
643 Auch in Österreich gab es als Folge von Vergewaltigungen Tausende „Besatzungskinder“, ohne dass jedoch darüber eine Gesamtstatistik vorliegt; siehe Barbara Stelzl-Marx [Anm. 150], S. 438 Fn. 79.
644 Antony Beevor [Anm. 16], S. 447 f.
645 Siehe dazu Ingeborg Jacobs [Anm. 28], S. 72 f.

Neben unzähligen Abtreibungen, die vorgenommen worden sind, wurden also auch ungezählte Kinder russischer Väter von vergewaltigten Frauen ausgetragen. Über ein solches „Russenkind", dessen Mutter und seine Geschwister wird in der biographischen Einführung zum Tagebuch einer Frau aus Potsdam-Rehbrücke wie folgt berichtet:

> 1946 wurde Anna-Katharina als ‚Russenkind' geboren. Nicht nur von ihren Verwandten wurde Marianne Vogt die Frage gestellt: „Bist du verrückt, dieses Kind der Schande auszutragen?" Sie antwortete: „Ich habe zwei Brüder in Rußland verloren, jetzt hat mir Rußland ein Kind geschenkt." Peter und Imre begrüßten den Familienzuwachs von Anfang an, sie fühlten sich als Beschützer ihrer Schwester.[646]

Die Mutter selbst schreibt dazu in ihrer Tagebuchaufzeichnung vom März 1946:

> Ende Februar wurde mein Russenkind Anna-Katharina geboren, ‚Klein-Asien', wie Harke sie nennt. Heute haben wir eine Patenfeier gehalten und dabei einige Tassen starken echten Tee getrunken. Mein rosiges, gesundes Baby schläft im Waschkorb neben mir ...[647]

Berichtet wird auch von einer bekannten Filmschauspielerin, die 22-mal vergewaltigt worden ist, sie sei über ihre Schwangerschaft nicht verzweifelt gewesen, „sondern klopfte sich strahlend auf den Leib und sagte: ‚Ich freue mich auf den kleinen Iwan.'"[648] „Ich freue mich auf den kleinen Iwan" (hier in einem allgemeineren Sinne verstanden) ist eine Antwort auf die Frage, welche die bosnische Filmregisseurin Jasmila Žbanić sich vor Beginn ihrer Arbeiten an dem Film „Grbavica" stellte, einem Film, in dem es um eine Frau aus Sarajevo geht, die im Bosnien-Krieg als Folge einer Vergewaltigung eine Tochter bekommt und dieser später vortäuscht, der Vater sei ein gefallener bosnischer Freiheitskämpfer (also nicht ein serbischer Vergewaltiger) gewesen. Über die Gedanken der Regisseurin wird berichtet, die Idee zu diesem Film sei entstanden, als sie ihr eigenes Kind stillte:

646 Zitiert bei Roland Thimme [Anm. 30], S. 343.

647 Zitiert bei Roland Thimme [Anm. 30], S. 369. Auffallend wohlwollend auch das dort (S. 364) zit. Urteil der Tagebuchschreiberin über die russischen Soldaten (Eintrag vom 21. Juni 1945): „... und schließlich, im Stillen, bin ich voller Mitleid. All diese jungen, unverbrauchten Männer stehen seit vier Jahren im Krieg, manche sind noch länger Soldat. Wenn ich sie frage, wann sie zuletzt zu Hause waren, wann sie Urlaub hatten, bekomme ich meist zur Antwort: ‚Nix domoi, nix Urlaub!' Sie wollen uns Frauen weder schänden noch quälen, sie suchen nur Erlösung aus ihrer eigenen Not."

648 Ebenfalls zit. bei Roland Thimme [Anm. 30], S. 343.

> Ich bekam eine Tochter, ein Kind der Liebe, das mein Leben vollkommen veränderte. Ich begann mich zu fragen, ob eine Mutter, die vergewaltigt wurde, ihr Kind ebenfalls wahrhaft lieben kann.[649]

Die Antwort, welche die zitierten Frauen zu Anna-Katharina und zu Iwan gegeben haben, lautet: Ja. Ein Kind kann, so die Lebenserfahrung, ungewollt empfangen, aber gewollt geboren werden – was schon deshalb einsichtig ist, weil das Kind selbst ja für die Vergewaltigung nichts kann. Ein verständlicher Hass der missbrauchten Frau auf den Vergewaltiger kann also von der Liebe zum Kind abgelöst werden.

Wieder eine andere Frage ist: „Wie sag ich's meinem Kinde?" In dem Film „Grbavica" hat die vergewaltigte Mutter mit der Zeit immer mehr Mühe, vor ihrer Tochter die Wahrheit über deren Vater zu verbergen, bis sie ihr endlich – die Tochter ist inzwischen zwölf Jahre alt – die Wahrheit sagt. Das Beispiel aus dem Bosnien-Krieg zeigt, dass die Frage nach der Aufklärung eines durch Vergewaltigung gezeugten Kindes über seinen Vater sich nicht nur nach den Massenvergewaltigungen deutscher Frauen 1944/45 stellte. Heute ist in der Rechtsprechung der Gerichte jedenfalls der Bundesrepublik Deutschland das Recht eines jeden Kindes, also nicht nur des in Vergewaltigung gezeugten, auf Kenntnis seiner Abstammung anerkannt.[650]

Ein anderes Kapitel ist schließlich die Behandlung der Besatzungskinder (auch „Kriegskinder" genannt) seitens ihrer Umgebung, d.h. wie reagierten Familie und Gesellschaft auf die von fremden Soldaten gezeugten Kinder nach deren Geburt?[651] Auch dieses ist keine spezifische, nur deutsche Frauen und deren von russischen Soldaten stammenden Kindern betreffende Situation. Kinder wurden in Deutschland auch von US-amerikanischen, britischen und französischen Besatzungssoldaten gezeugt, und vorher, nämlich während der Zeit deutscher Besatzung, von deutschen Besatzungssoldaten.

Das Schicksal der Kinder von deutschen Besatzungssoldaten und das der Mütter dieser Kinder ist erst in den letzten Jahren, insbesondere für die in Frankreich, Dänemark und Norwegen geborenen Kinder, einer

649 Zitiert bei Michael Martens [Anm. 107]. Mit den Gefühlen einer Mutter nach der Geburt ihres in einer Vergewaltigung durch serbische Soldaten gezeugten Kindes beginnt auch der Roman von Slavenka Drakulić [Anm. 202], S. 7 ff.

650 Bundesverfassungsgericht, Beschluss v. 26. April 1994, Entscheidungen des Bundesverfassungsgerichts Bd. 90, S. 263 ff. (S. 271).

651 Zur Situation in Österreich siehe Barbara Stelzl-Marx: „Als Russenkind war ich das Letzte" – Zum Umgang in der österreichischen Familie und Gesellschaft, in: Stefan Karner/Barbara Stelzl-Marx [Anm. 150], S. 441 ff.

breiten Öffentlichkeit dargestellt worden[652], auch, wie die Kinder selber reagierten, wenn sie erfuhren, wer ihr Vater war.[653] Übereinstimmendes und nicht bestreitbares Ergebnis dieser Untersuchungen ist, dass die Mütter der Kinder deutscher Soldaten von ihren Landsleuten verfemt wurden.[654] Fotos der von ihren Landsleuten kahlgeschorenen Französinnen, die, umringt von einer sie anstarrenden Menschenmenge, nach der Befreiung französischer Städte im Sommer 1944 durch die Straßen der Städte getrieben wurden, sind weltbekannt. Die Kinder solcher Frauen wurden, wie Elise Cannuel schreibt,

> jahrelang mitbestraft, viele von ihnen geächtet und misshandelt. Einige wuchsen in Heimen auf. Ihre Herkunft wurde ihnen ausdrücklich oder implizit zum Vorwurf gemacht.[655]

In dem Buch „Die Kinder der Schande. Das tragische Schicksal deutscher Besatzungskinder in Frankreich“ von Jean-Paul Picaper und Ludwig Norz[656] werden erschreckende Beispiele dafür, sogar für Misshandlungen in der eigenen Familie, genannt. Die Kinder solcher Frauen, die sich mit deutschen Soldaten eingelassen hatten, mussten für das Verhalten ihrer Mütter büßen. Die Mütter wurden der Kollaboration mit den – nicht von Anfang an, aber später – verhassten Besatzern bezichtigt, und dies, obwohl festzustehen scheint,

> daß die Mütter in der absoluten Mehrzahl der Fälle keinen ihrer Landsleute verraten haben und nicht politisch mit dem Feind kollaborierten.[657]

Die Kinder deutscher Besatzungssoldaten wurden zwar in Frankreich – wie beschwichtigend geschrieben wird – „nicht offiziell geächtet, denn Frankreich hat sie nie aus der nationalen Gemeinschaft ausgeschlossen“.[658] Aber ihre Mütter galten in ihrem Heimatland als Freunde

---

652 So insbesondere Ebba D. Drolshagen: Nicht ungeschoren davonkommen. Das Schicksal der Frauen in den besetzten Ländern, die Wehrmachtssoldaten liebten, Hamburg 1998.

653 Dazu Ebba D. Drolshagen: Wehrmachtskinder. Auf der Suche nach dem nie gekannten Vater, München 2005.

654 Dazu aus französischer Sicht Alain Brossat: Les Tondues. Un carnaval moche, Paris 1992; Fabrice Virgil: La France »virile«. Des femmes tondues à la Libération, Paris 2000 (‚tondue‘ bedeutet ‚kahlgeschoren‘; ‚moche‘ bedeutet ‚hässlich‘, d. Verf.)

655 Elise Cannuel: Verfluchte oder Kinder der Liebe? Dreiundsechzig Jahre nach dem Zweiten Weltkrieg regt Frankreich an, die Geschichte der deutsch-französischen Besatzungskinder aufzuarbeiten, in: FAZ Nr. 117 v. 21. Mai 2008, S. 46.

656 Jean-Paul Picaper/Ludwig Norz: Die Kinder der Schande. Das tragische Schicksal deutscher Besatzungskinder in Frankreich. Aus dem Französischen von Michael Bayer, München/Zürich 2004. Titel der französischen Originalausgabe: Enfants Maudits (Paris 2004).

657 Jean-Paul Picaper/Ludwig Norz [Anm. 656], S. 25.

658 Jean-Paul Picaper/Ludwig Norz [Anm. 656], S. 24.

Französinnen, die ein Verhältnis mit deutschen Soldaten oder gar Kinder mit ihnen hatten („Kinder der Schande"), wurden nach dem Rückzug der deutschen Truppen nicht selten die Haare geschoren und, unter dem Gejohle der Menge, öffentlich bloßgestellt.

der Feinde – ein Verdikt, unter dem auch die Kinder zu leiden hatten.[659]

Ganz anders war demgegenüber die Situation der von russischen Soldaten 1944/45 in Deutschland gezeugten Kinder; deren Mütter waren gerade nicht Freunde der Besatzer („Kollaborateure"), sondern Opfer von Vergewaltigungen: Während die Kinder der deutschen Besatzungssoldaten jedenfalls in Frankreich „fast immer Frucht eines gegenseitigen Einverständnisses" waren[660], wurden die Kinder der russischen Soldaten auf deutschem Boden 1944/45 in Gewalttaten gegen den Willen der Frauen gezeugt. Aus diesem Unterschied hätte sich eigentlich ergeben müssen, dass diese deutschen Frauen und ihre Kinder von ihrem Umfeld nicht so zu behandeln waren wie jene französischen Frauen und deren Kinder – konkret: statt Verachtung wäre Verständnis oder Mitleid oder jedenfalls Mitempfinden zu erwarten gewesen. Bedauerlicherweise finden sich jedoch Zeugnisse dafür, dass dem nicht immer so war, sondern dass „ein Russenbalg" als Schande für die Mutter angesehen wurde[661] und vom Ehemann der vergewaltigten Frau abgelehnt wurde[662], eine Einstellung, die heute (hoffentlich) nicht mehr vorherrscht. Was umgekehrt russische Mütter von Kindern, die von deutschen Soldaten gezeugt worden waren, betrifft (wie überhaupt russische Frauen, die sich mit den deutschen Besatzern intim eingelassen hatten): Sie erwartete nach der Rückeroberung der besetzten Gebiete durch die Rote Armee

> ein schlimmes Schicksal. Wer denunziert wurde, Verhältnisse mit Deutschen eingegangen zu sein oder gar Kinder von diesen bekommen zu haben, geriet in die Fänge des NKWD.[663]

Bis Ende 1943 wurden zwischen 10.000 und 12.000 Geburten von Kindern registriert, die von deutschen Soldaten mit einheimischen russischen Frauen gezeugt worden waren.[664]

659 Zur heutigen Situation dieser Besatzungskinder als „Opfer des Konflikts zwischen Frankreich und Deutschland" siehe Jean-Paul Picaper/Ludwig Norz [Anm. 656], S. 29: „Nun wünschen sie sich, daß man das ihnen zugefügte Unrecht anerkennt, damit sie ohne Scham in der Einzigartigkeit ihres Geschicks leben können. Sie erwarten keine Entschuldigung, nur Respekt. Wie alle Kinder dieser Welt lehnen sie es ab, sich für ihre Herkunft rechtfertigen oder diese sogar verhehlen zu müssen."

660 Jean-Paul Picaper/Ludwig Norz [Anm. 656], S. 28.

661 Siehe dazu Ingeborg Jacobs [Anm. 28], S. 42.

662 Beispiel bei Ingeborg Jacobs [Anm. 28], S. 43 f.

663 Dieter Pohl [Anm. 74], S. 133.

664 Dieter Pohl [Anm. 74], S. 133.

X. Sich-Erinnern und Erinnern

Eine Vergewaltigung ist, gleichgültig von wem, wo und wann erlitten, ein Erleben, welches das Opfer – mögen auch Einzelheiten, wie etwa das wie oft oder das Gesicht des Vergewaltigers entfallen sein – nicht vergisst. Es gibt vermutlich keine einzige Frau, die sich an eine von ihr erlittene Vergewaltigung nicht mehr erinnert. Das Faktum des Sich-Erinnerns ist also allen Opfern gemeinsam. Aber unterschiedlich ist, wie und an was genau die Opfer sich erinnern – unterschiedlich schon deshalb, weil jedes Opfer auf seine Weise, d.h. entsprechend seinem persönlichen Empfinden, die Vergewaltigung erlebt hat und weil auch die äußeren Umstände des Tatgeschehens meist jeweils verschieden sind. Die folgenden Erlebnisberichte von drei im Jahre 1945 von russischen Soldaten vergewaltigten Frauen zeigen das unterschiedliche Sich-Erinnern:

> „Komm, komm, Frau!", es sind vier Mann. Alles geht schnell und unpersönlich, aber ich habe genug von dieser Art Liebe. Zitternd krieche ich hinter Peters Pritsche ... Mir ist hundsmiserabel zumute, nicht etwa, dass ich mich geschändet oder in meiner Ehre gekränkt fühle, ich habe ganz einfach Angst, Angst, es könnten nicht nur vier, nein vierzig sein,

erinnert sich eine Frau aus Potsdam-Rehbrücke.[665]

Eine Frau aus dem Kreis Bunzlau in Niederschlesien, die in einer Nacht etwa 25 Mal vergewaltigt worden war, berichtet:

> Unbeschreiblich war mein Zustand. In der gleichen Nacht brachte mich anschließend ein Russe in mein Haus zurück. Meinen Mann fand ich nicht vor daheim. In banger Sorge, daß sie meinen Mann erschossen haben (denn ich hatte einen nahen Schuß fallen hören, während sie mich vergewaltigten), konnte ich keinen Schlaf finden; sobald es grau wurde, suchte ich meinen Mann und fand ihn auch an der Stelle, wo ich ihn verlassen mußte, mit tödlichem Kopfschuß. Am 18. Februar 1945 habe ich dann meinen Mann mit Hilfe eines Nachbarn auf unserem Grundstück begraben. In der folgenden Zeit darauf mußte ich fast täglich sieben bis acht Vergewaltigungen über mich ergehen lassen. Unvergeßlich werden mir diese häßlichen mongolischen Gesichter bleiben. All dies ist nicht spurlos an mir vorübergegangen; ich bin heute seelisch krank, auch körperlich.[666]

665 Marianne Vogt, zit. bei Roland Thimme [Anm. 30], S. 349.
666 Dokumentation [Anm. 1], S. 476 f.

Weniger schlimm waren die äußeren Umstände der Vergewaltigungen, die die Anonyma erlitt, und entsprechend weniger deprimiert lesen sich ihre Kommentare: „Was denn? Ich lebe ja, alles geht vorüber“;[667] und: „Alles Gefühl scheint tot. Einzig der Lebenstrieb lebt. Die sollen mich nicht zerstören.“[668]

Unterschiedlich ist auch, was die Vergewaltigungsopfer mit ihrer oder aus ihrer Erinnerung machen. Einige wenige – wie die Anonyma – haben ihre schrecklichen Erlebnisse niedergeschrieben. Andere Vergewaltigungsopfer – gewiss auch nur wenige – haben sich (sehr viel später) einem Psychoanalytiker anvertraut. Die meisten Opfer von Vergewaltigungen haben die Erinnerungen daran in sich verschlossen[669], entweder weil sie (aus welchen Gründen auch immer) darüber nicht sprechen wollen oder weil sie – verständlicherweise verbittert – bemerkt haben, dass niemand davon etwas hören will. Jedenfalls gilt: Was die missbrauchten Frauen mit ihrer Erinnerung bewusst oder reflexiv tun, bleibt ihre eigene Entscheidung und muss es auch bleiben, denn „Erinnerungen gehören zum eigensten Wesen und Bedürfnis des Menschen“[670]. Und weiter: „Es ist das autobiographische Gedächtnis, was den Menschen zum Menschen macht.“[671] Jedenfalls kann es keinem Zweifel unterliegen, dass die Frauen unter den Umständen und Folgen ihrer Vergewaltigung oft schwer zu leiden hatten. „Tagelange körperliche Schmerzen gehörten ebenso dazu wie langfristige Traumatisierungen“[672] Nur: Von Traumatisierung, also der Nicht-Verarbeitung furchtbarer persönlicher Erlebnisse, sprach 1944/45 niemand, auch nicht von posttraumatischen Belastungsstörungen (PTBS) oder von Re-Traumatisierungen. Niemand half damals den Opfern.

667 Anonyma [Anm. 31], S. 68.

668 Anonyma [Anm. 31], S. 76.

669 Zu erwähnen ist in diesem Zusammenhang das von Sigmund Freud erforschte Bild vom Gefängnis, demzufolge störende Erinnerungen verdrängt, das heißt beseitigt, jedoch nicht zerstört werden, siehe dazu Avishai Margalit: Ethik der Erinnerung. Erinnerung, Anteilnahme, Moral; in: Neue Rundschau 111. Jg. (2000), H. 2, S. 116 ff. (S. 117).

670 Droysen, zit. bei Aleida Assmann: Geschichte im Gedächtnis. Von der individuellen Erfahrung zur öffentlichen Inszenierung, München 2007, S. 25.

671 H. J. Markowitsch/H. Welzer: Das autobiographische Gedächtnis. Hirnorganische Grundlagen und biosoziale Entwicklung, Stuttgart 2005, zit. bei Günther Bittner (Hrsg.): Ich bin mein Erinnern. Über autobiographisches und kollektives Gedächtnis, Würzburg 2006, S. 11.

672 Hubertus Knabe [Anm. 14], S. 83. Siehe dazu auch Antony Beevor [Anm. 16], S. 141; Manfred Zeidler [Anm. 300], S. 715.

> Wenn man bedenkt, wie diese Frauen – aus welchen Motiven auch immer – schweigend ihr Leben gelebt haben, so zeigt dies, wie Menschen über sich und ihren erbärmlich geschändeten Körper als Person hinauswachsen können.[673]

In neuerer Zeit wird neben das individuelle Sich-Erinnern die Figur einer kollektiven Erinnerung gestellt, neben das individuelle Gedächtnis ein kollektives Gedächtnis.[674] Anders als das individuelle Sich-Erinnern, das immer – individuell wie eine Handschrift – das Wissen eines Einzelnen ist, bildet das kollektive Erinnern ein soziales, gesellschaftliches Phänomen. Das kollektive Gedächtnis bezieht sich mit den Worten von Aleida Assmann „auf den gemeinsamen Nenner eines im allgemeinen Bewußtsein verankerten und geteilten Wissens".[675] Anders als beim individuellen Sich-Erinnern besitzt der Einzelne im Rahmen der kollektiven Erinnerung das allgemeine Wissen

> nicht als persönlich erlebte Lebensspur, sondern nur kraft Mitteilung, Nachricht, Überlieferung, Lehre, Sozialisation: geistig zugeeignet als Wissen aus zunächst fremder Hand.[676]

Während das individuelle Sich-Erinnern „da" ist, nämlich als unausweichliche und unabwendbare Folge eines eigenen Erlebnisses des sich Erinnernden, wird die kollektive Erinnerung produziert: sie ist

> der Tradition, der wissenschaftlichen Vermittlung, der pädagogischen Bemühung, den diversen Medien, der politischen Bildung und hundert anderen Kräften geschuldet.[677]

Wenn aber die kollektive Erinnerung produziert wird, dann gehört dazu, dass sie auch inszeniert wird. Im Text der Einladung zu einer Tagung mit dem Thema „Inszenierung der Erinnerung – das Gedächtnis des Holocaust in der Gegenwartskultur" liest sich dies dementsprechend so:

> Die Zeitzeugen der Vernichtung der europäischen Juden werden weniger. Umso wichtiger wird der Prozess der Erinnerung an die nationalsozialistische Vernichtungspolitik und alle ihre Opfer im Medium der Kultur. Denn Erinnerung geschieht nicht von selbst. Sie muss gestaltet und inszeniert sein. Nur so kann sie ein wichtiger Faktor der Gegenwartskultur sein und bleiben.[678]

---

673 Nina Radtke (Brief an den Verfasser).

674 Der Unterschied zwischen individuellem Sich-Erinnern und kollektiver Erinnerung ist nicht identisch mit dem Unterschied zwischen Individualbewußtsein und Kollektivbewußtsein; vgl. dazu Karen Gloy (Hrsg.): Kollektiv- und Individualbewußtsein, Würzburg 2008.

675 Aleida Assmann [Anm. 670], S. 11.

676 Günter Bertram: Wissen und Erinnern, in: MHR H. 1/1999, S. 30 ff.

677 Günter Bertram [Anm. 676], S. 32.

678 Die Tagung vom 5. bis 6. Juni 2008 wurde veranstaltet von: Evangelische Akademie der Nordelbischen Kirche, Katholische Akademie Hamburg, in Kooperation mit: Jü-

Während das individuelle Sich-Erinnern oft ziellos ist, aber dennoch Teil der persönlichen Identität, wird die kollektive Erinnerung diktiert von einem Ziel gemeinsamer Identität.[679] Die kollektive Erinnerung ist, wie der nigerianische Nobelpreisträger für Literatur, Wole Soyinka, mit Blick auf die Deportation von Afrikanern zur Zeit des Sklavenhandels formuliert hat, ein „historisches Erinnern".[680] Kollektive Erinnerung kann also auch Generationen zuzuschreiben sein, die erst Jahrzehnte nach den Ereignissen geboren sind, denen sie gilt.[681] Eine kollektive Erinnerung kann auf individuelles Sich-Erinnern verweisen oder sich dieses zunutze machen, wie dies in dem (erfolglosen) Hilferuf des ungarischen Freiheitssenders „an die Völker der Welt" bei der blutigen Niederschlagung des Aufstandes im November 1956 durch die sowjetischen Panzer geschah:

> Die Sowjetarmee will uns zerschlagen. Ihre Tanks und Geschütze rollen über Ungarn hinweg. Unsere Frauen, Mütter und Töchter sind bedroht. Sie haben noch schreckliche Erinnerungen an 1945.[682]

Die Erinnerung an das Sich-Erinnern der 1945 von russischen Soldaten vergewaltigten ungarischen Frauen ist im Übrigen auch ein Beispiel für die Richtigkeit der These von Maurice Halbwachs, dass die kollektiv genutzte Erinnerung weniger ein Wiederauffinden eines Gestrigen ist, sondern Sinnstiftung gegenwärtiger Bedürfnisse.[683] Worin die „Sinnstiftung gegenwärtiger Bedürfnisse" liegt, ist von Fall zu Fall verschieden und hängt von vielen Faktoren ab, nicht zuletzt auch von politischen Bedürfnissen: Ein politisches Bedürfnis nach kollektiver Erinnerung kann z. B. darin liegen, zu einem Abschließen zu gelangen (in der Spra-

dische Gemeinde in Hamburg, Gesellschaft für christlich-jüdische Zusammenarbeit und SterniPark e. V. Die „Schaffung einer Erinnerungskultur an Nationalsozialismus und Holocaust" sieht Aleida Assmann [Anm. 670, S. 46] als ein „Projekt der 68er-Generation", das „von 45ern wesentlich mitgestaltet worden (ist)".

679 Zum Begriff der „Identität" im Zusammenhang mit dem Gedächtnis-Paradigma Aleida Assmann, auch zu ihrer These, „dass die neue (nicht nur in Deutschland, sondern weltweit zu beobachtende) Konjunktur der Themen Gedächtnis und Identität etwas mit der Erfahrung und Anerkennung von traumatischen Brüchen zu tun hat" [Anm. 670, S. 22].

680 Wole Soyinka: Die Last des Erinnerns. Was Europa Afrika schuldet – und was Afrika sich selbst schuldet. Aus dem Englischen übersetzt und mit einem Nachwort versehen von Gerd Meuer, 2. Aufl. Düsseldorf 2001, S. 52.

681 Günter Bertram [Anm. 676], S. 32.

682 Wortlaut des Hilferufes an die „Völker der Welt", in: HA v. 23. Oktober 2006, S. 5.

683 Zitiert bei Manfred Mols: Haben Staaten ein Gedächtnis? Konstruktion oder Rekonstruktion. Anmerkungen zum Problem der Erinnerung aus politikwissenschaftlicher Sicht, in: Günther Bittner [Anm. 671], S. 117 ff. (117).

che von Wole Soyinka: zu einem „kollektiven Seelenfrieden“[684]) oder aber umgekehrt die kollektive Erinnerung an ein Geschehen zu nutzen, um dieses „am Kochen“ zu halten, etwa zwecks Geltendmachung von Restitutionsansprüchen.

„Gibt es überhaupt so etwas wie eine Ethik der Erinnerung?“, fragt Avishai Margalit, Professor für Philosophie an der Hebräischen Universität in Jerusalem.[685] Er verdeutlicht diese seine Fragestellung mit weiteren, spezifizierenden Fragen, nämlich[686]:

> Sind wir dazu verpflichtet, uns an vergangene Personen und Ereignisse zu erinnern? Wenn ja, welcher Art ist diese Verpflichtung? Kann Erinnern und Vergessen überhaupt Gegenstand moralischen Lobs und Tadels sein? Wer ist jenes ‚Wir‘, das (vielleicht) die Pflicht hat, sich zu erinnern: Ist es ein kollektives Wir, oder ist ‚Wir‘ in einem eher distributiven Sinne zu verstehen, sodass die Verpflichtung auf jedes einzelne Mitglied des Kollektivs überginge?[687]

Vorab ist dazu wieder an den Unterschied zwischen Sich-Erinnern und kollektiver Erinnerung zu erinnern. Diese Unterscheidung ist schon deshalb so wichtig, weil wir offenbar in einer Zeit leben, „in der Erinnerung zur individuellen Pflicht und öffentlichen Aufgabe geworden ist“.[688] Demgegenüber ist daran festzuhalten, dass in Bezug auf das individuelle Sich-Erinnern, abgesehen von der Zeugenaussage vor Gericht[689] oder vor einem Parlamentarischen Untersuchungsausschuss, keine Verpflichtung besteht, sich überhaupt oder in einer bestimmten Weise zu erinnern, wie umgekehrt es aber auch keine Verpflichtung geben kann, sich nicht zu erinnern, d. h. Erinnerungen zu verdrängen oder darüber nicht zu sprechen.

Berechtigt ist deshalb die Mahnung, dass die Dimension des „Was wollen wir erinnern?“ nicht gegen die Dimension des „Was sollen wir erinnern?“ ausgespielt werden darf, auch nicht umgekehrt.[690] Allerdings schließt dieses Postulat Wechselwirkungen zwischen beidem nicht aus: Das individuelle Sich-Erinnern des Einzelnen kann – vor allem mit

684 Wole Soyinka [Anm. 680], S. 39; siehe auch S. 36: „... das Erinnern bleibt zugänglich für ein Abschließen“, welches das „eigentliche Ziel“ bestimmter sozialer Strategien ist.

685 Avishai Margalit [Anm. 669], S. 119.

686 Avishai Margalit [Anm. 669], S. 120.

687 Erörterung dieser Fragen bei Avishai Margalit [Anm. 57], S. 91 ff.

688 Zitiert aus dem Klappentext zu Aleida Assmann [Anm. 670].

689 Günter Bertram [Anm. 676], S. 32, weist zu Recht darauf hin, dass auch der Zeuge vor Gericht das „heilige Recht“ hat, „frei zu reden und nichts anderes sagen zu müssen, als was er erfahren hat und aus dieser Erfahrung weiß“.

690 Aleida Assmann [Anm. 670], auch mit dem Hinweis: „Wo sich die Dimensionen gegeneinander abschließen und in Richtung ‚Reinkultur‘ entwickeln, kommt es zu Verflachungen und zu Verzerrungen“ (S. 27).

wachsendem Zeitablauf – von der kollektiven Erinnerung beeinflusst und gefärbt werden, wie andererseits die kollektive Erinnerung zwar nicht ausschließlich, sich aber doch in nicht unerheblichem Maße auch aus dem Sich-Erinnern von Zeitzeugen speist.[691]

Hinsichtlich der Verlässlichkeit kann keine feste Rangordnung zwischen dem individuellen Gedächtnis und dem kollektiven Gedächtnis aufgestellt werden.[692] Zum individuellen Gedächtnis bemerkt der Volksmund zu Recht, dass „Irren menschlich" ist und dass das Gedächtnis des Menschen diesem zuweilen „einen Streich spielt". Aber auch das kollektive Gedächtnis ist gegen Irrtümer oder Verzerrungen oder Schwarz-Weiß-Malerei nicht immun: es kann manipuliert oder sogar gefälscht werden, wie das Beispiel der Ermordung der in russische Gefangenschaft geratenen polnischen Offiziere in Katyn beweist, ein Kriegsverbrechen, das jahrelang den Deutschen zugeschrieben wurde, bis schließlich die wahre Sachlage in der Sowjetunion offiziell anerkannt wurde.

Aus dem kollektiven Gedächtnis und aus den Gedanken von Männern im Krieg sollte jedenfalls sowohl für vergangene als auch für gegenwärtige und künftige Kriege die Vorstellung verschwinden, dass Frauen als „Beute" – also wie eine Sache – behandelt werden können[693], eine menschenverachtende Vorstellung, wie sie z. B. zu lesen ist bei Hermann Kasack („Seit alters her ist es ein Recht des Kriegers, Frauen als Beutegut zu nehmen ..."[694]) und bei Andrzej Szczypiorski („... er gibt mir diese Beutefrau für heute Nacht, das soll meine Kriegstrophäe sein, denn ich habe diesen Krieg gewonnen, wie er ihn gewonnen hat ..."[695]).

Die Verleihung des Alternativen Nobelpreises an die Ärztin Monika Hauser, die es sich zur Aufgabe gemacht hat, auf Vergewaltigungen in Kriegen aufmerksam zu machen und die Betreuung vergewaltigter Frauen zu organisieren und zu intensivieren[696], gibt Anlass zu Hoffnung.

691 Gegen die Vereinnahmung persönlicher Erinnerungen durch das Erinnerungskollektiv wendet sich der französische Politikwissenschaftler und Publizist Alfred Grosser, der das kollektive Gedächtnis für einen Irrweg und für ein Konzept hält, das zu Intoleranz führt (Vortrag im Körberforum Hamburg am 28. Oktober 2008).

692 Siehe dazu Harm-Hinrich Brandt: Vom Nutzen und Nachteil der Erinnerung für die Geschichtswissenschaft, in: Günther Bittner [Anm. 671], S. 129 ff.

693 Siehe dazu Catherine Merridale [Anm. 42], S. 343: „Später behandelten einige russische Soldaten deutsche Frauen zweifellos als Kriegsbeute und suchten sich, sofern sie überhaupt die Wahl hatten, die hübschesten aus."

694 Hermann Kasack, zit. bei Roland Thimme [Anm. 30], S. 216.

695 Andrzej Szczypiorski [Anm. 46], S. 199.

696 Zur Person und zum Wirken von Monika Hauser: Chantal Louis, Monika Hauser – Nicht aufhören anzufangen, Zürich 2008.

Epilog: Bericht eines Opfers

Else Gloeden 1913–1995 Groß Jenznick/Pommern

Unser Pole hat mir keine Arbeit aufgetragen, ich soll mir ein Stück im Garten mit Gemüse einsäen. Alice hat etwas gekocht, und wir wollen essen. Da kommen zwei Reiter auf den Hof, ich springe aus dem Fenster und verstecke mich, mal hier, mal dort und weiß bald nichts mehr, ich gehe wieder durchs Fenster in unsere Küche. Da kommt der Russe, der mich wahrscheinlich immer verfolgt hat, draußen ans offene Fenster und gibt zu verstehen: Er will Heu für Pferde. Ich verweise auf unsren Polen als Besitzer, doch er bleibt dabei: „Du zeigen." Kaum im Stall angekommen, grinst er mich an und wirft mich mit voller Wucht auf den Mist im Stall, reißt mir die Unterwäsche ab. Es geht ihm alles nicht schnell genug, sein Gewehrkolben hilft nach. Er hat es geschafft! Mir schwindelt, ein Ruck innerlich, ein Blutsturz, ich liege in einer Blutlache. Er springt auf, schlägt mit dem Gewehr auf mich ein: „Deutsches Schwein", und geht zur Seite. Das Blut wischt er sich ab und geht fluchend hinaus.

Walter Kempowski, *Das Echolot. Abgesang '45. Ein kollektives Tagebuch*, 2. Aufl. München 2005, S. 115

Literaturverzeichnis

ALY, Götz: Ein Fall für Historiker. Offene Fragen um das Buch „Eine Frau in Berlin", in: SZ v. 18. Oktober 2003, S. 15

ANONYMA: Eine Frau in Berlin. Tagebuch-Aufzeichnungen vom 20. April bis 22. Juni 1945, Frankfurt a. M. 2003 (Taschenbuchausgabe München 2005)

ANTWEILER, Christoph: Heimat Mensch. Was uns alle verbindet, Hamburg 2009

ARCHENHOLZ, J. W. v.: Geschichte des Siebenjährigen Krieges in Deutschland, 7. Aufl. hrsg. von A. Potthast, Berlin 1861

ASSMANN, Aleida: Geschichte im Gedächtnis. Von der individuellen Erfahrung zur öffentlichen Inszenierung, München 2007

AUST, Stefan/BURGDORFF, Stephan (Hrsg.): Die Flucht. Über die Vertreibung der Deutschen aus dem Osten, 2. Aufl., Stuttgart/München 2002

BECK, Birgit: Massenvergewaltigungen als Kriegsverbrechen. Zur Entwicklung des Völkerrechts, in: Wolfram Wette/Gerd R. Ueberschär (Hrsg.): Kriegsverbrechen im 20. Jahrhundert, Darmstadt 2001, S. 406 ff.

Dies.: Wehrmacht und sexuelle Gewalt. Sexualverbrechen vor deutschen Militärgerichten 1939–1945, Paderborn–München–Wien–Zürich 2004

BEEVOR, Antony: Berlin 1945. Das Ende. Aus dem Englischen übertragen von Frank Wolf, 2. Aufl. München 2002 (Titel der Originalausgabe: Berlin. The downfall 1945, London 2002)

BERTRAM, Günter: Wissen und Erinnern, in: MHR H. 1/1999, S. 30 ff.

BISKY, Jens: Kleine Fußnote zum Untergang des Abendlandes (Buchrezension zu „Anonyma"), in: SZ Nr. 131 v. 10. Juni 2003, S. 16

Ders.: Wenn Jungen Weltgeschichte spielen, haben Mädchen stumme Rollen. Wer war die Anonyma in Berlin? Frauen, Fakten und Fiktionen – Anmerkungen zu einem großen Bucherfolg dieses Sommers, in: SZ Nr. 220 v. 24. September 2003, S. 16

BITTNER, Günther (Hrsg.): Ich bin mein Erinnern. Über autobiographisches Gedächtnis, Würzburg 2006

BÖDDEKER, Günter: Die Flüchtlinge. Die Vertreibung der Deutschen im Osten, 5. Aufl. München/Berlin 1995

BOTHE, Michael: Töten und getötet werden – Kombattanten, Kämpfer und Zivilisten im bewaffneten Konflikt, in: Weltinnenrecht. Liber amicorum Jost Delbrück (hrsg. v. Klaus Diecke u. a.), Berlin 2005, S. 67 ff.

BOVERI, Margret: Tage des Überlebens. Berlin 1945. Mit einem Vorwort von Egon Bahr, Berlin 2004

BRANDT, Harm-Hinrich: Vom Nutzen und Nachteil der Erinnerung für die Geschichtswissenschaft, in: Günter Bittner (Hrsg.): Ich bin mein Erinnern. Über autobiographisches und kollektives Gedächtnis, Würzburg 2006, S. 129 ff.

BRANDT, Rut: Freundesland. Erinnerungen, 6. Aufl., Hamburg 1992

BRISON, Susan J.: Vergewaltigt. Ich und die Zeit danach. Trauma und Erinnerung. Aus dem Englischen von Sigrid Langhaeuser, München 2004 (Titel der Originalausgabe: Aftermath. Violence an the Remaking of a Self. Princeton 2002)

BRAUBURGER, Lucia: Abschied von Lübchen. Bilder einer Flucht aus Schlesien. Mit Fotografien von Hanns Tschira, 3. Aufl. Berlin 2005

BROSSAT, Alain: Les Tondues. Un carnaval moche, Paris 1992

CANNUEL, Elise: Verfluchte oder Kinder der Liebe? Dreiundsechzig Jahre nach dem Zweiten Weltkrieg regt Frankreich an, die Geschichte der deutsch-französischen Besatzungskinder aufzuarbeiten, in: FAZ Nr. 117 v. 21. Mai 2008, S. 46

CHALDEJ, Jewgeni: Der bedeutende Augenblick. Hrsg. von Ernst Volland und Heinz Krimmer, Leipzig 2008

CURILLA, Wolfgang: Die deutsche Ordnungspolizei und der Holocaust im Baltikum und in Weißrussland 1940–1944, 2. Aufl. Paderborn 2006

DANIEL, Ute: Zweierlei Heimatfronten: Weibliche Kriegserfahrungen 1914 bis 1918 und 1939 bis 1945 im Kontrast, in: Bruno Thoß/Hans-Erich Volkmann (Hrsg.): Erster Weltkrieg. Zweiter Weltkrieg. Ein Vergleich. Krieg, Kriegserlebnis, Kriegserfahrung in Deutschland, Paderborn–München–Wien–Zürich 2002, S. 391 ff.

DANNENBERG, Sophie: Das bleiche Herz der Revolution. Roman, Berlin 2006

DARNSTÄDT, Thomas/WIEGREFE, Klaus: „Vater, erschieß mich!“, in: Stefan Aust/Stephan Burgdorff (Hrsg.): Die Flucht. Über die Vertreibung der Deutschen aus dem Osten, Stuttgart/München, 2. Aufl. 2002, S. 21 ff.

DE BRUYN, Günter: Die Finckensteins. Eine Familie im Dienste Preußens, München 2004

DEPENHEUER, Otto: Selbstbehauptung des Rechtsstaats, Paderborn–München–Wien–Zürich 2007

DE ZAYAS, Alfred M.: Die Nemesis von Potsdam. Die Anglo-Amerikaner und die Vertreibung der Deutschen, München 1977. Überarb. Neuauflage, München 2005.

Ders.: Anmerkungen zur Vertreibung der Deutschen aus dem Osten, Stuttgart 1986

Ders.: Die Wehrmachts-Untersuchungsstelle. Deutsche Ermittlungen über alliierte Völkerrechtsverletzungen im Zweiten Weltkrieg. Unter Mitarbeit von Walter Rabus, 4. Aufl. Frankfurt a. M.–Berlin 1987

DJILAS, Milovan: Der Krieg der Partisanen. Memoiren 1941–1945, 2. Aufl. Wien–München–Zürich–Innsbruck 1978

DOKUMENTATION der Vertreibung der Deutschen aus Ost-Mitteleuropa. In Verbindung mit Adolf Diesterkamp, Rudolf Laun, Peter Rassow und Hans Rothfels bearbeitet von Theodor Schieder. Hrsg. vom Bundesministerium für Vertriebene. Band I/1: Die Vertreibung der deutschen Bevölkerung aus den Gebieten östlich der Oder-Neiße, München 1984 (unveränderter Nachdruck der Ausgabe von 1954)

DÖNITZ, Karl: Zehn Jahre und zwanzig Tage. Frankfurt/M. 1967.

DORNIK, Wolfram: Besatzungsalltag in Wien. Die Differenziertheit von Erlebniswelten: Vergewaltigungen – Plünderungen – Erbsen – Straußwalzer, in: Stefan Karner/Barbara Stelzl-Marx (Hrsg.), S. 449 ff.

DUFFY, Christopher: Red Storm on the Reich. The Soviet March on Germany, 1945, New York 1991

DRAKULIĆ, Slavenka: Als gäbe es mich nicht. Aus dem Kroatischen von Astrid Philippsen, 2. Aufl. Berlin 1999

DROLSHAGEN, Ebba D.: Nicht ungeschoren davongekommen. Das Schicksal der Frauen in den besetzten Ländern, die Wehrmachtssoldaten liebten, Hamburg 1998

Dies.: Wehrmachtskinder. Auf der Suche nach dem nie gekannten Vater, München 2005

ELLIGER, Katharina: Und tief in der Seele das Ferne. Die Geschichte einer Vertreibung aus Schlesien, 2. Aufl. Reinbek 2005

ENZENSBERGER, Hans Magnus: Eine Frau in Berlin. Hans Magnus Enzensberger zu Vorwürfen (Bericht), in: FAZ Nr. 224 v. 26. September 2003, S. 35

Ders.: Boulevardinqusition. Tendenzen der Literaturkritik, in: FAZ Nr. 22 v. 27. Januar 2004, S. 33

EPIFANOW, A. E./MAUER, Hein: Die Tragödie der deutschen Kriegsgefangenen in Stalingrad von 1942 bis 1956 nach russischen Archivunterlagen, Osnabrück 1966

FISCH, Bernhard: Nemmersdorf 1944, in: Gerd R. Ueberschär: Orte des Grauens. Verbrechen im Zweiten Weltkrieg, Darmstadt 2003, S. 155 ff.

FORTE, Dieter: Schweigen oder Sprechen. Hrsg. und mit einem Vorwurf versehen von Volker Hage, Frankfurt a. M. 2002

FRANCK, Julia: Die Mittagsfrau. Roman, 3. Aufl. Frankfurt a. M. 2009

FRANZEN, Günter: „Sie gingen hin und weinten." Das Tagebuch der Deutschen – Kempowskis „Echolot 2", in: Die Welt Nr. 251 v. 27. Oktober 1999, S. 9

GELFAND, Wladimir: Deutschland-Tagebuch 1945–1946. Aufzeichnungen eines Rotarmisten. Aus dem Russischen von Anja Lutter und Hartmut Schröder, Berlin 2005

GLOY, Karen: Kollektiv- und Individualbewußtsein, Würzburg 2008

GÖRTEMAKER, Heike B.: Ein deutsches Leben. Die Geschichte der Margret Boveri 1900–1975, München 2005

GRASS, Günter: Beim Häuten der Zwiebel, Göttingen 2006 (Taschenbuchausgabe München 2008)

GREVE, Kathrin: Vergewaltigung als Völkermord. Aufklärung sexueller Gewalt gegen Frauen vor internationalen Strafgerichten, Baden-Baden 2008

GROSSMANN, Atina: A Question of Silence. The Rape of German women by Occupation Soldiers, in: Robert G. Moeller (Hrsg.): West Germany under Construction: Politics, Society, and Culture in the Adenauer Era, Ann Arbor 1997, S. 33 ff.

HEERINGEN, Eleonore v.: Die Russen in Sanssouci. Das Ende des Zweiten Weltkrieges in Potsdam. Aufzeichnungen aus dem Park von Sanssouci 1945, hrsg. von Gerhard Knoll, Bremen 2004

HENSCHEL, Gerhard: Da mal nachhaken: Näheres über Walter Kempowski, München 2009

HERZBERG, Rolf Dietrich: Zum Verpflichtungsgehalt des Art. 1 Abs. 1 GG, in: Festschrift für Friedrich E. Schnapp, hrsg. von Hermann Butzer/Markus Kaltenborn/Wolfgang Meyer, Berlin 2008, S. 103 ff.

HESSE-WERNER, Ingrid: Als Pommern brannte, Rahden 2006

HÖBELT, Lothar: Der listige Wolf und der brutale Bär. Aufsätze und Dokumente zur sowjetischen Besatzungszeit in Österreich 1945 bis 1955, in: FAZ Nr. 179 v. 4. August 2005, S. 6

HOISCHEN, Oliver: Ich war doch noch ein Kind. Viele Deutsche leiden bis heute unter ihren schrecklichen Erinnerungen an den Krieg. Jetzt kann ihnen erstmals geholfen werden, in: FAS Nr. 18 v. 3. Mai 2009, S. 6.

HOFFMANN, Joachim: Stalins Vernichtungskrieg 1941–1945. Planung, Ausführung und Dokumentation, 8. Aufl. München 2001

JACOBS, Ingeborg: Freiwild – Das Schicksal deutscher Frauen 1945, München 2008

JAHR, Christoph: Die Militärjustiz als Steuerungsinstrument soldatischen Verhaltens in den Weltkriegen 1914 bis 1918 und 1939 bis 1945, in: Bruno Thoß/Hans-Erich Volkmann (Hrsg.): Erster Weltkrieg. Zweiter Weltkrieg. Ein Vergleich, Paderborn–München–Wien–Zürich 2002, S. 323 ff.

JANUS, Ludwig (Hrsg.): Geboren im Krieg. Kindheitserfahrungen im 2. Weltkrieg und ihre Auswirkungen, Gießen 2006

JEISMANN, Michael: Sie nennt ihre Vergewaltiger nicht. Erinnerungen an den Tag, an dem längst nicht alles vorbei war: „Mein Kriegsende“ (WDR), in: FAZ Nr. 83 v. 11. April 2005, S. 38

JEROFEJEW, Viktor: Der gute Stalin. Roman. Aus dem Russischen von Beate Rausch, Berlin 2006

KARDORFF, Ursula v.: Berliner Aufzeichnungen (1942 bis 1945). Hrsg. von Peter Hartl, München 1992

KARNER, Stefan/STELZL-MARX, Barbara (Hrsg.): Die Rote Armee in Österreich. Sowjetische Besatzung 1945–1955. Beiträge, Graz–Wien–München 2005

KELLERHOFF, Sven Felix: „Hier nix Frau“. Der Film „Anonyma“ greift die Erlebnisse der Berliner Journalistin Marta Hillers auf. Vergewaltigungen durch die Russen waren 1945 an der Tagesordnung, in: Die Welt v. 22. Oktober 2008, S. 23

KEMPOWSKI, Walter: Das Echolot. Fuga furiosa. Ein kollektives Tagebuch. Winter 1945, Bd. I: 12. bis 20. Januar 1945, Bd. II: 21. bis 28. Januar 1945, Bd. III: 29. Januar bis 5. Februar 1945, Bd. IV: 6. bis 12. Februar 1945. Taschenbuchausgabe München 2004

Ders.: Das Echolot. Abgesang ’45, 2. Aufl. München 2005

KETTENACKER, Lothar (Hrsg.): Ein Volk von Opfern? Die neue Debatte um den Bombenkrieg 1940–1945, Berlin 2003

KILB, Andreas: Ian Kershaw, in: FAZ Nr. 107 v. 8. Mai 2008, S. 46

KLÜGER, Ruth: Das Familiengeheimnis, in: FAZ Nr. 96 v. 25. April 2009, S. Z 4

KNABE, Hubertus: Tag der Befreiung? Das Kriegsende in Ostdeutschland, Berlin 2005

Ders.: Als die Russen kamen. Aus Anlass des „Anonyma“-Films: Über die sowjetischen Massenvergewaltigungen in Deutschland, in: BZ Nr. 251 v. 25./26. Oktober 2008, S. 27

KNEF, Hildegard: Der geschenkte Gaul. Bericht aus einem Leben, 6. Aufl. München 2003

KÖNIG, Helmut: Das deutsch-sowjetische Vertragswerk von 1939 und seine geheimen Zusatzprotokolle, in: Osteuropa 39. Jg. (1989), S. 413 ff.

KÖPP, Gabi: Meine Geschichte. Bericht über eine 1945 erlebte Flucht aus der Grenzmark Posen-Westpreußen, Aachen 1992

KOPELEW, Lew: Aufbewahren für alle Zeit!, Göttingen 1996

KRAMER, Alan: Dynamic of Destruction. Culture and Mass Killing in the First World War, Oxford 2007

KRAUSE, Werner H.: Totentanz im Oderland. Der Einmarsch der Roten Armee in Ostbrandenburg 1945. Erinnerung und Dokumente, Stegen 2008

KREUTZ, Anneliese: Das große Sterben in Königsberg 1945–1947, Kiel 1988

KROCKOW, Christian Graf v.: Die Stunde der Frauen. Bericht aus Pommern 1944 bis 1947. Nach einer Erzählung von Libussa Fritz-Krockow, Stuttgart 1988

KRÜGER, Karen: Täter als Rätsel. Die Gewaltforschung sucht ein Paradigma, in: FAZ Nr. 252 v. 30. Oktober 2007, S. 38

KRUSE, Peter: Im Rausch der Rache. Kriegsgräuel 1945. Erstmals geben russische Geheimarchive preis, wie deutsche Frauen von Rotarmisten misshandelt wurden. Es war alles noch viel schlimmer, als bisher bekannt, schreibt der britische Historiker Antony Beevor in seinem neuen Buch, in: HA v. 12. August 2002, S. 3

KUBY, Erich: Die Russen in Berlin, Bern–München 1965

KUNKEL, Thor: Endstufe, Berlin 2004

LEHNDORFF, Hans Graf v.: Ostpreußisches Tagebuch. Aufzeichnungen eines Arztes aus den Jahren 1945–1947, 26. Aufl. München 2001

LILLY, J. Robert: La farce cachée des GI's. Les viols commis par des soldats américains en France et en Allemagne pendant la seconde Guerre mondiale, Paris 2003

LORENZ, Hilke: Kriegskinder. Das Schicksal einer Generation, 4. Aufl. München 2003

LOUIS, Chantal: Monika Hauser – Nicht aufhören anzufangen, Zürich 2008

LOVENBERG, Felicitas v.: Wenn weiter gelebt werden muß, geht es auch in der Erstarrung. Mehr als nur eine Fußnote zum Untergang des Abendlandes. Das Tagebuch einer Unbekannten erzählt von den letzten Tagen des Krieges in Berlin, in: FAZ Nr. 141 v. 21. Juni 2003, S. 44

Dies.: Eine Frau in Berlin. Kein Zweifel an dem Tagebuch der Anonyma, in: FAZ Nr. 223 v. 25. September 2003, S. 42

LÜDKE, Martin: Andrzej Szczypiorskis Romankonglomerat „Selbstportrait einer Frau". Falsch. Fünf. Setzen, in: Die Zeit Nr. 14 v. 31. März 1995, S. 73

LUTTER, Rebecca: Bernsteinwege. Erinnerungen an Mecklenburg, München 1996

MACDONOGH, Giles: After the Reich. The Brutal History oft the Allied Occupation, New York 2007

MAKINO, Uwe: Terror als Eroberungs- und Herrschaftstechnik. Zu den japanischen Verbrechen in Nanking 1937/38, in: Wolfram Wette/Gerd R. Ueberschär (Hrsg.): Kriegsverbrechen im 20. Jahrhundert, Darmstadt 2001, S. 343 ff.

MARGALIT, Avishai: Ethik der Erinnerung. Erinnerung, Anteilnahme, Moral, in: Neue Rundschau 111. Jg. (2000), H. 2, S. 116 ff.

Ders.: Die Dauer der Vergangenheit. Geteilte Erinnerung, in: Neue Rundschau 111. Jg. (2000), H. 3, S. 91 ff.

MARKOWITSCH, H. J./WELZER, H.: Das autobiographische Gedächtnis. Hirnorganische Grundlagen und biosoziale Entwicklung, Stuttgart 2005

MARTENS, Michael: Der Wahrheit eine Sackgasse. „Grbavica“: Der auf der Berlinale siegreiche Film bewegt Bosnien-Hercegovina und Serbien, in: FAZ Nr. 92 v. 20. April 2006, S. 42

MEINHOF, Renate: Das Tagebuch der Maria Meinhof. April 1945 bis März 1946 in Pommern. Eine Spurensuche, Reinbek 2006

Dies.: Als der Krieg nach Hause kam. Im Westen kein Thema, im Osten tabu: Die Vergewaltigungen unter sowjetischer Besatzung, die der Film „Anonyma“ thematisieren wird, in: SZ Nr. 243 v. 18./19. Oktober 2008, S. 13

MERRIDALE, Catherine: Iwans Krieg. Die Rote Armee 1939–1945. Aus dem Englischen übersetzt von Hans Günter Holl, 2. Aufl. Frankfurt a. M. 2006 (Titel der englischen Originalausgabe: „Ivan's War. The Red Army 1939–1945, London)

MERSEBURGER, Peter: Rudolf Augstein. Biographie. München 2007

MIELKE, Michael: Das Massaker von Treuenbrietzen, in: Die Welt v. 2. Dezember 2008, S. 10.

MÖLLER, Barbara: Hintergründe eines Buchskandals. „Endstufe“. Die Auseinandersetzung um Thor Kunkels Roman hat viele Facetten, in: HA v. 10./12. April 2004, S. 6

MÖRTH, Gabriele: Schrei nach innen. Vergewaltigung und das Leben danach, Wien 1994

MOLS, Manfred: Haben Staaten ein Gedächtnis? Konstruktion oder Rekonstruktion. Anmerkungen zum Problem der Erinnerung aus politikwissenschaftlicher Sicht, in: Günther Bittner (Hrsg.): Ich bin mein Erinnern. Über autobiographisches und kollektives Gedächtnis, Würzburg, 2006, S. 117 ff.

MÜLLER, Rolf-Dieter: Liebe im Vernichtungskrieg. Geschlechtergeschichtliche Aspekte des Einsatzes deutscher Soldaten im Rußland-Krieg 1941–1944, in: Politische Gewalt in der Moderne. Festschrift für Hans-Ulrich Thomer, hrsg. von Frank Becker/ Thomas Großbölting/Armin Owzar/Rudolf Schlägl, Münster 2003, S. 239 ff.

MÜNCH, Ingo v. (Hrsg.): Dokumente des geteilten Deutschland, Stuttgart 1968

Ders.: Ostverträge I (Deutsch-sowjetische Verträge), Berlin/New York 1971

Ders.: Die Folgen des Zweiten Weltkrieges: politisch, rechtlich, moralisch, in: AVR 21. Bd. (1985), S. 205 ff.

Ders.: Geschichte vor Gericht: Der Fall Engel, Hamburg 2004

MUSIAL, Bogdan (Hrsg.): Sowjetische Partisanen in Weißrußland. Innenansichten aus dem Gebiet Baranoviči 1941–1944. Eine Dokumentation, München 2004

NAIMARK, Norman M.: Die Russen in Deutschland. Die sowjetische Besatzungszone 1945 bis 1949, Berlin 1997

NAWRATIL, Heinz: Schwarzbuch der Vertreibung 1945–1948. Das letzte Kapitel unbewältigter Vergangenheit, 4. Aufl. München 1999

Ders.: Massenvergewaltigungen bei der Besetzung Ostdeutschlands durch die Rote Armee, in: Franz Seidler/Alfred M. de Zayas (Hrsg.): Kriegsverbrechen in Europa und im Nahen Orient im 20. Jahrhundert, Hamburg 2002, S. 121 ff.

NEARY, Brigitte (Hrsg.): Frauen und Vertreibung. Zeitzeuginnen berichten, Graz 2008

NEHMZOW, Ralf: Darf ein Verteidiger das tun? Vergewaltigung. Potenzielles Opfer sollte im Prozess sagen, ob es einen Orgasmus hatte, in: HA v. 9. März 2004, S. 14

NOACK, Hans-Joachim: Die Deutschen als Opfer – ein neuer Blick auf die Geschichte, in: Stefan Aust/Stephan Burgdorff (Hrsg.): Die Flucht. Über die Vertreibung der Deutschen aus dem Osten, 2. Aufl. Stuttgart–München 2002

OSWALD, Georg M.: Achsenbruch. Hans Magnus Enzensberger und die Last der Beweise, in: SZ Nr. 24 v. 30. Januar 2004, S. 14

POHL, Dieter: Die Herrschaft der Wehrmacht. Deutsche Militärbesatzung und einheimische Bevölkerung in der Sowjetunion 1941–1944, München 2008

POLIAN, Pawel: Deportiert nach Hause. Sowjetische Kriegsgefangene im „Dritten Reich“ und ihre Repatriierung, Wien–München 2001

PONINSKI, Ellen Gräfin: Aufzeichnungen nach täglichen Notizen über die Jahre in Potsdam 1945–1949, in: Roland Thimme: Rote Fahnen über Potsdam 1933–1939. Lebenswege und Tagebücher, Berlin 2007

POST, Walter: Die Proportion der sogenannten „Täter“ in der Millionenarmee – Versuch einer Quantifizierung am Beispiel der 6. Armee im Rußlandfeldzug 1941, in: Die Soldaten der Wehrmacht, hrsg. von H. Poeppel/W. K. Prinz v. Preußen/K. G. v. Hase, 2. Aufl. München 1998, S. 500 ff.

RADEBOLD, Hartmut: Die dunklen Schatten unserer Vergangenheit. Ältere Menschen in Beratung, Psychotherapie, Seelsorge und Pflege, 2. Aufl. Stuttgart 2005

RADISCH, Iris: Erotik und Philologie. Die Enttarnung der Anonyma ist journalistischer Machismo, in: Die Zeit Online Nr. 41 v. 2. Oktober 2003

RADTKE, Dieter: Vor 250 Jahren: Die russische Besetzung Ostpreußens 1757/1758, in: ZHR 2007, 129 ff.

RAME, Franca/FO, Dario: Offene Zweierbeziehung. Eine Mutter. Die Vergewaltigung. Drei Stücke und eine Nachbemerkung zu Franca Rame. Aus dem Italienischen von Renate Chotjewitz-Häfner, Berlin 1985

RASS, Christoph: „Menschenmaterial“: Deutsche Soldaten an der Ostfront. Innenansichten einer Infanteriedivision 1939–1945, Paderborn 2003

REEMTSMA, Jan Philipp: Im Keller, Hamburg 1997

Ders.: Vertrauen und Gewalt. Versuch über eine besondere Konstellation der Moderne, Hamburg 2008

RICHTER, Ute: Frauen und Bundeswehr. Analyse der rechtlichen Möglichkeiten einer Frauenintegration in die Streitkräfte der Bundesrepublik Deutschland, Diss. Hamburg 1999

ROSSIGNOL, Lorraine: Seules dans Berlin, in: Le Monde v. 21./22. Dezember 2008, S. 17

SANDER, Helke/JOHR, Barbara (Hrsg.): BeFreier und Befreite. Krieg, Vergewaltigung, Kinder, Frankfurt a. M. 2005

SATJUKOW, Silke: Besatzer. „Die Russen“ in Deutschland 1945–1994, Göttingen 2008

Dies.: Befreiung? Die Ostdeutschen nach 1945, Leipzig 2009

SCHERSTJANOI, Elke (Hrsg.): Rotarmisten schreiben aus Deutschland. Briefe von der Front (1945) und historische Analysen, München 2004

SCHMIDT-HARZBACH, Ingrid: Eine Woche im April. Berlin 1945. Vergewaltigung als Massenschicksal, in: Helke Sander/Barbara Johr (Hrsg.), BeFreier und Befreite. Krieg, Vergewaltigung, Kinder, Frankfurt a. M. 2005, S. 21 ff.

SCHNEIDER, Sabine (Hrsg.): Die Grenzen des Sagbaren in der Literatur des 20. Jahrhunderts, Würzburg 2009

SCHNEIDER, Wolfgang: Subjekt ihrer Geschichte. Galgenhumor: Monika Lennartz liest das Tagebuch der Anonyma, in: FAZ Nr. 56 v. 6. März 2004, S. 38

Ders.: Im Dunst der Zwiebelsuppe. Die Erinnerungen von Günter Grass an den April 1945 und die Kämpfe um Spremberg: Versuch einer Rekonstruktion, in: FAZ Nr. 193 v. 21. August 2006, S. 33

SCHOLZ, O. Berndt: Psychologische Forschungen zum Vergewaltigungsopfer, in: Günther Kaiser/Jörg Martin Jehle: Kriminologische Opferforschung. Neue Perspektiven und Erkenntnisse. Teilband II. Verbrechensfurcht und Opferwerdung. Individualopfer und Opfererfahrungen, Heidelberg 1995, S. 205 ff.

SCHRÖDER, Hans-Henning: „Weiße Flecken" in der Geschichte der Roten Armee. Die sowjetischen Militärs diskutieren den „Stalinismus", in: Osteuropa 39. Jg. (1989), S. 459 ff.

SCHRÖDER, Rainer (Hrsg.): 8. Mai 1945 – Befreiung oder Kapitulation?, Berlin 1997

SCHULTZ-NAUMANN, Joachim: Mecklenburg 1945, Frankfurt a. M.–Berlin 1991

SCHWARZER, Alice: Wie es wohl wäre für uns Frauen in einer Welt ohne Vergewaltiger und Lustmörder …? fragt Alice Schwarzer. Die SS des Patriarchats, in: Emma, Nov./Dez. 1994, S. 87

SCHWELING, Otto Peter: Die deutsche Militärjustiz in der Zeit des Nationalsozialismus, 2. Aufl. Marburg 1978

SCHWENDEMANN, Heinrich: Tod zwischen den Fronten, in: Stefan Aust/Stephan Burgdorff (Hrsg.): Die Flucht. Über die Vertreibung der Deutschen aus dem Osten, 2. Aufl. Stuttgart–München 2002

SEIDLER, Franz W.: Die Militärgerichtsbarkeit der Deutschen Wehrmacht 1939–1945. Rechtsprechung und Strafvollzug, München–Berlin 1991

SENFFT, Alexandra: Schweigen tut weh. Eine deutsche Familiengeschichte. Berlin 2007

SOLSCHENIZYN, Alexander: Ostpreußische Nächte. Eine Dichtung in Versen. Aus dem Russischen übertragen von Nikolaus Ehlert, Darmstadt/Neuwied 1976

Ders.: Schwenkitten '45. Aus dem Russischen von Heddy Pross-Weerth und Fedar B. Poljakov, München 2007

SOYINKA, Wole: Die Last des Erinnerns. Was Europa Afrika schuldet – und was Afrika sich selbst schuldet. Aus dem Englischen übersetzt und mit einem Nachwort versehen von Gerd Meurer, 2. Aufl. Düsseldorf 2001 (Titel der englischen Originalausgabe: The Burden of Memory, the Muse of Forgiveness, Oxford 1999)

STALIN, J.: Über den Großen Vaterländischen Krieg der Sowjetunion, 2. Aufl. Berlin 1951

STELZL-MARX, Barbara: Freier und Befreier. Zum Beziehungsgeflecht zwischen sowjetischen Besatzungssoldaten und österreichischen Frauen, in: Stefan Karner/Barbara

Stelzl-Marx (Hrsg.): Die Rote Armee in Österreich. Sowjetische Besatzung 1945–1955, Graz–Wien–München 2005, S. 421 ff.

STEPHAN, Cora: Armer Iwan. Geschundene Schinder: Catherine Merridale über die Soldaten der Roten Armee im Zweiten Weltkrieg, in: Die Welt v. 25. November 2006, Literarische Welt S. 3

STÖBER, Sarah Maria: Die Massenvergewaltigungen an deutschen Frauen durch Soldaten der Roten Armee am Ende des Zweiten Weltkriegs. (Unveröffentl.) Magisterarbeit. Universität zu Köln. Philosophische Fakultät. Historisches Seminar. Abt. für Neuere Geschichte, Köln 2007

STRELJANYI, Anatoli: Die Russen bereuen. Beobachtungen zum „Tag des Sieges", in: FAZ Nr. 107 v. 9. Mai 1990, S. 33

STRÖHM, Carl Gustav: Vorwärts von Brand zu Brand. Alexander Solschenizyns Sprechplatte „Preußische Nächte" – ein Denkmal für die Flüchtlinge, in: Die Welt Nr. 205 v. 4. September 1974, S. 21

SZCZYPIORSKI, Andrzej: Selbstportrait mit Frau. Aus dem Polnischen von Klaus Staemmler, Zürich 1994

THEWELEIT, Klaus: Männerphantasien. Bd. 1. und 2, Frankfurt a. M. 1977, 1978

THIMME, Roland: Rote Fahnen über Potsdam 1933–1989. Lebenswege und Tagebücher, Berlin 2007

THOMAS, Gina: Es gibt auf Erden nicht nur den einen. Vieldeutig: In Liverpool suchten Literaturwissenschaftler das Phänomen „Günter Grass", in: FAZ Nr. 210 v. 10. September 2007, S. 44

THOSS, Bruno/VOLKMANN, Hans-Erich: Erster Weltkrieg. Zweiter Weltkrieg. Ein Vergleich, Paderborn–München–Wien–Zürich 2002

TISSERON, Serge: La résilience (Que sais-je?), Paris 2007

UEBERSCHÄR, Gerd (Hrsg.): Orte des Grauens. Verbrechen im Zweiten Weltkrieg, Darmstadt 2003

USTORF, Anne-Ev: Wir Kinder der Kriegskinder. Die Generation im Schatten des Zweiten Weltkriegs, Freiburg 2009

VENOHR, Wolfgang: Die Abwehrschlacht. Jugenderinnerungen 1940–1955, Berlin 2002

VIRGIL, Fabrice: La France „virile". Des femmes tondues à la libération, Paris 2000

VOLKSBUND DEUTSCHE KRIEGSGRÄBERFÜRSORGE e. V. (Hrsg.): Treibgut des Krieges. Zeugnisse von Flucht und Vertreibung der Deutschen, Kassel o. J. (2008)

WEBER, Annemarie: Westend, München 1966

WEIZSÄCKER, Richard v.: Der 8. Mai 1945 – 40 Jahre danach, in: *ders.*: Von Deutschland aus. Reden des Bundespräsidenten, Berlin 1985, S. 11 ff.

WERTH, Alexander: Russland im Krieg 1941–1945, München 1965

WETTE, Wolfram/UEBERSCHÄR, Gerd R. (Hrsg.): Kriegsverbrechen im 20. Jahrhundert, Darmstadt 2001

WINTERS, Peter Jochen: Walter Ulbricht und der „Zwangsverkehr", in: FAZ Nr. 106 v. 9. Mai 2005, S. 52

ZEIDLER, Manfred: Kriegsende im Osten. Die Rote Armee und die Besetzung Deutschlands östlich von Oder und Neiße 1944/45, München 1996

Ders.: Die Tötungs- und Vergewaltigungsverbrechen der Roten Armee auf deutschem Boden 1944/45 in: Wolfram Wette/Gerd R. Ueberschär (Hrsg.): Kriegsverbrechen im 20. Jahrhundert, Darmstadt 2001, S. 419 ff.

Ders.: Die Rote Armee auf deutschem Boden, in: Das Deutsche Reich und der Zweite Weltkrieg. Bd. 10, Erster Halbband: Die militärische Niederwerfung der Wehrmacht, hrsg. von Rolf-Dieter Müller, München 2008, S. 681 ff.

ZIMMERMANN, Andreas/GEISS, Robert: Die Tötung unbeteiligter Zivilisten. Menschenunwürdig im Frieden, menschenwürdig im Krieg?, in: Der Staat 46. Bd. (2007), S. 377 ff.

Abkürzungen

a.a.O.	an anderem Ort
Anm.	Anmerkung
BGBl.	Bundesgesetzblatt
BZ	Berliner Zeitung
dtv	Deutscher Taschenbuchverlag
FAZ	Frankfurter Allgemeine Zeitung
FAS	Frankfurter Allgemeine Sonntagszeitung
f.	folgende
ff.	fortfolgende
HA	Hamburger Abendblatt
Hrsg.	Herausgeber
hrsg.	herausgegeben
Kult.Pol. Geheim	Akten des Politischen Archivs des Auswärtigen Amtes/Kulturpolitische Abteilung [Geheim]
MHR	Mitteilungen des Hamburgischen Richtervereins
MP	Maschinenpistole
PK	Propagandakompanie
RGBl.	Reichsgesetzblatt
SZ	Süddeutsche Zeitung
Vol.	Volume (Band)
zit.	zitiert

Namenregister